BRASIL
CONSTRUTOR
DE RUÍNAS

ELIANE BRUM

BRASIL
CONSTRUTOR DE RUÍNAS

UM OLHAR
SOBRE O PAÍS,
DE LULA A
BOLSONARO

arquipélago

© Eliane Brum, 2019

4ª reimpressão

Capa e projeto gráfico
Brand&Book — Paola Manica e equipe

Fotografia da capa
Lilo Clareto

Pesquisa e checagem
Solange Azevedo

Revisão
Fernanda Lisbôa e Tito Montenegro

Na fotografia da capa deste livro, árvores mortas no reservatório da usina hidrelétrica de Belo Monte, em 2018, no rio Xingu, Amazônia.

Dados Internacionais de Catalogação na Publicação (CIP)

B893b	Brum, Eliane
	    Brasil, construtor de ruínas — Um olhar sobre o país, de Lula a Bolsonaro / Eliane Brum. — Porto Alegre: Arquipélago Editorial, 2019.
	    304 p. ; 16 x 23 cm.
	
	    ISBN 978-85-5450-031-3
	
	    1. Jornalismo — Política — Brasil. 2. Política — Opinião — Brasil.
	I. Título.

CDU 32:070(81)

(Catalogação na fonte: Paula Pêgas de Lima CRB 10/1229)

Todos os direitos desta edição reservados a

ARQUIPÉLAGO EDITORIAL LTDA.
Rua Marquês do Pombal, 783/408
CEP 90540-001
Porto Alegre — RS
Telefone 51 3012-6975
www.arquipelago.com.br

"O pecado capital do genocida é presumir que
pode escolher com quem coabitar, numa Terra a
cuja exclusividade ninguém pode pretender."

Peter Pál Pelbart, a partir de Hannah Arendt

"A memória é uma das poucas armas acessíveis a quem viu
a maré da história se voltar contra si. Ela é capaz
de se infiltrar furtivamente para chacoalhar o muro."

Agmad Sa'di e Lila Abu-Lughod

"Nossos segredos e mentiras são praticamente
o que nos define. Quando a verdade nos ofende,
nós mentimos e mentimos, até que não nos lembramos
mais de que a verdade existe. Mas a verdade ainda
está lá. Cada mentira que contamos gera uma dívida com
a verdade. Cedo ou tarde essa dívida deverá ser paga."

personagem do cientista russo Valery Legasov,
na série de ficção Chernobyl

Por que escrever este livro

O grande desafio do jornalismo é escrever sobre a história em movimento. Para o repórter, raramente há o "distanciamento histórico", aquele que permite o assentamento dos fatos, a clareza conferida pelo passar dos anos, o olhar confortável pelo espelho retrovisor. Estamos sempre escrevendo com os fatos se desenrolando. E nossa cobertura — a honestidade ou não dela, a competência ou não da nossa apuração — interfere nos acontecimentos. Esse é o tamanho da responsabilidade de quem se arrisca a ser ao mesmo tempo testemunha e narrador da sua época.

Em 2009, me tornei, além de repórter, colunista de opinião. Primeiro, no site da revista *Época*. A partir de novembro de 2013, no site do *El País Brasil* e, desde 2018, na editoria de internacional do jornal *El País*, na Espanha. Quando iniciei essa nova escrita, não havia como saber que em pouco tempo seria desafiada a analisar um Brasil em convulsão. Em 2009, eu também acreditava que o país havia finalmente chegado ao futuro, embora com uma boa dose de passado exposta pelo "mensalão" e pela decisão do governo do PT de materializar a hidrelétrica de Belo Monte no amazônico Xingu.

Ser colunista de opinião é ser intérprete do seu tempo. Tom Jobim dizia que o Brasil não é para amadores. Os últimos anos mostraram que também não é para profissionais. Busquei responder a esse desafio ancorada em duas linhas de reportagem que percorro desde o início dos anos 2000: a escuta nas periferias da Grande São Paulo e a escuta dos povos da floresta amazônica. No último caso, a partir de 2011, me concentrei particularmente no Médio Xingu, junto a famílias ribeirinhas atingidas por Belo Monte.

Decidi que também era necessário inverter o ponto de vista desde onde eu olhava para o Brasil. Em 2017, passei a viver em Altamira, no Pará: epicentro do impacto de Belo Monte, a mais violenta cidade da Amazônia e a região mais atingida pelo desmatamento da floresta. Sempre me alinhei ao lado daqueles que defendem que, num planeta em emergência climática, a floresta é o centro do mundo. Para ser coerente com minhas ideias, desloquei o meu corpo e, com ele, a minha experiência e o meu olhar.

Sem essas linhas de investigação jornalística e outras que percorri em trechos mais curtos, não me sentiria capaz de escrever uma coluna de opinião sobre o Brasil, tanto para o público interno quanto para o externo. Nos últimos anos, passei a colaborar com o jornal britânico *The Guardian* e diferentes jornais e revistas europeus, sem jamais perder de vista o enorme risco de ser intérprete dos Brasis. Um risco só possível de ser assumido pelo pacto inquebrável de me mover pelas dúvidas, como cabe a um repórter e a qualquer investigador sério.

Reafirmo esse pacto aqui porque este livro será lançado num momento em que os gurus de todo o tipo estão em alta. Volta e meia, tenho que me contrapor a pessoas que querem me colocar neste lugar no qual jamais estarei, por todas as melhores razões. Não sou portadora de nenhuma verdade universal. Me comprometo apenas com a honestidade da minha apuração e com o trabalho exaustivo empreendido para tecer hipóteses e relações que possam ajudar a iluminar os cantos escuros dos acontecimentos — e também dos desacontecimentos — e permitir compreender melhor o Brasil em transe destas primeiras décadas do século.

Como jornalista, meu compromisso foi e sempre será o de olhar criticamente para todos os governos, independentemente se de esquerda ou de direita. Isso não significa que não tenha lado. Significa, sim, que os fatos determinam a minha interpretação — e não o contrário. Escrevo como alguém de esquerda que não se identifica com o lulismo nem com o petismo, mas que jamais seria antipetista, no sentido que a eleição de 2018 conferiu ao termo. Costumo ser atacada tanto pela esquerda quanto pela direita. Não tenho partido nem turma. Faço o meu trabalho em campo, enquanto me xingam do sofá. E me posiciono arriscando o meu corpo, enquanto me chamam de "isentona" do conforto da sala de jantar.

Fui tão crítica dos governos de Lula e de Dilma Rousseff quanto sou do governo de Jair Bolsonaro, sem jamais deixar de apontar a enorme diferença entre eles. No segundo turno de 2018, pela primeira vez declarei meu voto publicamente, uma decisão bastante difícil para uma jornalista, mas que acreditei ser eticamente imperativa quando um personagem como Jair Bolsonaro ocupava o primeiro lugar nas pesquisas.

Como escrevi naquele momento, o bolsonarismo representa um risco para a democracia, ao contrariar seus princípios mais básicos — um risco que exige uma tomada de posição por aqueles que têm voz e, por consequência, aceitaram a responsabilidade de ter voz. Mais tarde, percebi que o bolsonarismo representava não apenas um risco para a democracia. O bolsonarismo é um risco para a civilização.

Declarei então meu voto em Fernando Haddad, apesar de ter feito uma crítica persistente aos governos do PT mesmo quando Lula tinha a aprovação majoritária da população. Também critico a parcialidade de Sergio Moro desde o período em que ele era tratado como herói por grande parte da imprensa. E apontei a violência produzida por Belo Monte quando a maior parte da mídia ainda exaltava as maravilhas da "grande obra de engenharia". Meu compromisso é com os fatos. E, vale repetir, são eles que movem a minha interpretação.

Este livro parte das minhas reportagens produzidas na primeira década do século, quando cobri a campanha vitoriosa de Lula e os primeiros anos do governo petista a partir das minorias, assim como cobri o fenômeno que foi chamado de "nova classe média", entre outros temas do período. E parte, principalmente, de meus artigos de opinião produzidos nos últimos anos, que representam meu melhor esforço para compreender os acontecimentos do Brasil. Em alguns momentos, me limito a reproduzi-los, fazendo as costuras necessárias e ampliando as reflexões.

Em agosto de 2018, escrevi um artigo para a *Blätter für deutsche und internationale Politik*, revista alemã editada por intelectuais como Jürgen Habermas, Saskia Sassen y Seyla Benhabib. Buscava explicar as razões que levavam o Brasil à crise. Alguns amigos que o leram sentiram-se mais esclarecidos e sugeriram que eu o transformasse num pequeno livro. Surgiu então a ideia de fazer um *instant book* para ser publicado ainda naquele ano, embora eu tenha preconceito com a definição. Como quem me acompanha sabe, era previsível (exceto para mim) que o pequeno livro se tornasse grande. Como meu trabalho de jornalista se multiplicou devido à velocidade dos espasmos do Brasil, a conclusão do texto também foi adiada. Desde 2013, vivo em atraso permanente com todos os prazos e invento projetos novos antes de terminar os antigos. Espero que meus editores me perdoem. O tempo já não é mais o mesmo. E nunca voltará a ser.

Desejo que este livro possa se somar às outras tantas necessárias contribuições surgidas no horizonte editorial para criar uma bibliografia capaz de nos ajudar a compreender o presente e a inspirar o futuro. Com o colapso climático já entre nós, o amanhã se encurta cada vez mais. Trago, para esse esforço de interpretação, as ideias produzidas por mim que considero originais, apresentadas nos últimos anos na minha coluna de opinião. Quando menciono o esforço de outros intérpretes, eles sempre são devidamente citados. Gosto de manter com o pensamento dos outros o respeito que com frequência não existe com o meu. E acredito que pensar é pensar junto.

Busco interpretar neste livro as duas primeiras décadas do século 21. Ou o que considero mais significativo neste período em que nos amamos tanto para em seguida nos odiarmos tanto. Desde que ele foi concluído, a todo momento me lembro de algo essencial que não está aqui. Sofro. E me desculpo. Devo aceitar limites e incompletudes, e espero que outros escrevam sobre essas ausências, assim como eu mesma numa segunda edição.

Meu percurso vai do primeiro mandato de Lula até os primeiros cem dias do governo de Jair Bolsonaro, mas sem obedecer a linearidades. Me preocupo mais em perceber conexões, tecer relações e iluminar desvãos. Escrevo a partir dos fios que fui puxando nos últimos anos para percorrer o labirinto chamado Brasil. Em especial a partir do que tenho nomeado como "autoverdade" e "crise da palavra" e também a partir da desidentificação do país com os imaginários que o sustentaram por tantas décadas.

O maior desafio do Brasil de hoje é devolver a verdade à verdade. É voltar a reencarnar a palavra e ser capaz de tecer o "comum". Espero que este livro possa colaborar para o esforço coletivo de descolonizar o pensamento e recolocar as periferias no lugar ao qual pertencem: o de centro.

Como afirma o povo Guarani Kayowá, palavra é "palavra que age". A palavra precisa voltar a agir no Brasil.

Eliane Brum
Altamira, rio Xingu,
floresta amazônica,
7 de julho de 2019.

O BRASIL, eterno país do futuro, no final da primeira década do século 21 acreditou que finalmente havia chegado ao presente. E então descobriu-se atolado no passado. Naquele momento, porém, não sabia de quanto passado se tratava. Agora começa a compreender. O que faz o país do futuro quando percebe que o futuro é um enorme passado?

Se fosse uma moeda, o Brasil das primeiras duas décadas deste século teria duas faces. Cara e cara. Uma é a de Luiz Inácio Lula da Silva, o maior líder popular da história recente. A outra é a de Jair Messias Bolsonaro, eleito presidente em outubro de 2018, com uma parte da sociedade chamando-o de "mito", a outra de "coiso". Lula e Bolsonaro marcaram a disputa mais polarizada desde a redemocratização do Brasil como duas faces opostas. A polarização, porém, pode encobrir pontos de contato e mesmo falsear realidades.

As perguntas que me movem neste ensaio percorrem também as subjetividades que como repórter aprendi a escutar. O texto mais duro que escrevi sobre o Brasil não nasceu da realidade vivida enquanto escrevo este livro, esta que devasta uma parcela significativa da sociedade brasileira que se opôs ao projeto autoritário encarnado por Bolsonaro. Em dezembro de 2015, ainda no governo de Dilma Rousseff, mas com a presidenta já ameaçada pelo impeachment, escrevi na minha coluna de opinião no *El País*:

"Talvez tenha chegado a hora de superar a esperança. Autorizar-se à desesperança ou pelo menos não linchar quem a ela se autoriza. Quero afirmar aqui que, para enfrentar o desafio de construir um projeto político para o país, a esperança não é tão importante. Acho mesmo que é supervalorizada. Talvez tenha chegado o momento de compreender que, diante de tal conjuntura, é preciso fazer o muito mais difícil: criar/lutar mesmo sem esperança. Teremos que enfrentar os conflitos mesmo quando sabemos que vamos perder. Ou lutar mesmo quando já está perdido. Fazer sem acreditar. Fazer como imperativo ético."

Naquele momento, se alguém afirmasse que Jair Bolsonaro seria o próximo presidente do Brasil, só encontraria incredulidade. Talvez fosse até mesmo tratado como um idiota que não compreende o país onde vive. Um personagem do chamado "baixo clero" do Congresso, encarado por parte da sociedade como um bufão, não parecia ter a menor chance de se eleger para o posto máximo do Brasil. Mesmo a concretização do impeachment parecia algo surpreendente. O que me levara a fazer uma afirmação em defesa da superação da esperança não era nem o niilismo nem o ceticismo. Bem ao contrário. Eu afirmava a necessidade de abrir mão da esperança, conceito tão manipulado nas últimas décadas, por diferentes forças, em nome exatamente da necessidade de seguir em movimento, para mim o ato mais vital.

Depois de ter passado os últimos anos testemunhando o processo de construção da usina hidrelétrica de Belo Monte pelos governos do PT e do PMDB (hoje MDB), no rio Xingu, na floresta amazônica, o desafio que se apresentava era como não paralisar diante do abismo que ali se desenhou. Não uma obra, mas uma engenharia da destruição. Não uma obra, mas um país. Belo Monte é a materialização de uma perversão: como um projeto autoritário pode ser imposto na democracia, a partir de uma coalizão de interesses e de omissões interessadas. Ou como o crime pode acontecer dentro da lei.

Quando a lucidez nos ameaça, temos duas escolhas: ou nos deixamos cegar, para suportar, ou buscamos criar algo que não existe. Senti claramente que era preciso tirar a esperança da equação da vida, porque ela havia se tornado um luxo ao qual muitos de nós não teria mais acesso. Mas como viver sem esperar por algo melhor? Volto a isso mais tarde.

Uma esquina entre identidade e destino

Primeiro, quero revisitar algumas cenas do Brasil, um país que é também um grande produtor de imagens. Durante seus dois mandatos (2003-2006 e 2007-2010), Luiz Inácio Lula da Silva não foi apenas um conciliador no campo ideológico. Ele se provou um conciliador de imaginários tanto na produção de um país como na produção do seu próprio mito. É ele, com todas as suas contradições, que ilumina o momento atual também para além do Brasil.

É preciso voltar ao ano de 2009, ao instante em que o Brasil foi escolhido para sediar as Olimpíadas de 2016. As imagens e o discurso de Lula foram transmitidos pelas TVs do país. Apresentadores da Globo, o maior grupo de comunicação do Brasil e um dos maiores do mundo, que desempenhou um papel decisivo tanto no golpe de 1964, que instalou uma ditadura militar de 21 anos, quanto no impeachment de Dilma Rousseff, emocionavam-se nas telas e telões com a fala de Lula. Nas areias de Copacabana, no Rio de Janeiro, uma multidão comemorava.

Lula diz para as câmeras de TV:

"O povo é bom, o povo é generoso. Acho que o Brasil merece. Aqueles que pensam que o Brasil não tem condições vão se surpreender. Os mesmos que pensavam que nós não tínhamos condições de governar esse país vão se surpreender com a capacidade do país de fazer uma Olimpíada. [...] A gente tava com a alma, com o coração. [...] Esse país precisa ter uma chance. Não é possível que esse país não tenha, no século 21, a chance que não tivemos no século 20. [...] Eu não vou estar na presidência, mas estarei como cidadão brasileiro, colocando minha alma, o meu coração, pra que a gente faça o que tem de melhor nesse país. Tem de comemorar porque o Brasil saiu do patamar de um país de segunda classe e se tornou um país de primeira classe."

Lula agradece a várias pessoas. Uma voz sussurra perto do seu ouvido: "Michel". Lula ignora e segue falando. A voz repete, um pouco mais alto: "Michel Temer". Lula é obrigado a citar: "Ao Temer que está aqui". A cabeça do então presidente da Câmara dos Deputados descola-se por um momento das costas de Lula, onde ele havia estrategicamente se posicionado.

Temer havia sido reeleito deputado federal em 2006. Com menos de cem mil votos, sua soma individual era insuficiente para garantir mais um mandato. Ele só entrou devido ao quociente eleitoral, reeleição garantida pelo total de votos dados ao seu partido, o PMDB.

Em 2009, conseguiu se tornar, com o apoio de Lula, presidente da Câmara dos Deputados pela segunda vez. Mais tarde, se tornaria o vice de Dilma Rousseff e, finalmente, um dos articuladores do impeachment da presidenta, o que o alçou ao posto máximo do país.

Michel Temer seguirá até o final desta cena, a da comemoração da escolha do Brasil para sediar as Olimpíadas, colado nas costas de Lula. Toda vez que Lula procura alguém ao redor para agradecer, depara-se com Temer. O que significa que as câmeras de TV também se deparam com Temer. Mas Lula não faz mais nenhuma menção a ele. E a câmera volta a fechar no presidente mais popular da história do Brasil desde Getúlio Vargas (1882-1954).

Um repórter pergunta sobre a "decantada" beleza do Rio. E Lula responde:

"Eu acho que a alma do nosso povo, o olhar do nosso povo, o calor do nosso povo, o gingado do nosso povo, a cor do nosso povo, o sorriso do nosso povo é imbatível. Acho que finalmente o mundo reconheceu: é a hora e a vez do Brasil. [...] Ninguém agora tem mais dúvida da grandeza econômica do Brasil, da grandeza social, da capacidade nossa de apresentar um programa. [...] Inclusive o Banco Mundial já disse que o Brasil será, em 2016, a quinta economia do mundo."

Quando as Olimpíadas de 2016 se realizaram, Lula tinha sido anunciado como réu por supostamente tentar obstruir as investigações da Operação Lava Jato. Dilma Rousseff, a sucessora que ele conseguira eleger por duas vezes, estava afastada pelo impeachment. E o carrapato colado nas costas de Lula tinha se tornado o presidente do país. Alcançou o posto porque o PT fez dele o seu vice, na aliança com o PMDB e algumas das mais tóxicas e persistentes oligarquias políticas e econômicas do país, e por força de um impeachment sem consistência. Foi Temer, que logo se tornaria o presidente mais impopular desde a redemocratização do país, quem abriu os jogos olímpicos. Foi vaiado nas Olimpíadas de 2016, como antes Dilma Rousseff havia sido na Copa do Mundo de 2014.

As Olimpíadas, assim como a Copa, foram momentos planejados por Lula para que o Brasil finalmente alcançasse a síntese entre identidade e destino. Não é um acaso que, para marcar essa inflexão histórica, tenham sido escolhidos dois eventos de exibição para o mundo. O discurso de Lula em 2009 é explícito. Ele junta todos os estereótipos associados ao que se chama de "povo brasileiro" — o povo bom, o povo generoso, o povo que tem coração, o povo que tem gingado, o povo que tem alma — e os lança como o diferencial que levou o país a uma vitória em outro campo, o da política e da economia.

O Brasil teria alcançado um lugar entre os grandes — ou "a primeira classe" — com este povo. Não apesar dele, como tantas vezes foi afirmado por diferentes elites em diferentes espaços, mas por causa dele. E com Lula na liderança, um homem de fato "do povo". Temos aqui uma fusão inédita das imagens do representante e do representado. O Brasil teria sido escolhido como sede das Olimpíadas por causa do "coração" e da "alma". O brasileiro cordial de Lula, vale ressaltar, não é o mesmo de Sérgio Buarque de Holanda (1902-1982).

Não há nada de banal nessa construção. A escolha de eventos para o mundo ver é também a de se olhar com a medida do outro. E não qualquer outro, mas um outro de "primeira classe". Naquele momento, a ascensão de cerca de 29 milhões de brasileiros no fenômeno que se chamou de "nova classe média", ocorrida entre 2003 e 2009, é uma inclusão marcada pelo acesso a mercadorias. A "TV de tela plana", que um dia serviria também para assistir à Copa e às Olimpíadas, tornou-se o símbolo de ascensão social da "classe C".

Nessa escolha, há algo que deve ser assinalado. Lula é o novo, sim, na medida em que "nunca antes na história deste país", como ele gostava de repetir, um operário, alguém com a sua origem social, havia se tornado presidente. Para um país desigual e racista como o Brasil, é uma enormidade. Levará talvez muitas décadas para se dimensionar o que significa um homem de uma classe social que durante toda a história da República frequentara apenas as periferias do poder finalmente alcançar o centro. Já é possível afirmar, entretanto, que esse deslocamento moveu placas tectônicas.

O impacto nas subjetividades, e isso em todas as classes sociais, é determinante na costura dos dias. Como o historiador Nicolau Sevcenko (1952-2014) afirmou uma vez, em outro contexto, há coisas que não devemos nos perguntar o que farão por nós, elas já fizeram. Este é o caso da eleição de um trabalhador braçal para a presidência do país.

Essa marca jamais pode ser esquecida, tanto por justiça histórica como pelo seu impacto nos acontecimentos que se seguiram. A mudança que Lula propõe como governante, porém, é a inclusão no mundo como ele está dado, não a confrontação da ordem do mundo. Essa proposta está muito longe da construção de um modelo próprio para o Brasil a partir das experiências de diversidade de um país marcado pela pluralidade — Brasis —, como foi a proposta de movimentos culturais ao longo da história e também o sonho de parte dos intelectuais que apoiaram o PT em seu início.

A ressonância internacional de Lula, que se tornou pop no mundo da "primeira classe", se deveu à mágica de reduzir a pobreza sem tocar na renda dos mais ricos. Os ricos ficaram ainda mais ricos, os bancos tiveram lucros recordes (alcançando R$ 280 bilhões nos oito anos de mandato), fato de que Lula não se cansava de se orgulhar. E mais gente passou a fazer três refeições por dia, o que não é um dado qualquer num país como o Brasil, muito menos numa vida humana. Entre 2002 e 2010, 24 milhões de pessoas passaram a ter TV, 31,6 milhões tiveram acesso a geladeira e outras 31,5 milhões instalaram uma máquina de lavar roupa. No final do governo Lula, segundo o instituto Data Popular, a classe C era a maior consumidora de eletrodomésticos e eletrônicos do país, com 45% dos gastos, contra 37% dos mais ricos (classes A e B).

Como o mundo regido pelo capital não ficaria encantado por um presidente que tornava os ricos mais ricos e os pobres menos pobres sem precisar redistribuir a riqueza nem ameaçar privilégios de classe? Que propaganda poderia ser maior para a democracia, como um sistema capaz de garantir mobilidade e justiça social, num momento em que os sinais da crise global das democracias já eram evidentes?

O problema é que mágica, como sabemos, não existe. O mágico jamais pode acreditar no próprio truque nem esquecer que a ilusão da plateia dura o tempo do espetáculo. A mágica de Lula só era possível devido ao aumento da exportação de matérias-primas, e movida especialmente pelo crescimento acelerado da China. A mágica tinha também um custo, e ele era alto: o custo-natureza. Para produzir as matérias-primas que eram exportadas, avançou-se ainda mais sobre os biomas naturais. Arrancou-se da floresta a ampliação da área de soja, da pecuária e da mineração, assim como a geração de energia para alimentar essa produção, com a construção de pelo menos três grandes hidrelétricas na Amazônia, com efeitos devastadores sobre o meio ambiente e os povos da floresta.*

A relação comercial do Brasil com a China é marcada pela reprimarização da economia, palavra feia usada para explicar que o país volta a focar na exportação de matérias-primas e na importação de produtos de valor agregado. Para parte de seus críticos, o Brasil de Lula é um país que retorna a uma economia de colônia. Essa não é uma discussão simples, nem imune a controvérsias. O custo-natureza dessa operação, porém, é evidente e muito menos mencionado no debate político e econômico. Como esse debate é travado no centro-sul do país, o tema da destruição da Amazônia é subalterno ou mesmo inexistente.

O colapso climático provocado por ação humana, o maior desafio de toda a trajetória de nossa espécie no planeta Terra, deveria atravessar todos os debates e mesmo determiná-los. Mas, tanto à esquerda quanto à direita, a ignorância sobre suas implicações é desesperadora. Lula não é o único protagonista do Brasil do século 21 que ignora a emergência climática em suas escolhas. A maioria o faz. Esta é parte da tragédia não só para o Brasil, e sim para o mundo, já que o país abriga 60% da maior floresta tropical do planeta, estratégica para conter o superaquecimento global.

---

* Entre 2000 e 2010, as exportações do Brasil para a China se elevaram de US$ 1,1 bilhão (2% das exportações brasileiras) para US$ 30,8 bilhões (15% do total). No mesmo período, as importações brasileiras da China cresceram de US$ 1,2 bilhão (2% do total) para US$ 25,6 bilhões (14% do total). A análise, de autoria de três técnicos do Instituto de Pesquisa Econômica Aplicada (Ipea) — Luciana Acioly, Eduardo Costa Pinto e Marcos Antonio Macedo Cintra —, foi publicada no livro *A China na nova configuração global: impactos político-econômicos*. Em 2014, o mercado chinês passou a absorver quase um quarto do total exportado pelo Brasil. Em 2018, a China foi o destino de 26,7% das exportações brasileiras. O estudo do Ipea mostra que, em 2000, cerca de 50% do total das exportações brasileiras eram de produtos primários e de manufaturas intensivas em recursos naturais, enquanto os produtos com incorporação de tecnologia representavam 41%. Em 2009, os produtos ligados mais diretamente ao setor primário (agricultura, minérios e energia) já respondiam por quase dois terços das exportações brasileiras, enquanto os produtos de alta, média e baixa tecnologia responderam conjuntamente por 32,7%. Ao longo de dez anos, para cada dólar que o Brasil recebeu de suas exportações para a China, US$ 0,87 vieram de produtos primários e de manufaturas intensivas em recursos naturais, US$ 0,07 dos produtos de média intensidade tecnológica e apenas US$ 0,02 dos produtos de alta tecnologia.

Os pobres não são um genérico

É importante abrir um parêntese para compreender quem é Lula também a partir das subjetividades. Há uma crença de que os pobres são todos iguais. Como se houvesse uma categoria homogênea chamada "pobres". Há outra crença que talvez seja ainda mais perversa, a de que todos aqueles que não cabem nos modelos estabelecidos pelo capitalismo, ou no conceito do que é ser rico num mundo capitalista, são automaticamente encaixados na categoria de pobre. Às vezes é fé, às vezes é má-fé. Não é razão. Essa generalização, mesmo entre intelectuais, precisa ser desfeita para compreender Lula, os governos do PT e o atual momento do Brasil.

A explicação para que a inclusão de 29 milhões de brasileiros no governo Lula tenha se dado principalmente pela via do consumo é complexa. Pelo menos uma parte dela, contudo, pode ser localizada no desejo de Lula. No que significa para um operário ascender na escala social. Lula não é o sertanejo de relação íntima com o sertão, entendido aqui como natureza e cultura. Mas, sim, o movimento de transição de um mundo que é passado para um outro que é futuro.

Lula é filho de uma família de retirantes da seca que queria primeiro fugir da fome, depois subir na vida pelo ingresso na fábrica, pela via do "progresso" e da industrialização. Vencer na vida no mundo do outro, apropriando-se dele e tornando-o seu pelo acesso aos seus signos. É esse universo de sentidos que Lula compreende e com o qual dialoga, como nenhum outro político da história do país. E é principalmente para estes pobres que seu governo significou inclusão ou ascensão social.

Durante a campanha de 2002, coube a mim a cobertura "humana" — como curiosamente a imprensa costuma chamar reportagens sobre a vida, como se fossem possíveis reportagens "não humanas" — de Lula e de sua família. Naquele momento, eu trabalhava como repórter especial para a revista *Época*. Meu desafio era contar a família que ficou no sertão, a família que foi construída no ABC paulista. Ao perguntar a Lula sobre o papel do pai na sua vida, durante um rápido encontro privado antes de o então candidato embarcar em um avião para um compromisso de campanha, Lula respondeu com uma única frase: "Valeu o espermatozoide que me gerou".

Faltava apenas um mês para Lula nascer quando o pai deixou Caetés, no sertão pernambucano. Ao migrar para o Sudeste, em 1945, Aristides Inácio da Silva levou com ele uma moça de 16 anos e gerou com ela uma segunda família. Mais tarde, dona Lindu, a mãe, também migraria para São Paulo, encarapitando Lula e os irmãos no pau de arara. Já em Santos, depois de alguns anos, ela deixaria o marido, carregando com ela todos os oito filhos, exausta de sofrimento e abandono.

A primeira memória que Lula tem do pai, que só conheceu aos cinco anos de idade, foi construída na única vez em que Aristides voltou ao sertão para uma visita e para fazer mais um filho em dona Lindu. Aristides contava aos familiares e vizinhos que "no sul tinha andado embaixo da terra". Ficou com fama de mentiroso. Mas Aristides se referia, maravilhado, aos túneis da estrada de Santos. Essa recordação, relatada na biografia autorizada *Lula, o filho do Brasil* (Fundação Perseu Abramo), de Denise Paraná, marcou o menino que nasceu na sequeira do sertão quando o pai já buscava o progresso no concreto da grande cidade. Era isso melhorar de vida.

Décadas mais tarde, o menino retirante se iniciaria numa outra saga, a de ser protagonista do Brasil, um país em transição da ditadura para a democracia. Ao liderar as greves dos metalúrgicos no ABC paulista, no final dos anos 1970 e no início dos 80, as máquinas da indústria já tinham engolido um de seus dedos, o minguinho da mão esquerda. Não é uma marca qualquer ter a carne mastigada literalmente pelas máquinas, apesar de os "acidentes de trabalho" serem tão normalizados no Brasil.

Lula começou a se tornar Lula no Estádio da Vila Euclides, em São Bernardo do Campo, lugar-símbolo das grandes assembleias dos metalúrgicos do ABC. Naquela época, ele já deixava muito claro que não estava ali para mudar o mundo, mas para que os operários pudessem fazer parte do mundo em melhores condições de acesso ao consumo, adeptos de um conceito de felicidade e bem-estar que incluía pelo menos os bens materiais básicos, assim como o churrasco e a cerveja do fim de semana.

Seu irmão José Ferreira da Silva, três anos mais velho e conhecido como Frei Chico, era o único membro da família que militava na política, identificando-se ideologicamente como comunista. Foi ele que deu ao irmão mais novo o livro *Que é a Constituição?*, de Osny Duarte Pereira. Lula, até assumir uma diretoria do Sindicato dos Metalúrgicos de São Bernardo do Campo, só se interessava pela parte dos Esportes do jornal. Seu sonho não era ser presidente, e sim jogador de futebol.

Lula sempre deixou claro que não estava interessado em revolução. O que buscava era inclusão. Também costumava repetir que não era de esquerda. Em 1979, ao aceitar o convite de uma revista para jantar no Gallery, naquela época a casa noturna dos ricos e famosos de São Paulo, assim respondeu aos críticos: "Eu quero que todo operário ganhe o suficiente para frequentar o Gallery". Se ele mudou bastante até assumir a presidência do país, essa convicção, que aplicava para si mesmo, seguiu orientando-o na administração do poder.

Lula, o conciliador

Lembro duas cenas produzidas por Lula, o conciliador, na primeira década deste século. Elas me parecem particularmente reveladoras.

Na primeira, ocorrida durante a campanha presidencial de 2002, só há três testemunhas. Uma delas sou eu. É uma cena pequena, mas sempre teve uma enormidade para mim. Ainda que não acredite nem em deus nem em diabo, acredito que ambos vivem nos detalhes.

Eu entrevistava uma mulher da elite econômica paulistana que namorava um dos principais industriais de São Paulo. Juntos, eles foram decisivos para que Lula conversasse com uma parte dos mais ricos, a que era conversável, e costurasse um apoio fundamental para a vitória do PT, em 2002, depois de três derrotas consecutivas. Apoio que se concretizou na Carta ao Povo Brasileiro. No documento, Lula se comprometeu — não com o povo, mas com o mercado — a manter as principais linhas da política econômica liberal do governo de Fernando Henrique Cardoso (PSDB), o sociólogo eleito por dois mandatos, de 1995 a 2002.

A MUDANÇA QUE LULA PROPÕE COMO GOVERNANTE, PORÉM, É A **INCLUSÃO NO MUNDO COMO ELE ESTÁ DADO, NÃO A CONFRONTAÇÃO DA ORDEM DO MUNDO.**

Na eleição que finalmente venceria, Lula vestiu ternos do estilista Ricardo Almeida e circulou pelos salões da elite de São Paulo, uma porta dourada aberta por Marta Suplicy. Não apenas circulou, como encantou. Lula tornou-se pop para milionários que acreditavam ser esclarecidos, empreendedores, modernos e cosmopolitas. Quando eu conversava com esses muito ricos, era visível que, para além do pragmatismo, havia algo de muito sedutor em um operário, um líder sindical, que gostasse deles.

Havia uma pressão social crescente no Brasil. Após o deslumbramento com a volta da democracia e a energia criadora potencializada pela Constituição de 1988, o país vivera o impeachment de Fernando Collor, com os caras-pintadas nas ruas, e vivia um final de segundo mandato bastante penoso de FHC. *Cidade de Deus*, o filme de Fernando Meirelles e Katia Lund, era a expressão do Brasil de 2002. Indicado para quatro Oscars, a obra era baseada no livro de mesmo nome de Paulo Lins e roteirizada por Bráulio Mantovani. O filme contava a vida na favela de Cidade de Deus, que nos anos 80 se tornou uma das comunidades mais violentas do Rio de Janeiro, a partir do olhar e da voz de um garoto ao mesmo tempo enredado no cotidiano da favela e tentando fugir de seu destino anunciado.

A porção ilustrada e progressista do país "descobria", nas poltronas estofadas dos cinemas de shopping, mais de 15 anos depois da redemocratização, que o país seguia tremendamente desigual. Uma parcela da elite econômica compreendeu o esgarçamento crescente do tecido social, com gigantescas filas em busca de empregos aquém das competências de cada um, e costurou apoios e acordos, desfilando Lula pelos salões para provar aos pares que ele era tão palatável quanto seu caviar. E Lula, inteligente como é, desempenhou seu papel com brilhantismo.

Eu estava numa dessas mansões do Jardim Europa, onde só vivem os ricos muito ricos de São Paulo, e os ricos muito ricos de São Paulo são muito ricos em qualquer lugar do mundo. Entrevistava uma das principais anfitriãs de Lula. E ela me dizia o quanto Lula era fascinante e o quanto o Brasil precisava mudar.

De repente, interrompeu a fala. E chamou alguém. Num tom modulado, mas imperativo. A empregada doméstica estava no andar de cima, mas foi instada a descer para fechar a cortina da sala onde nós duas estávamos. Percebi que não ocorrera à dona da casa que ela mesma poderia se levantar do sofá e andar alguns passos. Era a vida dela, sempre havia sido. Não poderia haver outra.

Ali estava posta a mágica de Lula. Essa mulher podia circular pelos salões com o candidato do PT vestido em ternos de grife e ao mesmo tempo chamar a empregada para fechar a cortina. Pelo toque alquímico de Lula, as contradições, por um momento, apagavam-se.

Salto agora para 2006.

O rapper carioca MV Bill, um dos criadores da Central Única das Favelas (Cufa), está na Villa Daslu. Chamada de "templo do luxo" ou "meca dos estilistas", a construção sustentada por colunas neoclássicas se espalhava por 20 mil metros quadrados na Marginal Pinheiros, em São Paulo. Vendia de roupas das grifes internacionais mais caras a helicópteros. Havia fila de espera para bolsas de cinco mil dólares, por exemplo. Na época, Eliana Tranchesi, a proprietária, já estava enroscada em denúncias de sonegação de impostos, mas apostava alto na conciliação com o outro lado dos muros.

Se, em 2002, a obra cultural paradigmática do Brasil era *Cidade de Deus*, o filme, em 2006 foi *Falcão, meninos do tráfico*, o documentário de MV Bill e Celso Athayde. O documentário havia sido exibido três semanas antes da visita do rapper à Daslu, no programa *Fantástico*, da TV Globo, na noite de domingo. Ao mostrar a vida — e a morte — dos "soldados" do tráfico em favelas pelo Brasil, *Falcão* causou enorme impacto em pessoas que não costumavam se impactar com o genocídio dos meninos negros e pobres das favelas e periferias: dos 17 entrevistados, todos muito jovens, apenas um havia sobrevivido para assistir ao programa naquela noite de domingo.

Não era ficção, as mortes tinham sangue e carne. E o olhar de Bill e de Athayde era de dentro. O Brasil agora se revelava mais nu. E mais cru. E na TV aberta, com uma audiência de mais de 25 milhões de espectadores, para um público variado, no horário nobre de domingo.

Naquele momento, Lula estava há quase quatro anos no poder, era candidato à reeleição, e o PT enfrentava as denúncias do "mensalão", esquema de compra de votos de parlamentares que o presidente afirmava desconhecer. A "conciliação" era ainda uma tese em vigor, com um presidente que não só havia cumprido rigorosamente o acordado na Carta ao Povo Brasileiro, ao não mexer na condução da economia, como ainda mantinha muito da sua mística, apesar das fortes evidências de corrupção do PT no poder.

Para lançar *Falcão, meninos do tráfico*, o livro baseado no documentário, na Villa Daslu, MV Bill subiu ao quarto andar com 30 moradores de favelas. A loiríssima Eliana Tranchesi resumiu, com clareza poucas vezes vista, o tom da conciliação costurada no Brasil de Lula: "Não estamos aqui para encontrar culpados pela tragédia em que vivem essas crianças. Estamos aqui para juntar todo mundo, ricos e pobres, as forças de todo mundo".

Essa era a mágica. Juntos, o rapper negro da Cidade de Deus, no Rio, e a loira empresária paulistana que fraudava o fisco celebravam a possibilidade da conciliação de dois países apartados. O Brasil, um dos lugares mais desiguais e racistas do mundo, deveria se conciliar sem olhar para o que causava a desigualdade. Ou, o tema mais sensível, sem tocar na renda dos mais ricos, majoritariamente brancos, nem fazer mudanças estruturais que atingissem seus privilégios.

Estavam, como anunciou Eliana Tranchesi, "todos juntos, ricos e pobres". Faltou dizer também que cada um no seu lugar. Na Villa Daslu, os negros eram trabalhadores uniformizados das áreas de limpeza ou copa, seguidamente invisíveis, e os moradores de favelas que ali entraram naquele dia voltariam em seguida para suas casas sem saneamento básico e jamais poderiam comprar sequer um café no "templo do luxo". Mas, deslocados por um momento do seu lugar, apenas para reafirmá-lo, eram bem-vindos e até amados. A imagem produzida era vendida como se realidade fosse. A cena era poderosa — e é provável que muitos acreditassem nela.

Diante da mistificação, uma voz se levantou na plateia: "O consumismo é uma das causas dessa tragédia. Estamos no templo do consumo. Isso aqui é o responsável. Se eu lembrar do país e da desigualdade em que vivemos, esse local é uma violência".

O mal-estar se instalou. A ilusão acabara de partir-se. Outra voz se somou: "Para satisfazer o sonho de consumo de comprar um tênis, quem está na favela às vezes tem que matar. Mas não para comprar um tênis da Daslu, porque aí tem que matar muito mais". Farpas verbais foram trocadas, a plateia branca fez sinal para cortarem o microfone.

A líder da favela Coliseu, uma mulher negra e, naquele momento, desempregada, levantou-se para defender a anfitriã: "Ela é rica porque trabalhou muito para ser rica". Apoteose. Gritos e palmas. A conciliação estava salva no Brasil de Lula. E a tese da meritocracia, a de que basta trabalhar para ser Tranchesi na vida, ganhava mais adeptos também entre aqueles que são vítimas dela. Nascer de um lado do rio ou do outro, sem água potável ou com Perrier, não faria diferença se houvesse esforço pessoal, segundo essa tese que se tornaria ainda mais forte nos anos conservadores que se seguiram. Com a meritocracia, a desigualdade passa a ser um problema do indivíduo, e não da estrutura da sociedade.

Mais tarde, Eliana Tranchesi seria presa pelos crimes de formação de quadrilha, fraude em importações e falsificação de documentos. A origem de sua fortuna estava, afinal, muito menos relacionada ao trabalho duro, ao esforço pessoal e ao mérito. Tranchesi foi condenada a 94 anos e seis meses de prisão. A Villa Daslu deixou de existir. Outros "templos de consumo", tão seletos quanto, mas mais discretos, foram erguidos em São Paulo. Inclusive no próprio local da então gloriosa Villa Daslu.

A mística da conciliação sobreviveria por mais tempo.

O pouco que se fez, para alguns, era demais

Na campanha presidencial de 2002, Lula usou amplamente essa simbologia da conciliação de classes a seu favor, vendida como uma aliança capital-trabalho. O capital foi representado pelo seu vice, José Alencar (1931-2011), grande empresário da área têxtil. Também usou o "Lulinha Paz e Amor", expressão que marcou sua versão palatável aos mais ricos, substituindo o "Sapo Barbudo" das campanhas anteriores, como era chamado pelo líder trabalhista Leonel Brizola (1922-2004). Este sapo não descia pela garganta nem das elites nem de parte dos mais pobres, marcadamente conservadores e acostumados a votar em gente de outra classe. Na sua versão sindicalista, Lula já perdera três eleições para presidente. Na quarta, até a barba tinha sido aparada.

Quando a campanha de Lula divulgou a Carta ao Povo Brasileiro, a base do PT acreditou que Lula estava enganando as elites para ganhar a eleição. Seu governo provou o contrário. Mas, se Lula não mexeu na tributação dos mais ricos, nem confrontou o sistema financeiro, nem promoveu mudanças claramente estruturais, como muitos que construíram o PT e muitos que votaram nele esperavam, as políticas que fez para reduzir a pobreza e dar acesso aos mais pobres ao mercado consumidor moveram algo profundo na sociedade brasileira. Jamais se pode esquecer, em qualquer análise, sobre qualquer tema, que o Brasil foi fundado sobre corpos humanos: primeiro os dos indígenas, depois os dos negros africanos escravizados. Este não é apenas um dado histórico, é um pilar de sustentação que se mantém até hoje.

Para quem esperava mudanças estruturais, as políticas de Lula na área social foram tímidas. O PT teria perdido a oportunidade histórica de promover uma transformação profunda quando tinha massivo respaldo popular, incluindo nessa conta uma reforma política que enfrentasse a corrupção do sistema e combatesse a fisiologia do Congresso. Outra parcela ligada ao partido acredita que não teria sido possível fazer mais na conjuntura do país e com o que se chama de "presidencialismo de coalizão".* Há verdades nas duas interpretações, mas há também muito mais variáveis objetivas e subjetivas no complexo processo de ocupação do poder pelo Partido dos Trabalhadores.

O Brasil é tão desigual e tão racista, porém, que mesmo o que era pouco provocou uma reação que só se tornou explícita no governo de Dilma Rousseff, já no início da segunda década do século. Ainda que esta não seja uma revolução, a possibilidade de um "pobre poder voar de avião" ou de um filho da classe trabalhadora ter um

---

* A expressão, cunhada pelo sociólogo Sérgio Abranches, define um país presidencialista cujo poder parlamentar é fragmentado entre muitos partidos, o que obriga o partido do presidente a buscar alianças e formar um governo, na prática, multipartidário.

diploma universitário, dois marcos simbólicos do final do governo Lula, muda o Brasil.

Ao ter acesso a outras experiências, as pessoas se transformam. Isso tem impacto sobre as aspirações cotidianas e sobre a forma de olhar para si mesmas e de se relacionar com os outros. E impacta de muitas maneiras. Inclusive no desejo de consumir ainda mais. Ao mesmo tempo, ao aproximar os mais pobres de bens materiais e de espaços até então exclusivos da classe média, o governo Lula atinge algo caro para essa classe média que era definida como "tradicional": atinge aquilo que a diferenciava dos mais pobres. Essa perda foi sentida. Para essa parcela da sociedade, não eram os mais pobres que ampliavam seus direitos, mas ela que perdia seus privilégios — ou sua diferença "positiva" de classe.

O que roubavam da classe média os garotos negros dos rolezinhos?

O Natal de 2013 ficará marcado como aquele em que o Brasil tratou garotos pobres, a maioria deles negros, como bandidos, por terem ousado se divertir nos shoppings onde a classe média faz as compras de fim de ano. Pelas redes sociais, centenas de jovens, às vezes milhares, combinavam o que chamaram de "rolezinho", em shoppings próximos de suas comunidades. Para "zoar, dar uns beijos, rolar umas paqueras" ou "tumultuar, pegar geral, se divertir, sem roubos". Os rolezinhos, fenômeno que deverá aumentar de importância ao longo dos anos, quando se analisar o Brasil desta época, mostraram o quanto o deslocamento das posições sociais e raciais no Brasil não só incomoda seus antigos ocupantes exclusivos — ou mesmo a classe média ascendente — como é criminalizado.

Em 14 de dezembro de 2013, dezenas de jovens da periferia entraram no Shopping Internacional de Guarulhos, na Grande São Paulo, cantando refrões do gênero musical chamado "funk ostentação". Não roubaram, não destruíram, não portavam drogas. Mesmo assim, 23 deles foram levados até a delegacia, sem que nada justificasse a detenção. Em 22 de dezembro, no Shopping Interlagos, garotos foram revistados na chegada por um forte esquema policial: uma base móvel e quatro camburões para a revista dos corpos, outras quatro unidades da Polícia Militar, uma do Grupo de Operações Especiais (GOE) e cinco carros de segurança particular para montar guarda. Vários jovens foram "convidados" a se retirar do prédio, por exibirem "uma aparência de funkeiros", como dois irmãos que empurravam o pai numa cadeira de rodas. De novo, nenhum furto foi registrado.

No dia anterior, um sábado, a polícia, chamada pela administração do Shopping Campo Limpo, não havia constatado nenhum "tumulto", mas viaturas da Força Tática e motos da Ronda Ostensiva com Apoio de Motocicletas (Rocam) permaneceram no estacionamento para inibir o rolezinho, e policiais entraram no shopping portando armas com balas de borracha e bombas de gás. Os shoppings que os garotos ocuparam não eram do chamado "centro expandido" de São Paulo, região que abriga os bairros nobres da capital paulista, mas os das áreas mais periféricas, frequentados pela classe média ascendente, e mais próximos das favelas em que os jovens viviam.

Se não havia crime, por que a juventude pobre e negra das periferias da Grande São Paulo foi criminalizada?

Por causa do passo para dentro. Os shoppings foram construídos para mantê-los do lado de fora, e, de repente, eles ousaram superar a margem e entrar. E reivindicando algo transgressor para jovens negros e pobres, no imaginário social e racial do Brasil: divertir-se fora dos limites do gueto e desejar objetos de consumo fora do alcance de sua cor e classe. Não geladeiras e TVs de tela plana, símbolos da chamada classe C ou "nova classe média", a parcela da população que ascendeu com a ampliação de renda no governo Lula, mas as marcas mais caras, aquelas que se pretendem mais exclusivas. Como óculos da Oakley e tênis Mizuno, dois objetos de desejo muito presentes no funk e nos funkeiros da ostentação.

Em janeiro de 2014, vários rolezinhos foram marcados pelas redes sociais em diferentes shoppings da região metropolitana de São Paulo. Com medo da repressão, muitos seriam cancelados. Os rolezinhos, criminalizados, rarearam até cessar por completo. Seus organizadores, jovens que trabalhavam em serviços como os de office-boy e de ajudante-geral, temeram perder o emprego ao serem detidos pela polícia. E alguns deles perderam. Seu crime: estar onde supostamente não deveriam estar — uma lei não escrita, mas sempre cumprida no Brasil. A truculência — e a ilegalidade — com que os rolezinhos foram reprimidos prenunciava os anos que viriam.

"Eita porra, que cheiro de maconha" foi o refrão cantado pelos jovens quando entraram no Shopping Internacional de Guarulhos. O funk é de MC Daleste, que afirma no nome artístico a região onde nasceu e se criou, a Zona Leste, a mais pobre de São Paulo, aquela que todo o verão naufraga com as chuvas, por obras que os sucessivos governos sempre adiam, esmagando sonhos, soterrando casas, matando adultos e crianças. Daleste morreu assassinado em julho de 2013, com um tiro no peito durante um show em Campinas. Assassinato é a primeira causa de morte dos jovens negros e pobres no Brasil, como os que ocuparam os shoppings entre o final de 2013 e o início de 2014.

A polícia reprimiu, os lojistas fecharam as lojas, a clientela correu. Uma das frequentadoras do shopping disse à repórter Laura Capriglione, da *Folha de S.Paulo*: "Tem de proibir este tipo de maloqueiro de entrar num lugar como este". Nos dias que se seguiram, em diferentes sites de imprensa, leitores assim definiram os "rolezeiros": "maloqueiros", "bandidos", "prostitutas" e "negros". A palavra "negros" era cuspida das bocas como ofensa.

O funk da ostentação, surgido na Baixada Santista e na Região Metropolitana de São Paulo, nos anos que coincidem com os governos do PT, evoca o consumo, o luxo, o dinheiro e o prazer que tudo isso dá. Em seus clipes, os MCs aparecem com correntes e anéis de ouro, vestidos com roupas de grife, em carros caros, cercados por mulheres com muita bunda e pouca roupa.

O funk da ostentação nega o núcleo duro do hip-hop paulista dos anos 80 e 90, cujo maior ícone são os Racionais MC, que recusavam o sistema. Nega também o movimento de literatura periférica que, no início dos anos 2000, defendia o consumo de marcas produzidas na periferia para a periferia. O funk da ostentação lança os jovens, ainda que para a maioria só pelo imaginário, em cenários até então reservados para a juventude branca das classes média e alta. Esta, talvez, seja a sua transgressão. Em seus clipes, os MCs têm vida de rico, com todos os signos dos ricos. Graças ao sucesso de seu funk nas comunidades, muitos MCs enriqueceram de fato e tiveram acesso ao mundo que celebravam. Mas não seus fãs.

Essa exaltação do luxo e do consumo, interpretada como adesão ao sistema, tornou o funk da ostentação desconfortável para uma parcela dos intelectuais brasileiros e mesmo para parte das lideranças culturais das periferias de São Paulo. Com os rolezinhos — e a repressão que se seguiu a eles —, uma marca de insurgência foi temporariamente colada a essa vertente do funk e celebrada por vozes da esquerda. Ao ocupar os shoppings, a juventude pobre e negra das periferias não estaria apenas se apropriando dos valores simbólicos, como já fazia pelas letras do funk da ostentação, mas também dos espaços físicos, o que marca uma diferença. Para alguns setores da sociedade, os rolezinhos adicionaram um conteúdo perigoso ao funk ostentação, àquele que já foi chamado de "funk do bem".

Os dias mostraram que os rolezeiros só queriam o que afirmavam querer naquele momento: se divertir num lugar considerado bonito, povoado por objetos de desejo de consumo. O conteúdo político existe, obviamente, porque só o fato de jovens negros e pobres entrarem num shopping em grande número já faz do gesto um ato de transgressão. Mas os rolezinhos não foram pensados como transgressão. Uma pesquisa das antropólogas Rosana Pinheiro-Machado e Lucia Scalco mostrou que, mais tarde, parte dos rolezeiros faria uma adesão ao bolsonarismo, relacionado à extrema-direita, outra parte a movimentos mais ligados à esquerda, como o de combate à homofobia.

A resposta violenta da administração dos shoppings, das autoridades públicas, da clientela e de parte da mídia demonstra que esses atores decodificaram a entrada da juventude das periferias nos shoppings como uma violência. Mas a violência era justamente o fato de não estarem lá para roubar, o único lugar em que parte da sociedade brasileira consegue enxergar jovens negros e pobres. Então, como encaixá-los? Em que lugar colocá-los?

Preferiram concluir que havia a intenção de furtar e de destruir, o que era mais fácil de aceitar do que admitir que os jovens queriam apenas se divertir nos mesmos espaços da classe média, desejando os mesmos objetos de consumo que ela. Aceitar significaria ter de conviver com eles, dividir o espaço. E, desta vez, eles não estavam uniformizados servindo cafezinho ou limpando os banheiros. Ou, pelo menos, não só. Levaram, então, uma parte dos rolezeiros para a delegacia. Ainda que tivessem de soltá-los logo depois, porque nada havia para mantê-los ali, o ato já os estigmatizou e assinalará suas vidas, como se faz há séculos com os negros e pobres no Brasil.

O "crime" dos garotos dos rolezinhos é que, em vez de se contentarem em trabalhar na construção civil e em serviços subalternos das empresas de segunda a sábado, e ficarem trancados em casas sem saneamento no fim de semana, queriam também se divertir. Zoar, como disseram. A classe média até aceita que queiram pão, que queiram geladeira, sente-se mais incomodada quando frequentam os aeroportos, mas se divertir — e nos shoppings?

O antropólogo Alexandre Barbosa Pereira, numa entrevista que fiz com ele no início do fenômeno, apontou: "Se fosse um grupo numeroso de jovens brancos de classe média, como aconteceu várias vezes, seria interpretado como um *flash mob*? Será que a classe média entende que os jovens estão 'roubando' o direito exclusivo de ela consumir?". Seria este o "roubo" imperdoável, que colocou as forças de repressão na porta dos shoppings para impedir a entrada de garotos desarmados que queriam zoar, dar uns beijos e cobiçar seus objetos de desejo nas vitrines?

A classe média que frequentava esses shoppings mostrou, em falas e atos, que não queria dividir o espaço que marcava a sua diferença, o território em que poderia delimitar uma superioridade de classe — e de raça. Os rolezinhos apontaram onde a conciliação de Lula começava a romper e a vazar.

Do mito da democracia racial à exposição do apartheid

Dilma Rousseff, que governou de 1º de janeiro de 2011 a 12 de maio de 2016, até ser afastada por impeachment, foi festejada como a primeira mulher na presidência do Brasil. Seu governo, porém, tornou-se tão indefensável em diferentes áreas, que as forças de esquerda unidas contra o impeachment tiveram que, na impossibilidade de defender o governo, concentrar-se na defesa da democracia. Fazer os dois era uma operação lógica complicada. Tornou-se comum ativistas de esquerda começarem uma frase com: "Apesar do péssimo governo de Dilma Rousseff..." ou "Não estou aqui defendendo o governo de Dilma Rousseff, mas...". E era mesmo a democracia que estava em jogo.

Dilma deixou o cargo como a presidenta que havia demarcado menos terras indígenas desde a redemocratização do país. Aproximou-se ainda mais dos setores ligados ao agronegócio predatório e acelerou o desmonte da Fundação Nacional do Índio (Funai). As estatísticas apontam que são justamente as terras indígenas as que mais protegem a floresta do desmatamento.* Sua política econômica também foi considerada "equivocada" ou mesmo "um desastre". É necessário reconhecer, porém, que Dilma governou em situação muito menos favorável do que Lula, ao enfrentar os efeitos da crise mundial de 2008. Sem o carisma de Lula, nem experiência como política, nem gosto por fazer política, sua popularidade despencou enquanto o desemprego aumentava.

É importante compreender que Dilma também "pagou" por algo que começou no governo anterior, mas que só ficou explícito no seu: a confrontação dos privilégios pelo deslocamento dos lugares estabelecidos. Foi no início da segunda década do século, durante os anos da primeira presidenta mulher da história do Brasil, que se tornou explícito que os negros, e principalmente as mulheres negras, grandes protagonistas deste momento, não ficariam mais "no seu lugar", o que significa que aceitariam ainda menos passivamente continuar na senzala moderna.

Nos governos de Lula, as cotas raciais nas universidades ganharam concretude no cotidiano das salas de aula. As políticas de ampliação do acesso ao ensino superior dos mais pobres, por mais críticas que

---

* De acordo com estudo do Instituto de Pesquisa Ambiental da Amazônia (IPAM), as Terras Indígenas (TIs), assim como outros tipos de Áreas Protegidas, além de exercerem papel fundamental na conservação da biodiversidade, atuam como barreiras ao avanço do desmatamento. A perda de floresta dentro das TIs foi inferior a 2% no período 2000-2014, enquanto a média de área desmatada na Amazônia, no mesmo período, foi de 19%. Segundo o Instituto Socioambiental, entre agosto de 2016 e julho de 2017, as TIs concentraram apenas 2% de todos os desmates na Amazônia.

mereçam por ter priorizado o modelo de ensino privado, que trata a educação apenas como um negócio rentável e com frequência de baixa qualidade, garantiram o acesso dos mais pobres a curso superior. A maioria dos mais pobres é negra (pretos e pardos).

Até então, com exceções que só confirmam a regra, a presença dos negros era restrita aos trabalhadores uniformizados que cuidavam da limpeza e de outros trabalhos mal remunerados e considerados subalternos no Brasil. Vale a pena revisitar a dissertação de mestrado em psicologia social de Fernando Braga da Costa. Por dez anos, ele trabalhou como gari varrendo as ruas da Universidade de São Paulo, o mesmo lugar onde era estudante de pós-graduação. Quando estava de uniforme, não era reconhecido pelos colegas. O psicólogo comprova em sua investigação, publicada em 2002, a "invisibilidade pública". "Professores que me abraçavam nos corredores da USP passavam por mim, e não me reconheciam por causa do uniforme. Às vezes, esbarravam no meu ombro e, sem ao menos pedir desculpas, seguiam me ignorando, como se tivessem encostado em um poste, ou em um orelhão", contou em entrevistas.

Costa é branco. Mas a maioria dos trabalhos considerados subalternos é ocupada por negros. A pesquisa nos ajuda a alcançar o que significa, mesmo em uma universidade como a USP, que os corpos negros saiam de dentro dos uniformes onde sua existência humana não é reconhecida para ocupar as salas de aula lado a lado com os alunos majoritariamente brancos e filhos das classes mais favorecidas. Fora dos uniformes, sua cor é decodificada como no lugar "errado". São então vistos apenas para serem rechaçados.

Ao ampliar sua presença nas universidades, os estudantes negros levaram não só seu corpo e sua cor para as salas de aula, mas também novos temas para o debate, preocupações até então invisibilizadas nos espaços historicamente ocupados por brancos. Não eram descendentes de africanos estilo "Pai Tomás"* que ocupavam o espaço

* Referência ao romance Uncle Tom's cabin, traduzido no Brasil como A cabana do Pai Tomás, de Harriet Beecher Stowe. A obra, publicada nos Estados Unidos em 1852, tornou-se um best-seller e influenciou a política norte-americana ao denunciar os horrores da escravidão. Um século mais tarde, Pai Tomás foi criticado pelas lideranças dos movimentos pelos direitos civis dos negros como "um personagem submisso, passivo e idealizado ao ponto da santificação". O livro, de símbolo do abolicionismo, passou a ser marcado como racista.

universitário, mas uma geração herdeira do hip-hop dos Racionais MC e de outros grupos que afirmaram a identidade negra e periférica nas décadas anteriores.

Embora a gritaria aponte para a perda das vagas que passaram a ser reservadas às cotas raciais, o que pesou no debate foi menos esse fato objetivo e mais o impacto subjetivo da perda de um privilégio. Para uma parcela significativa dos brancos era absolutamente estranho começar a conviver com negros nas universidades. Em especial nas faculdades públicas, que, por serem as mais disputadas, eram ainda mais claras do que as privadas. No Brasil, há essa inversão: os brancos fazem o ensino médio nas melhores escolas privadas para conquistar uma vaga nas universidades públicas, as mais reconhecidas no ensino superior; já os negros cursam o ensino médio nas escolas públicas, em geral carentes e fracas, e a maioria acaba só conseguindo uma vaga nas faculdades privadas consideradas de segunda linha.

O debate que se instalou no final da primeira década era furioso. Uma parcela daqueles que se posicionavam contra as cotas raciais tentava mostrar, como até hoje tenta, que o privilégio seria dos negros por terem "facilidades" que os brancos não tinham para disputar uma vaga na universidade. Invertia-se a realidade na qual, até hoje, os negros são os mais pobres, os que recebem os salários mais baixos, os com menos educação e menos acesso à saúde, os que têm menos tudo.

O Brasil nunca teve políticas de inclusão da população negra desde a abolição formal da escravatura, em 1888. Os descendentes dos quase cinco milhões de africanos escravizados que chegaram à costa brasileira, alimentando com corpos humanos um comércio que durou mais de três séculos, são ainda hoje os que vivem pior e morrem mais cedo. O Brasil foi o último país das Américas a abolir a escravidão negra. Este fato não é um acaso. E deixou marcas profundas. O racismo estrutura a sociedade brasileira. O enfrentamento dessa realidade foi encoberto por décadas pelo mito da "democracia racial", aquele que diz que no Brasil não há conflitos entre brancos e negros. Desde, é claro, que os negros aceitem seu lugar subalterno na sociedade brasileira e aceitem liderar as piores estatísticas de vida e de morte.

Em 31 de janeiro de 2014, o racismo produziu uma imagem que reproduzia os tempos mais brutais da escravidão: um jovem negro foi acorrentado nu a um poste, depois de ser torturado por jovens brancos e ter uma parte da orelha arrancada. A fotografia que atravessou o mundo desnudava o Brasil.

Uma parcela considerável dos brasileiros nunca compreendeu que era pelo país que as ações afirmativas precisavam ser feitas, que era também por eles, mesmo que brancos. Uma parcela dos brasileiros jamais entendeu o que são ações afirmativas e, assim, também não foi capaz de perceber que as cotas raciais eram políticas tímidas e insuficientes diante da injustiça histórica cometida contra os negros. Corrigi-la não significa apenas implementar políticas públicas atrasadas em mais de um século para os negros, que hoje representam a maioria da população, mas tentar ampliar as chances de o Brasil como país ser capaz de realizar a si mesmo.

Quando se condena a maioria da população a uma educação que não educa, a subempregos que não permitem ampliar seu potencial, quando não à morte precoce por falta de acesso à saúde ou por bala, não há chances de se tornar um país que seja mais do que uma soma de precariedades e um constante perpetuador de abusos. Também não há como barrar o massacre cotidiano que destrói em número muito maior os filhos de mães negras.

Essa dimensão coletiva das cotas raciais não é compreendida até hoje. E nunca foi bem explicada. Naquele momento se instalou talvez a primeira grande polarização, o que não permitia que um lado escutasse o outro. Se a intenção de proteger privilégios dos brancos era evidente no debate, também era evidente que havia muito desconhecimento sobre o que estava em disputa. Inclusive parte da população mais pobre e despolitizada não compreendeu o que estava em jogo no debate das cotas raciais. Com a convicção de fazer o certo, a parcela mais progressista se esquecia de continuar fazendo corpo a corpo nas ruas, o que se mostraria devastador mais tarde.

Neste sentido, o debate das cotas também foi um marco. Esqueceu-se ali de fazer política de base. O PT ignorou o que o tornou PT, mas não só. Esse foi um erro crucial de todo o campo progressista. O equívoco ficou evidente a partir das manifestações de 2013, quando os partidos de esquerda não foram capazes de entender o que ouviam, isso nas poucas vezes em que escutaram. Também cobrou enorme preço nos protestos que resultaram no impeachment de Dilma Rousseff. O custo de abandonar a política de base revelou-se ainda maior com a eleição de Jair Bolsonaro e das forças representadas por ele.

Para se contrapor às cotas, a direita e parte do centro evocavam o discurso da "meritocracia", a defesa de que é preciso conquistar seu lugar por mérito. É possível concordar com essa tese, desde que todos tenham como ponto de partida a mesma base mínima. Não é o caso. O que temos hoje é um partindo de avião e o outro caminhando com pés descalços, sobre uma estrada esburacada e cheia de obstáculos, para chegar ao mesmo lugar. Se os negros seguem sem nenhuma chance por sua própria culpa, então uma das sociedades mais desiguais do planeta pode continuar como está. Que é, afinal, o que parte das elites quer.

Parte dos opositores das cotas raciais invocou o direito dos "brancos pobres", como se eles respondessem às mesmas terríveis estatísticas reservadas aos negros em cada pesquisa do Instituto Brasileiro de Geografia e Estatística (IBGE). Esquecem-se que a maior parte dos brancos pobres chegou ao Brasil, nas imigrações europeias do final do século 19, como parte de uma política pública, com a promessa de ganhar terra.

Há uma enorme diferença entre ser imigrante, por mais dificuldades que seja necessário enfrentar, e ser escravo, mercadoria. A maioria dos imigrantes da Alemanha, da Itália e de outros países europeus, que desembarcaram no Brasil no século 19 e no início do século 20, foram empurrados pela fome e pela pobreza em suas nações de origem, mas vieram por vontade própria tentar a vida "na América". Chegaram aqui como homens livres. Seus descendentes vivem comprovadamente em situação melhor que os negros não porque trabalharam mais do que eles, mas porque os antepassados foram recebidos no Brasil como parte de uma política pública e sempre tiveram mais acesso a outras políticas públicas do que os descendentes dos africanos escravizados. É com políticas públicas que se cria um país.

O Brasil atual é resultado tanto das políticas públicas que deveria ter feito e não fez quanto das políticas públicas que escolheu fazer. Alguns autores apontam que a escolha de trazer imigrantes para "colonizar" as terras "devolutas" do Brasil é parte de uma política de branqueamento do país, tese que marcava os debates do século 19. As terras "colonizáveis" eram terras indígenas, o que já aponta uma escolha política que atravessa as várias etapas da história formal do Brasil, do período colonial até o republicano, o Império entre eles. Ainda hoje essa mentalidade tem grande peso, como se pode observar nas declarações do presidente de extrema-direita, Jair Bolsonaro, que tomou posse em 1º de janeiro de 2019.

Enquanto as elites intelectuais entregavam-se à construção de uma "identidade" brasileira pós-independência do colonizador português, na qual o "índio" era uma espécie de cavaleiro medieval dos trópicos no romantismo nacional, os indígenas reais eram exterminados e suas terras expropriadas. Ainda que possamos aceitar, apenas como exercício intelectual, que existiam terras devolutas, o governo poderia tê-las ocupado para fazer a inclusão dos negros, após a abolição formal da escravatura. Mas não. A política pública escolhida foi seguir importando europeus. Se a vida dos imigrantes no Brasil não foi fácil, não há dúvida de que eles e seus descendentes partiram de uma base muito mais vantajosa do que a dos descendentes dos africanos escravizados.

Outro argumento usado no debate das cotas refere-se à discussão de que raça é um conceito forjado. Obviamente, raça não existe do ponto de vista biológico, como qualquer exame de DNA pode mostrar. Mas uma pessoa com dois neurônios honestos consegue enxergar que a cor da pele marca diferença no Brasil, como em vários países que se tornaram nações com a riqueza produzida pelo sequestro das terras indígenas e do trabalho escravo dos africanos. Segundo alguns dos defensores de que raça não existe, as cotas raciais criariam um falso problema — ou uma divisão entre brancos e negros importada dos Estados Unidos. A questão é que, se raça não existe como fato biológico, existe como fato social.

As últimas fortalezas ainda em pé do mito da democracia racial que sustentou o imaginário do Brasil por tantas décadas ruíram por completo na virada da primeira para a segunda década deste século. No Brasil, o apartheid racial não é formal, escrito na lei, como foi na África do Sul, mas é cotidiano, inscrito nos dias. Basta olhar a cor de quem ocupa os postos mais subalternos e vive nos lugares mais precários. Essa evidência determina todas as relações, das mais banais às mais complexas, em todas as áreas, do sexo à economia.

O debate das cotas expôs o Brasil racista sem retoques. Como o Brasil vive aos espasmos nos últimos anos, esquece-se rapidamente o quanto o debate foi feroz. E foi feroz também na imprensa, majoritariamente branca, como brancos são todos os espaços de poder da sociedade brasileira.

Até hoje muitos repetem que os governos do PT inventaram o racismo no Brasil ou criaram uma disputa entre negros e brancos que não existia. Claro. Se os negros continuassem vivendo pior e morrendo mais cedo, mas sem reclamar deste lugar subalterno e mortífero, não haveria por que brancos e negros disputarem nada. Esta é a "paz" que parte da população branca ainda defende.

É importante lembrar que políticas dos governos Lula, como a promulgação do Estatuto da Igualdade Racial, devem-se à luta de décadas dos movimentos negros. Os governos do PT reconheceram e escutaram essas vozes, o que não é pouco no Brasil, mas a conquista é dos movimentos sociais. Se a reação da "branquitude" começou no período de Lula, foi no de Dilma que o significado da ocupação de espaços até então reservados aos brancos se tornou explícita. O debate em torno da peça *A mulher do trem*, do grupo teatral Os Fofos Encenam, foi um marco deste momento.

No Brasil, o melhor branco só consegue ser um bom sinhozinho

O pano dos dias, que se esgarçava mais e mais, se rasgou em 12 de maio de 2015. Naquela noite, em vez de uma peça de teatro, *A mulher do trem*, oito atores sociais subiram ao palco do auditório do

Itaú Cultural, em São Paulo, para discutir a representação do negro na arte e na sociedade. A decisão foi tomada depois que Stephanie Ribeiro, blogueira negra e estudante de arquitetura, protestou contra o uso de *blackface* na peça e o considerou racismo, iniciando uma série de manifestações nas redes sociais da internet. "O que me impressiona é que o debate sobre racismo e *blackface* é antigo, pessoas do teatro se dizem tão cultas e não pararam para pensar sobre isso? Reproduzir isso em 2015 é tão nojento quanto ignorante. Mas, né, esqueci que, quando o assunto é negro, não existe esforço nenhum em haver respeito", escreveu no Facebook. E acrescentou: "Só lamento, não passarão".

Não passaram. Diante de uma acusação tão perigosa para a imagem pública de um e de outro, a companhia de teatro Os Fofos Encenam e o Itaú Cultural decidiram suspender a peça e, no mesmo local e horário, acolher o debate. O espetáculo que se desenrolou no palco teve a potência de um corte. A partir daquele momento, Stephanie Ribeiro tornou-se uma voz negra e feminina cada vez mais importante, tornando-se colunista da imprensa tradicional.

Produtora de polêmicas, a arquiteta é odiada por vários grupos e amada por outros com maior ênfase do que costuma acontecer mesmo nas redes sociais. É possível e frequente discordar de seus posicionamentos, mas é obrigatório reconhecer que discussões fundamentais se iniciaram a partir de seus posts. Stephanie é uma provocadora, no melhor sentido da palavra. Como ela, nos últimos anos, várias mulheres negras ocuparam espaços até então recusados a elas.

A filósofa Djamila Ribeiro é uma das vozes mais importantes desse grupo de intelectuais negras que só cresce, ao abordar, entre vários temas, o "lugar de fala", um conceito que se tornou central na disputa dos últimos anos. Na literatura, o reconhecimento imensamente tardio do talento da escritora negra Conceição Evaristo é outra evidência de que os negros não voltarão para a senzala contemporânea, onde uma parte das elites brancas gostaria de continuar mantendo-os. Demorou. Séculos. Mas algo aconteceu. E aconteceu no curso dos governos de Lula e de Dilma Rousseff. Uma parcela das elites e da classe média branca jamais perdoará o PT por isso.

O marco deste fenômeno é o debate de 12 de maio de 2015. O que aconteceu ali?

O Brasil tem vivido de espasmo em espasmo. Os dias têm sido tão acelerados que os anos já não começam nem terminam, se emendam. Enormidades se sucedem. Torna-se cada vez mais difícil perceber o que é (ou será) histórico, no sentido daquilo que faz uma marca no tempo. Minha interpretação é de que aquele debate, aquelas três horas numa noite da Avenida Paulista, pode virar uma citação no futuro. Pelo menos um sinalizador de um momento muito particular da sociedade brasileira, em que a tensão racial não pôde mais ser contida e atravessou uma fronteira inédita.

A apresentadora, atriz-MC, diretora e slammer Roberta Estrela D'Alva, uma das debatedoras convidadas, iniciou sua apresentação falando sobre a percepção, ao entrar em contato com os protestos na internet, de que algo acontecia, algo que não teria acontecido mais de dez anos atrás, quando a peça foi montada pelo grupo Os Fofos Encenam. "Tem alguma coisa diferente nisso, porque tem manifestações sempre, mas que ganham essa projeção, e que foram ouvidas nesse sentido, de alguém que falou 'não' pra uma coisa e tomou essa dimensão que nós estamos vendo aqui agora... Eu acho que fazia tempo que a gente tava esperando, aguardando ou pedindo por isso. E não acho realmente que a peça é o foco. Eu acho que o que acontece na peça é sintoma de uma doença culturalmente transmissível, que é o racismo. E de uma relação muito espinhosa, que são os 400 anos de escravatura no Brasil."

Só depois das manifestações de 2013 e da reação violenta de setores da sociedade à política das cotas raciais nas universidades e em outros espaços historicamente ocupados por brancos, parece ter se tornado possível um "não" que finalmente foi escutado na Avenida Paulista.

O ponto é que o racismo no Brasil havia sido o debate sempre adiado e, desta vez, ele aconteceu, como colocou o mediador do evento, Eugênio Lima, DJ, ator e diretor teatral: "A gente tem uma tarefa muito interessante neste momento, que é conseguir dar forma a um debate que nunca se consegue dar forma por completo na história da sociedade brasileira. Toda vez que vai se tocar nesse assunto, se fala: não, não é exatamente o tempo bom. Não, vamos fazer um pouquinho mais pra frente. Não, agora não vai dar. Não, a gente tá muito próximo da escravidão. Não, a gente tá muito próximo dos anos 30, a gente precisa formar (primeiro) a nação. Não, a gente tá muito próximo do projeto da ditadura, a gente tá muito próximo da redemocratização, a gente tá muito próximo dos radicalismos. Então, o nosso desafio é proporcionar um debate que seja de fato um debate".

Nada do que aconteceu naquele palco é simples. Ou fácil. É racismo? É censura? Estas eram as duas questões que pairavam sobre o auditório, enquanto as pessoas iam ocupando as cadeiras. Por seu potencial explosivo, muitos apostavam e até se preparavam para "um barraco" — e não um debate. Tanto que o mediador foi muito habilidoso ao reposicionar as questões logo na abertura.

Eugênio Lima colocou a necessidade de não escolher o caminho mais fácil, aquele que também poderia ser o caminho da oportunidade perdida, caso o debate se polarizasse entre censura, como o argumento dos brancos, e racismo, como o argumento dos negros: "A gente deve procurar não criar uma invisibilização da voz legítima do outro. Então, quando você chega num determinado momento e fala: é censura, ponto. É falta de liberdade de expressão, ponto. É racismo, ponto... Aí não tem como o outro conseguir dialogar. E a gente precisa dialogar. A gente precisa fazer um exercício de escuta".

Eugênio Lima deixou explícito o lugar de onde falava: "Eu não sou um mediador no sentido de que eu vou tentar atingir a média. Eu não estou equidistante entre as duas posições. Eu tenho uma história, uma história política, artística, que fala pelo meu posicionamento".

Pego emprestada a explicação também para a minha análise deste momento — e de todos os outros. Não estou (ou sou) equidistante. Escrevo a partir da minha história e de como me descobri branca, e me redescubro a cada dia, nesse Brasil em que é "natural" — ou "normal" — pretos, pobres e periféricos morrerem. A própria escolha dos trechos que escolhi transcrever e reproduzir aqui fala de mim.

O evento ocorreu na véspera da comemoração da abolição da escravatura no Brasil, a Lei Áurea assinada pela Princesa Isabel em 13 de maio de 1888. Uma abolição jamais completada. Naquele momento, 127 anos depois, um jovem negro no Brasil tinha um risco quase três vezes maior do que um jovem branco de morrer assassinado. De 2007 a 2017, a sociedade brasileira testemunhou, sem expressar escândalo, o assassinato de 424.609 negros.

Para ter noção do significado, é preciso imaginar um município quase do tamanho de Santos, no litoral paulista, povoado apenas por cadáveres com furos de bala — e que todos esses corpos têm a mesma cor. É preciso perceber também que, neste mesmo país, isso é tão naturalizado — e naturalizar é tornar natural o que não é — que apenas os mesmos se espantam. Esta é a trama que se desenrolava nas periferias de São Paulo, nas delegacias e nas prisões, enquanto na Avenida Paulista, no auditório do braço cultural de um dos maiores bancos privados do país, o foco e as luzes estavam sobre oito pessoas, brancas e negras, que falavam a partir de lugares e de posições diversas.

O drama era maior porque os episódios de racismo no Brasil são abundantes e atravessam o cotidiano de um e de todos, de forma explícita ou inconsciente. Mas justamente Os Fofos Encenam, a companhia teatral que montou *A mulher do trem* em 2003, peça que lhe rendeu o Prêmio Shell de melhor figurino, além de outras oito premiações, nunca teve qualquer identificação com o racismo. A peça é descrita como "comédia de circo", e a tradição circense no Brasil foi invisível por décadas, até ser resgatada e reconhecida também pela academia. Ainda hoje essa vertente teatral é marginalizada e enfrenta problemas para conseguir recursos. Sofrer uma acusação de racismo é difícil para a maioria, e foi especialmente penoso para Os Fofos.

Se para o Itaú Cultural era crucial que o debate se realizasse em seu território, para alguns convidados e para parte do público soou arriscado aceitar subir ao palco ou ocupar a plateia do instituto. O Itaú Cultural tem uma atuação reconhecida por dar visibilidade a grupos e questões que sempre estiveram à margem, colaborando com a democratização da cultura. Ao mesmo tempo, é um fato que os bancos são associados à desigualdade brasileira, por razões mais do que justas.

Tanto é que, nos protestos de 2013 e 2014, manifestações associadas aos campos progressistas, as agências bancárias foram as primeiras a ser apedrejadas ou ter suas portas derrubadas ou os vidros quebrados por *black blocs* e outros grupos. Para muitos, foi difícil fazer justamente esse debate no espaço de um "representante do sistema financeiro". Todas essas tensões estavam presentes e apareceram durante as três horas de duração do evento. Alguns leitores podem sentir que a reprodução e análise deste debate corta a fluidez do livro. Fiz a opção de mantê-lo porque, além de um marco, a discussão faz uma ótima síntese das questões do momento e de como é possível fazer um diálogo de bom nível quando os envolvidos (ou pelo menos a maioria deles) se dispõem a escutar o argumento do outro. A ideia é esta mesmo: interromper o fluxo — e fazer corte.

O debate começou pela bela aula dada por Mario Bolognesi, professor universitário e pesquisador do circo brasileiro. Branco. Ele buscou mostrar que a peça não usava *blackface*:

"Vou tentar falar um pouco do teatro praticado debaixo da lona, que tem neste país uma longuíssima história, que foi também escondida e não revelada. Só ultimamente, nos últimos 30 anos, é que pesquisadores têm se debruçado para desvendar a história deste teatro riquíssimo. [...] O circo brasileiro, na sua versão teatral, desde o início, acoplou a causa dos abolicionistas. [...] Também acolheu muitos escravos fugitivos, que foram encontrar no circo e no espetáculo uma possibilidade de realização. O circo brasileiro não sabe o que é esse negócio de *blackface*. Não sabe. Ele nunca trabalhou com esse referencial, nascido em meados do século 19 nos Estados Unidos. O circo brasileiro tem a sua vertente, a sua matriz europeia, que vem de uma tradição da comicidade popular que trabalha com personagens-tipo, o que é diferente de estereótipos. Personagens-tipo são condensações essenciais de características psíquicas, fundamentalmente psíquicas, mas também sociais. [...] E no circo brasileiro estes personagens-tipo se carregam como máscaras. [...] Essa máscara pode ser tanto algo que se acopla ao rosto como pode ser uma maquiagem. [...] E chega a nós por contrastes. Nós temos uma linhagem dos chamados 'enfarinhados'. E temos uma outra linhagem de personagens que são os negros pintados de negro. Qual é o sentido disso para o teatro? O sentido é criar uma polaridade, inclusive visual, ou preferencialmente visual, porque, não nos esqueçamos, se praticava teatro ao ar livre pra muita gente. Portanto, o critério de visibilidade deve estar muito bem exposto, e as cores vermelha, preta e branca são as preferenciais deste universo, porque são visíveis à longa distância. No circo, essa polaridade (branca e negra) veio para realçar, trazer o cômico."

Fernando Neves, ator e diretor de Os Fofos Encenam, levou ao debate uma fala testemunhal nessa direção. Branco. Comédia francesa do século 19, *A mulher do trem* teria sido montada pela primeira vez no Brasil em 1920, no Circo Colombo, mantido pelo seu avô:

"Eu demorei muito tempo pra entender o que era, o que minha família, como outras famílias de artistas, tinha feito aqui nesse país em relação à arte, ou seja, Teatro de Revista, o Circo-Teatro e o Teatro de Comédia. Eu venho de um ventre negro que já teve uma questão forte de entrar numa família de portugueses que chegaram aqui em 1890. Vindos com um circo. [...] Eu proibia a minha mãe, quando fosse alguém em casa, de falar que ela tinha sido vedete. [...] Foi aos 53 anos, em 2003, que eu falei: não, eu preciso falar sobre isso. Foi uma coisa impressionante essa questão de *A mulher do trem*, porque era a peça que levantava a praça, que meu tio escondeu de mim, que também foi duro arrumar material pra fazer pesquisa. E daí a gente fez, e quando a gente tentou dinheiro a gente não conseguiu nada. Então foi tudo na dificuldade eterna. [...] Eu comecei a entender o que era, pro ator brasileiro, a questão da composição e das máscaras. E que é uma questão muito difícil. [...] Porque envolve tipo psicológico, envolve temperamento. Então, é uma questão que infelizmente deveria ser matéria nas escolas. Pra, quando chegasse nessa discussão, eu não tivesse, ou ele não tivesse que falar: não tem nada com o *blackface*."

Mario Bolognesi é um pesquisador sério e levou ao debate a complexidade de quem estuda o tema em profundidade. Fernando Neves trouxe a dor de ter dado duro para encenar algo da tradição circense que estava oculto, algo que restava envergonhado tanto nas margens da sociedade como nas margens de si mesmo. Do ponto de vista estritamente conceitual, a peça da discórdia não usa *blackface*. O sentido é outro. E é importante que isso seja dito e seja entendido.

Avançando um pouco mais, porém, é obrigatório fazer a pergunta: quem dá os sentidos? E o que torna o *blackface* de fato *blackface*, o que só se completa ao ser assistido (ou, neste caso, não assistido)?

Colocado de outro modo: quem diz o que é *blackface*? Quem o faz ou quem o reconhece?

Aqui, destaco um trecho da fala de Stephanie Ribeiro. Negra. Sua fala interrompe conclusões fáceis. Ela dá conta de uma pergunta subjacente: deveriam, portanto, aqueles que se sentem violados, entender que não é este o sentido, que a rigor isto não é *blackface*, e seguir em frente?

"A gente começa desconstruindo a ideia de a pele natural ser a branca. Porque eu sou negra, eu sou natural, eu sou normal. Eu não sou exótica. Eu passo a minha vida inteira escutando que eu sou exótica, que eu sou diferente, que o meu cabelo é diferente. Essa é a minha vivência. É isso o que eu levo quando eu vejo aquela foto [do ator que ela acusa de fazer *blackface*] e vejo que aquela é a representação da pessoa branca para comigo, para com a minha avó, para com a minha bisavó, que eram negras, que foram escravizadas, que foram estupradas, que foram marginalizadas. Essa é a minha história, e essa é a história que eu levo sempre e vou levar pra toda a minha vida, porque não tem como eu ser negra um dia e não ser no outro. E aí entra a questão da peça e de toda manifestação feita pelo Facebook de várias pessoas negras, e da forma como isso foi recebido por algumas pessoas, de um jeito até racista, de achar que o negro não entende de arte, o negro não entende de cultura, o negro não sabe isso, o negro não sabe aquilo. Sabe quantas vezes na minha vida tem uma pessoa perguntando: 'Ah, mas você faz arquitetura?'. E por quê? Eu não posso fazer arquitetura? Tem curso pra branco e tem curso pra negro? Ah, parece viagem, mas não! É a nossa capacidade, sempre sendo ignorada pela elite cultural paulista na arte. [...] Qual a visão de um homem branco sobre a minha vivência? Sabe? A gente já parou pra pensar isso? Eu não sei o que é ser branco, eu nunca vou saber. Eu sei o que é ser negra. E pautado no que eu sei, é difícil. E eu ainda sou uma mulher negra privilegiada, sabe? Eu tenho sorte de estar numa universidade. Eu sou uma mulher negra ainda de pele clara. Imagina as outras mulheres negras que não podem estar aqui! Que estão limpando o chão, que estão lá, sei lá, cuidando de vários filhos. E isso me ofende, porque, quando a gente coloca a imagem do branco para com nós, é uma imagem tão ofensiva, tão estereotipada, que não tem essa de ser máscara, de ser tipo. É a minha imagem toda vez que eu vejo na TV, toda vez que eu vou numa peça. É sempre a mesma coisa. É ou a mulher negra para sexo, ou a mulher negra Globeleza, ou a mulher negra é empregada. Ah, mas por que a mulher negra é empregada? Porque a gente vive num país que, pós-abolição, a mão de obra negra era abundante. Então o que que a gente faz com essa mão de obra abundante? Vai dar chances? Vai dar estudo? Não! Vamos colocar eles pra limpar, lavar e passar. É aí que entra o estereótipo. Não é só pintar a cara de preto. O estereótipo que a peça reforçava é esse estereótipo da mulher negra, em vários sentidos: no cabelo, na forma de se portar. Porque estava escrito, no próprio site dos Fofos, que ela era intrometida. Então, o problema não é essa peça, mas o problema é a visão das pessoas brancas sobre nós. Essa visão a gente não vai aceitar mais, porque hoje a gente tem voz, hoje a gente pode falar. Que seja no Facebook, que seja com pichação, que seja da forma que for. Eu não aceito. Eu não vou me calar."

Aimar Labaki, dramaturgo, diretor e ensaísta, apresentou a questão da censura. Branco. Ele trouxe ao debate algo fundamental: a necessidade do confronto como parte do processo de construção da democracia.

"A questão do negro no Brasil é igual a duas outras questões, para mim: primeiro, a questão dos desaparecidos e dos torturadores, isto é, a nossa verdade histórica que ainda está, de alguma forma, enterrada, e a ideia de que uma justiça possa vir a realmente servir prá todo mundo. É igual à questão da liberdade sexual, isto é, que a questão do gênero, a questão das opções sexuais sejam normalizadas, pelo menos do ponto de vista legal, e a vida vai fazer com que o óbvio se estabeleça, que cada um viva como quer. Por que essas três questões são importantes? Porque são as três questões que nos impedem de, de verdade, nos sentirmos parte de uma nação e de nos sentirmos parte de um Estado que nos representa em alguma medida. E eu não estou falando só da questão da representação política, que é uma crise pela qual passa o mundo inteiro e que não é uma crise só brasileira. Aqui foi piorado pelo fato de a ditadura ter acabado com uma ou duas gerações de pessoas que poderiam ter o conhecimento de como se mover publicamente e fez com que a nossa educação, nesse sentido, fosse atrasada tanto. Faz 30 anos que acabou a ditadura, mas o (José) Sarney só se aposentou no ano passado (2014) e ainda está indicando gente. Ainda tem militar que não obedece ao chefe do comando, que é o presidente da República, quando o presidente da República manda entregar documentos que são do Estado, não são do Exército. Então, nós estamos há 30 anos construindo pela primeira vez uma democracia formal, mas nós não temos um espírito democrático, nós não temos um espírito de República. Nós ainda estamos tentando construir isso, e construir um aprendizado de como discutir em público. Porque democracia não é paz. Democracia é luta cotidiana, é debate cotidiano entre os diferentes. E nós temos medo do debate, nós temos medo do confronto. E é preciso aprender a se confrontar. Nesse sentido, essas três questões — a questão do negro, a questão dos torturados e da punição aos torturadores, e a questão da liberdade sexual — são o que nos impede, como diz o poeta, de conseguirmos transformar essa vergonha numa nação. Isso posto, eu acho que pra todas as três questões vale a preocupação permanente de compreender que essa democracia está em construção. E, nesse sentido, não me parece o caminho mais adequado você pedir ou você lutar pela supressão de qualquer representação que te incomode [...] Nesse caso, a representação também é uma forma de manutenção de uma visão de mundo que perpetua o racismo. E eu concordo com isso. Eu acho que essa visão tem que ser apagada, mas ela não pode ser apagada pela força, ela não pode ser apagada pelo silêncio."

Stephanie Ribeiro dá uma resposta:

"Eu queria começar falando que talvez eu seja muito radical, porque, na minha concepção de mundo, pessoas brancas não dizem como pessoas negras devem lutar. Então, se eu quero fazer um boicote, eu vou fazer. Se a gente quer se unir contra uma peça, a gente vai se unir. Porque é isso o que a gente está debatendo aqui. São anos e anos de pessoas negras não tendo voz. São anos e anos de pessoas negras sendo silenciadas, invisibilizadas. São anos e anos que a representatividade não vem. A representatividade, num país onde 54% da população é negra, não deveria nem ser discutida. Quando a gente se manifesta, a gente não está censurando, a gente só está pautando o que ninguém tinha pautado até então, porque não tem a nossa vivência. [...] Tem que ter um esforço das pessoas pra entender o que é ser negro no país. Você nunca vai saber o que é viver na minha pele, mas pelo menos pode não reforçar ideias como essa de... 'natural é a pele branca', entendeu? Isso é desconstrução, isso é leitura de gente negra. Gente negra fala, gente negra escreve, e não é de hoje, entendeu? [...] Quando é que eu vou ter o privilégio de não saber o que eu sou? Agora, vocês têm o privilégio de não saber o que eu sou, me marginalizar, me oprimir, e ainda me chamar de censuradora. É ótimo esse privilégio! Essa ação foi muito importante, porque ela foi feita no Facebook, com várias pessoas, principalmente militantes jovens. E é essa força que vem vindo, que não vai se calar, gente. Eu acho que é importante as pessoas se abrirem pra escutar essas vozes. Mas essa abertura tem que vir com o diálogo, principalmente, de que pessoas brancas não pautam a luta dos negros. Ninguém vai dizer como a gente deve agir, porque ninguém sabe o que é ser a gente e ninguém sabe tudo o que a gente já passou."

Ao final, Aimar Labaki faz uma espécie de tréplica:

"Eu realmente fiquei emocionado com o que a Stephanie falou, no sentido de que eu nunca vou saber o que é ser negro. Eu sou branco. E, apesar de ter nascido na extrema pobreza — não parece, mas é verdade —, eu tive uma série de sortes que, se eu fosse negro, eu não teria. Então, o meu ponto de vista é de classe média, é de branco, olhando para a minha realidade. E, desculpa, eu sou interlocutor também. Vocês vão ter que falar comigo também. Eu tenho que falar com vocês, vocês têm que falar comigo. Não acho que a gente seja tão diferente quanto parece. Do meu ponto de vista, a questão do racismo eu vejo de uma forma intelectual, eu não vejo de uma forma emocional. [...] Por isso eu entendo e concordo quando você diz: 'Não importa se é *blackface* ou não, é racismo'. Da mesma forma, eu digo: não me importa se é racismo ou não, é censura. [...] Se você tira uma peça de cartaz, seja lá qual for, porque uma parte da população, por mais que seja a maior parte da população, não quer que ela aconteça, nós abrimos um precedente num país que é autoritário, num país onde não há tradição de liberdade de expressão. Você abre a Caixa de Pandora. Em seguida você vai ter os reacionários, você vai ter os militares, você vai ter o diabo a quatro querendo que as coisas não sejam apresentadas porque eles acham que não estão representados nela. Isso não significa que se deva calar a boca de ninguém, muito menos do movimento negro."

Muito mais tarde, José Fernando Peixoto de Azevedo, diretor de teatro e dramaturgo que estava na plateia, fará um recorte aqui:

"Sou Preto, Pobre, Pederasta e Professor. Eu sou, nesta ordem, esses quatro 'Ps'. E entendi que o preto vem antes de tudo isso no Brasil, e não só no Brasil. Acho que essa dimensão da cor, sempre que ela vem à tona, a gente recua. E esse recuo já não é mais possível. Eu acho que o que está acontecendo aqui hoje é sinal de uma mudança estrutural no país, que a gente não pode negligenciar e que diz respeito à sociedade, mas também ao teatro que nós fazemos, ao teatro de grupo. Isso é sinal de que alguma coisa muito complexa está acontecendo neste país. [...] Não é uma questão de representação. A cor não se representa. É isto que, de certo modo, o *blackface* denuncia. Porque o negro é uma outra coisa, além da sua cor. São relações que estão em jogo e que talvez o teatro tenha tido dificuldade de elaborar. Está na hora de a gente se perguntar o que é que nós estamos conseguindo elaborar neste momento em que, de fato, uma mudança está acontecendo. Ela não aconteceu. Ela está acontecendo. E ela é perigosa. Ela é perigosa porque o outro existe. E eu também me defino pelo outro. E eu não posso, na minha lógica, reproduzir a lógica da supressão. Eu não estou com isso dizendo que nós vamos ouvir os brancos e eles vão nos pautar. Eu só estou querendo dizer que talvez a gente tenha, como negro, de ser capaz de elaborar uma imagem do branco. E nesse momento é que a sociedade muda."

Fernando Neves, de Os Fofos Encenam, faz um desabafo:

"A gente fez apresentações, em 2003, e a peça foi pro baú. Quando ela retoma, a gente leva um susto. O Eugênio (Lima) fala assim: 'Fernando, pensa o que é isso. É uma coisificação de uma ideia que traz muito sofrimento pra muita gente, só de olhar. Não precisa ver a peça'. Eu falei: é um totem. É um totem. Então está errado, a máscara de circo não foi feita pra isso. A minha família, todo o trabalho, tudo, quem fazia essa máscara era a minha mãe. Ela não foi feita pra isso. Ela foi feita pra divertir. No circo, drama é pra chorar e comédia é pra rir.

Ela não foi feita pra ridicularizar ninguém. Tanto é que, se vocês olham os tipos de *A mulher do trem*, a mulher que faz a dona da casa, ela tem o nariz torto, a boca torta. Não é que o negro está pintado e todo mundo está com cara e pele boa. Não é. Está todo mundo ridicularizado. Porque era isso que o circo fazia. Então, quando o Eugênio me explicou o que era isso, eu falei: então essa máscara tem que sair de cena. Ela não pode ficar, ela não foi feita pra isso. Como várias vezes, durante a história, várias máscaras e vários tipos tiveram que sair de cena. Eles se ressignificam e voltam. O teatro é vivo. [...] Para tudo! [...] Essa máscara tá fora de cena. Ela tem que sair de cena. Porque ela não foi criada para causar dor em ninguém. Porque é tudo o que a gente não quer na vida. E nossa arte, tudo o que a gente está fazendo, não se baseia nisso. Eu não quero, e nenhum dos Fofos quer. [...] Então, o que eu queria dizer é que apoio essas falas que ouvi até agora, tão sábias. Eu apoio plenamente. E... estas máscaras estão fora. [...] A gente tem que trabalhar na alegoria que existe na arte popular pra trazer reflexão. Antes, ela era forma. Agora ela tem que ter um engajamento. Ela é posta pra gente discutir. Eu quero agradecer muito e pedir desculpas a todos que eu tenha ofendido [...] Foi uma coisa que me machucou demais. E me trucida, porque isso é tudo o que eu não queria na minha vida. Então, essa máscara está fora de cena, como está fora qualquer tipo de preconceito, qualquer tipo de racismo e qualquer tipo de violência."

Fernando Neves chora.

O espetáculo tornou-se o debate — ou o debate tornou-se um espetáculo?

Quero dizer como me senti nesta discussão, à qual assisti por *streaming*. Como Aimar Labaki, a ideia de um espetáculo não ser apresentado, ser censurado, seja por quais motivos forem, ainda que se diga que não é censura, mas decisão do grupo, o que seria autocensura, me arrepia. A ditadura, a censura e a repressão são bem vivas na minha memória, e eu temo exceções, porque elas botam o pé na porta e abrem espaço para que o pior vire regra.

Afinal, quem vai dizer quais são os bons motivos para suspender um espetáculo? Quem será mais igual do que os outros, parodiando *A revolução dos bichos*, de George Orwell? Um boicote da peça teria me parecido mais democrático, mas não a suspensão da peça. Protestos na porta do Itaú Cultural, o que possivelmente aconteceria se ela fosse encenada — perspectiva, aliás, que deve ter assustado tanto a instituição quanto o grupo teatral —, causariam comoção e discussão. E a peça lá, no palco, provocando e sendo provocada, para possivelmente nunca mais voltar do mesmo jeito.

Porém, uma outra percepção foi se tornando mais forte na medida em que eu escutava os negros. Talvez tenha sido preciso fazer esse corte dentro do corte. Porque talvez o fato de eu pensar sobre isso como uma censura, num momento de construção de uma democracia cheia de buracos, como vivíamos naquele período, seja um privilégio meu, como branca, que não sei o que é ser negra no Brasil.

Posso escrever sobre isso, como escrevo, posso tentar vestir a pele negra, como tento, mas ser é de outra ordem. E esta ordem eu preciso admitir que não alcanço. E talvez a ruptura seja a única forma de aqueles que não têm privilégios serem escutados pelos que têm privilégios.

Para mim, a síntese veio pela fala de um homem jovem e negro na plateia. Ele tinha grandes chances de estar morto, mas está vivo:

"Meu nome é Max. Eu sou ator... Eu era ator, mas eu me tornei produtor cultural por ausência, por necessidade de produções culturais em que eu me sentisse um pouco mais digno. Digno. Acho que é a palavra perfeita pra ocasião. Eu vou falar a partir da minha pele preta natural e do meu cabelo normal, embora alguém em 1930 tenha dito que existiam cabelos normais e outros sei lá o quê. Né? Decidiram o que era normal e o que era natural. [...] É interessante como o branco treme quando vai perder o privilégio. Então, de repente, quando você toca no privilégio daquele que sempre pôde falar como quiser, de quem quiser, na altura que quiser, alguém fala: 'Eu não gostei', e chamam essa pessoa de Estado. Né? [...] Os negros, que nunca tiveram sequer grandes papéis no Estado, são censuradores. Não houve Ministério Público, não houve DOPS, não houve Conselho da Comunidade Negra, não houve SEPIR (Secretaria Especial de Promoção da Igualdade Racial) mandando, enviando. E ninguém nem foi perguntar aos Fofos se era censura ou não. [...] As pessoas assim... com um treme-treme de perder esse espaço. Eu acho que é aí que o copo tem que esvaziar. A gente, enquanto homem, vai ter que perder privilégios para dar espaço às mulheres, aos homossexuais. A gente, enquanto sudestinos, vai ter que abrir espaço nos editais para que o Norte seja contemplado também. E talvez os brancos ainda não conseguiram dar um milímetro de passo pra perder seus privilégios. Ou para compartilhar os privilégios nas universidades. Compartilhar o privilégio desse diálogo. Eu fiquei com medo de ter que fazer barraco aqui, [...] achando que ia ter uma palestra de pessoas justificando o *blackface*. Eu estava preparado para o barraco. Sério mesmo. Nunca vi o mercado financeiro abrir espaço para um debate desses. Nem o Estado, nem o mercado financeiro. [...] Eu quero colocar essa questão para as pessoas pensarem o que é esse privilégio. Uns amigos falam: 'Mas eu não tenho privilégio de ser branco!'. Eu falo: você tem avô, avó? 'Tenho.' Então você já é branco, porque a maioria dos negros não conhece os avós. Você pode andar na rua sem o carro da polícia pelo menos parar um pouquinho pra dar uma olhada em você? Ele nem sabe o que é isso. Você faz sinal e o táxi para? Ele nem sabe o que é isso. Então, você tem um monte de privilégios por ser branco. Você tem o privilégio do privilégio de nem pensar nos seus privilégios."

Fiquei pensando sobre a enormidade desse privilégio, que é o de não ter que pensar nos meus privilégios. E fiquei pensando a partir de um grupo no qual tenho a pretensão de me incluir: o dos brancos não racistas, o dos brancos que denunciam o racismo e lutam contra ele. Percebo que, por mais profundo que seja o discurso do branco, por mais articulado, ele fala a partir de um lugar do qual teme ser deslocado, consciente ou inconscientemente. E, assim, sempre que possível, adere, aliviado, ao discurso mais intelectualizado, aparentemente "limpinho", que no caso das cotas era o de que raça é algo que não existe ou que o problema do Brasil é social e não racial, etc. Neste debate, o discurso de adesão, aquele capaz de manter as boas aparências, é o da censura ou da liberdade de expressão. De certo modo, o discurso do melhor branco é sempre contemporizador.

Esses brancos bacanas, *cool*, esperam que os negros fiquem satisfeitos com a "abertura lenta, gradual e segura". O ponto de vista é sempre o da concessão. E concessão é a palavra escolhida por aquele que tem o privilégio de conceder. Talvez o problema no Brasil, com relação à questão racial, seja semelhante ao da redistribuição da renda. Mesmo os brancos bacanas querem avançar na igualdade, mas sem perder nada. Os negros podem ascender desde que os brancos não percam um centímetro do seu privilégio, a começar pelo privilégio de pagar mal as empregadas domésticas. Porque privilégio de branco é cláusula pétrea na sociedade brasileira.

Os negros não podem se impacientar. Ao contrário, precisam agradecer a benevolência. E, quando questionam, e em especial quando questionam gente bacana, aqueles que têm certeza de fazer o certo, a conversa muda de tom. É fácil se unir contra os trogloditas, e no Brasil há sobra deles. E contra os bacanas, os *cool*, como é que fica?

Escrevo sem ironia, porque me incluo nesta turma. Escrevo com dor, porque a incompletude da abolição colocou gente de fato digna, brancos dignos, numa situação com poucas saídas a não ser um confronto que começa no lado de dentro, com a dureza dessa realidade que, enquanto não mudar, impede qualquer branco de ser de fato digno.

É essa a tragédia que precisamos encarar: a impossibilidade de um branco ser digno neste país enquanto a realidade dos negros não mudar. A verdade brutal é que, no Brasil, o melhor branco só consegue ser um bom sinhozinho. O que dá a dimensão da verdade infinitamente mais brutal que é a realidade dos negros neste país.

O homem dos quatro "Ps" volta a falar:

"A pergunta talvez seja: neste contexto, que é novo, como é que nós inventamos uma outra sociedade? Porque, como professor de história do teatro brasileiro, eu não estou interessado em revisar a história do teatro brasileiro, eu estou interessado em inventar uma outra história. Acho que este é o ponto."

Termino com Roberta Estrela D'Alva, juntando duas falas que ela fez em momentos diferentes do debate. Na primeira, ela se referia a uma questão colocada pelo professor camaronês Achille Mbembe, um dos mais importantes pensadores sobre o racismo:

> "SE A PAZ NÃO FOR PARA TODOS, ELA NÃO SERÁ PARA NINGUÉM."

"O que nós vamos ter que deixar morrer em nós, brancos e negros, para que haja a transcendência, para que haja o encontro? Porque os copos estão cheios. O que a gente vai ter que derramar para que comece a penetrar? [...] Para a gente transcender vai ter que ser junto. Não tem nós e eles. O racismo não é um problema do negro, é um problema da sociedade. E nós todos somos a sociedade."

Na cena final, Estrela D'Alva diz:

"Se a paz não for para todos, ela não será para ninguém."

A revolta das domésticas

É difícil, e certamente impreciso, apostar qual foi a política com maior efeito sobre o desnudamento do racismo no Brasil, em todo o seu horror. Feito o alerta, eu apostaria naquela que ficou conhecida como a PEC das Domésticas, aprovada pelo Congresso em abril de 2013 e sancionada por Dilma Rousseff em junho de 2015. A Proposta de Emenda Constitucional das Empregadas Domésticas deu a essa categoria, formada majoritariamente por mulheres, a maioria delas negras, direitos trabalhistas que outras categorias tinham há décadas, mas que sempre foram negados a elas, como o limite da jornada de trabalho a oito horas diárias e 44 horas semanais, o pagamento de horas-extras e de adicional noturno e o FGTS (Fundo de Garantia por Tempo de Serviço). Foi uma reparação vergonhosamente tardia. Com ela, as domésticas abandonavam uma espécie de escravidão contemporânea para se tornar mais uma categoria de trabalhadores explorados.

O fato de que os direitos das domésticas só foram igualados aos direitos do conjunto dos trabalhadores em 2015 mostra o quanto o tema é sensível. Para as famílias brasileiras de classe média, especialmente as brancas, a lei atingiu um privilégio incrustado na formação do Brasil: o de ter uma outra mulher, com frequência negra, fazendo todo o serviço doméstico e cuidando dos filhos dos patrões, sem limite de horas, por um salário-mínimo. Mesmo a obrigatoriedade de receberem o mínimo só foi conquistada em 1988, com a Constituição Federal. Até então, o patrão pagava o que queria. Ou mesmo trocava o trabalho por "casa e comida".

A arquitetura das moradias no Brasil revela esse quarto dos fundos ou o puxadinho no quintal, em geral pequeno e abafado, muitas vezes sem janelas, conhecido como "quarto de empregada". É completado por um pequeno banheiro acoplado, que ali está muito menos pela privacidade da trabalhadora e muito mais para evitar que uma pessoa considerada subalterna use o mesmo vaso e lave as mãos na mesma pia. O quarto de empregada não é objeto de livros de mesa, como por exemplo a obra modernista de Oscar Niemeyer (1907-2012), mas é o conceito arquitetônico mais importante do Brasil. Sem compreendê-lo, não se compreende nada.

A PEC das Domésticas atingiu com muito mais força as famílias de classe média. Parte das mulheres brancas só conseguia trabalhar fora porque dentro da sua casa havia uma outra mulher fazendo o serviço doméstico e se responsabilizando pelos seus filhos. A divisão do trabalho doméstico e de cuidado com os filhos entre homens e mulheres ainda é desidratada numa parcela significativa dos lares brasileiros. Para muitas mulheres de classe média, a emancipação feminina representada pela realização de uma carreira só foi possível pela exploração de outra mulher. Esse privilégio, só existente por conta da criminosa desigualdade racial brasileira, foi duramente atingido.

O custo das domésticas aumenta no mesmo momento em que o Brasil começa a sentir os sinais da crise econômica, que dali em diante só vai se agravar, chegando ao início de 2019 com mais de 12 milhões de desempregados. Toda a estrutura familiar de parte da classe média — porque a elite econômica não tem dificuldade para pagar salários, embora nem sempre o faça — foi ali ameaçada. As reclamações poderiam ser ouvidas em todos os lugares.

Os direitos das empregadas domésticas eram compreendidos como privilégios, quando na verdade era o privilégio das brancas, o de ter uma mulher negra explorada e mal paga fazendo o serviço doméstico, que estava em jogo. O ódio racial e de classe irrompia em toda a sua crueza.

Uma dura questão para o feminismo também se tornou incontornável. Com bastante razão, as feministas negras apontaram que as mulheres não são um genérico. As mulheres negras são as que preenchem as piores estatísticas. São tanto as que mais sofrem estupro e violência doméstica quanto as que mais morrem no parto. São também as que trabalham dentro da casa das brancas, numa complexa relação entre patroa e empregada que, com frequência, ainda reproduz a relação sinhazinha-escrava da Casa Grande. Mesmo quando boa sinhazinha.

Dois filmes deste período são obrigatórios para compreender essa relação, assim como o impacto das políticas públicas dos governos Lula e Dilma Rousseff: *Casa Grande*, de Fellipe Gamarano Barbosa, e *Que horas ela volta?*, de Anna Muylaert. O clipe *Boa esperança*, de Emicida, um dos artistas mais importantes da segunda década do século, é igualmente obrigatório para quem quiser entender as tensões presentes no cotidiano do Brasil.

No Facebook, a página *#EuEmpregadaDoméstica*, com relatos dessas trabalhadoras, tornou-se uma referência. Quando, em 2017, as mulheres lançaram uma greve internacional para marcar o 8 de Março, empregadas domésticas espetaram o feminismo branco nas redes sociais: "E aí, as patroas vão liberar as domésticas para ir às ruas protestar com vocês? Ou vamos ficar em casa fazendo o serviço e cuidando dos seus filhos para que vocês possam protestar por igualdade?".

Dilma Rousseff e o PT, que ficaram associados a essa mudança, pagaram caro por isso. O racista não dá o nome de racismo ao que sente e ao que move suas ações. Inclusive porque é crime. Nem mesmo os recentes ataques ao "politicamente correto" foram capazes de quebrar totalmente essa barreira. Os nomes dados ao racismo no cotidiano são outros, as explicações são muitas e bastante criativas. Muitas pessoas mostram-se sinceramente incapazes de reconhecer suas escolhas como racistas. Estranhar, desnormalizar o que está tão entrelaçado à experiência de viver no Brasil, implica um trabalho interno profundo de cada um.

Essa instituição brasileira chamada "empregada doméstica" atravessa o público e o privado — e encarna a herança escravocrata que continua se realizando como presente. Para uma parcela da classe média, a intromissão da esfera pública é indevida, o Estado não poderia interferir nas relações dentro de casa. A classe média brasileira tem a Casa Grande infiltrada nos ossos mesmo com apartamento apertado pago em 30 anos, mesmo quando é explorada pelo seu próprio patrão no cotidiano.

As empregadas domésticas cumprem um papel crucial no cotidiano das famílias de classe média, tanto na realização da carreira como no aumento da renda familiar pela patroa que pode então trabalhar fora. Cumprem também a necessidade inconfessa, daquele que se sente oprimido e explorado pelos seus próprios patrões, de ter um outro para subjugar. Estes dois sentimentos atuaram no Brasil dos últimos anos, mesmo que muitos não sejam capazes de admitir. Para uma parcela das pessoas, a sensação de desamparo é maior quando, como membro de uma classe social, não pode se sentir superior a ninguém. É uma perda. E uma bem sentida.

Em mais de 30 anos de observação do Brasil como repórter, me sinto segura ao afirmar que tanto o racismo quanto a reação ao protagonismo dos negros, em especial ao das mulheres negras, moveram os acontecimentos dos últimos anos. Não tangenciaram os acontecimentos, mas os determinaram. São centrais. Fatos objetivos que expressam subjetividades profundas. Também no momento de apertar as teclas do voto na urna eletrônica nas eleições que deram a vitória a Jair Bolsonaro, um racista (e um misógino) que proclama publicamente seu racismo (e sua misoginia).

A Amazônia paga o custo da conciliação

O governo de Dilma Rousseff foi controverso mesmo para a parcela dos petistas que têm dificuldades com autocrítica. A política para a Amazônia, de longe a mais destrutiva, tornou-se explícita no governo da primeira presidenta. A rota, porém, foi determinada nos governos de Lula. Dilma aparece como a vilã, mas só se perdermos a visão de processo. É um fato que ela acentuou e acelerou a aliança com os ruralistas e escancarou a intenção de desmantelar a Funai, mas as primeiras grandes hidrelétricas deste século na Amazônia — Jirau e Santo Antônio, no rio Madeira, em Rondônia — começaram a ser construídas nos governos de Lula e foram licenciadas ainda quando Marina Silva era ministra do Meio Ambiente. A arquitetura e o leilão de Belo Monte também foram desenhados e materializados durante os governos de Lula. A visão da Amazônia do PT que esteve no governo mostrou-se muito semelhante à visão da Amazônia dos governos da ditadura militar (1964-1985). Em parte, a escolha expõe a notória dificuldade que parte da esquerda demonstra para compreender a emergência climática e o tema socioambiental.

Já a partir do final do segundo mandato de Lula, lideranças tradicionais dos movimentos sociais da Amazônia passaram a ter clareza de que o ser/estar no mundo dos povos da floresta, se antes pelo menos em tese tinha lugar no governo, já não encontrava mais espaço. E, a partir de Dilma Rousseff, nem mesmo interlocução. Para o bispo Dom Erwin Kräutler e a ativista Antônia Melo, por exemplo, lideranças históricas do Médio Xingu, a hidrelétrica de Belo Monte tornou-se a prova de que o projeto para a Amazônia de Lula e de Dilma dava prosseguimento àquele iniciado na ditadura militar. A floresta seguia sendo um corpo para exploração, e os povos da floresta um entrave a um tipo de desenvolvimento que nega sua existência e seu modo de vida. Nesse olhar, a Amazônia e seus povos, para virar futuro, precisam tornar-se passado.

Cada uma das lideranças guarda na memória uma cena marcante do momento em que percebeu que os governos do PT rasgariam seu compromisso com os povos da floresta e com os pequenos agricultores dos projetos de desenvolvimento sustentável. As lembranças marcam também a diferença de estilos entre Lula e Dilma Rousseff. A decisão dos dois era a mesma, mas a forma de lidar com aqueles que estavam traindo era totalmente diversa.

Dom Erwin Kräutler, que há mais de dez anos anda com escolta policial, por causa das ameaças à sua vida, conta:

"Era 19 de março de 2009. Fui com um advogado do CIMI [Conselho Indigenista Missionário], amigo meu de longa data, e com um assessor político do CIMI. Fiquei com o Lula uns 20 minutos, talvez meia hora. Apresentei as nossas angústias e as nossas preocupações, e ele foi o primeiro a insistir que houvesse um diálogo construtivo, que se avaliasse os prós e os contras de Belo Monte. Eu disse: 'Olha, eu queria que o senhor ouvisse o povo'. Ele perguntou: 'Que povo?'. Eu disse: 'O povo do Xingu, os representantes do povo do Xingu'. Ele disse [Dom Erwin imita a voz e o jeito de Lula]: 'Manda chamar!'. Acertamos então uma segunda visita. Senti o Lula como alguém muito amigo, simpático. Eu ainda esperava que ele fosse se convencer de que não era por aí. Até escrevi: 'Graças a Deus, Lula entendeu'. E nós marcamos outra audiência, em 22 de julho do mesmo ano. Levamos dois índios, dois ribeirinhos, a Antônia Melo, dois procuradores da República e o professor Celio Bermann [do Instituto de Eletrotécnica e Energia da USP]. Do outro lado havia o setor energético do governo, todos os figurões. Nós, de um lado, humildes, coitados, nos sentindo como peixes fora d'água e, do lado de lá, essa gente que mandava e até hoje está mandando. Mas a gente tinha segurança daquilo que nós queríamos. A primeira parte da audiência com o Lula foi sem ele. O pessoal do governo xingou os procuradores da República, dizendo que eles não entendiam nada, que não era do ramo deles, que estavam se metendo em assunto que não dizia respeito a eles. E até foram alteando a voz, viu? Fiquei até assustado, pensando que a educação tinha passado muito longe daqueles senhores. Lembrei que quem grita revela que não tem argumentos para convencer o interlocutor. No fundo, essa turma tinha que admitir que a razão e o bom senso estavam do nosso lado. Assim, optaram por atitudes autoritárias e de prepotência, querendo nos intimidar, dizendo que não entendíamos nada do assunto. Do nosso lado, ninguém perdeu em nenhum momento a compostura. Não respondemos aos gritos. Os berros saíram da goela deles. Neste exato momento, o Lula entrou 'em cena', perguntando: 'Vocês estão vivos?'. Porque era um berreiro, não era diálogo. A entrada do Lula na sala parecia uma ducha de água fria em cima da turma dele. De repente, eles se recompuseram. Achei ridículo! Pareciam meninos briguentos na sala de aula. Quando o professor entra de repente, ficam com medo de algum castigo ou de nota baixa e então se ajeitam. Aí o Lula me cumprimentou efusivamente, como se fôssemos amigos de longa data, 'companheiros' de luta desde a primeira hora. E, não nego, me senti bem à vontade e agradeci a ele por ter nos recebido, elogiando esse gesto aberto de busca de 'diálogo'. Pois naquele momento acreditei realmente no diálogo. O Gilberto Carvalho [chefe de gabinete do então presidente Lula, depois ministro da Secretaria Geral da Presidência da República, no governo Dilma] queria que só eu falasse em nome de todos. Eu disse: 'Presidente, o senhor vai ter que ouvir esse povo. Esse povo veio de longe, quer falar com o senhor. Não pode pegar só dois que representem os outros, porque eles vão sair com uma frustração que não tem tamanho!'. O Lula então disse [e Dom Erwin imita a voz rouca do então presidente]: 'Deixa comigo! Vamos fazer!'. Então, de fato, ele deu a palavra a todos. O povo falou de sua angústia, de que não podiam deixar a sua terra. Depois, os procuradores da República falaram das inconstitucionalidades do projeto de Belo Monte, de que os índios não tinham sido ouvidos. O Celio Bermann colocou então os pontos técnicos e financeiros que tornavam o projeto inviável. E aí é que eu vi o Lula levando susto. Ele olhou para a turma dele, dizendo: 'Vocês vão ter que dar uma resposta imediata para o professor'. Mas essa resposta não veio até hoje. Era teatro, jogo político. Depois, ele me segurou no braço e disse [imitando mais uma vez a voz do ex-presidente]: 'Dom Erwin... Primeiro: nós não vamos empurrar esse projeto goela abaixo de quem quer que seja. Conte comigo. O diálogo tem que continuar. Segundo: o Brasil tem uma grande dívida com os atingidos por barragens, e essa dívida, até hoje, não foi sanada. Tem muita gente perambulando por aí que não recebeu a indenização, e a vida praticamente foi cortada pra eles. Terceiro: nós não vamos repetir [a hidrelétrica de] Balbina. Balbina é um monumento à insanidade. E quarto: o projeto só vai sair se for vantagem pra todos'. Ele disse isso textualmente, sentado ao meu lado, me segurando nesse braço [mostra o braço esquerdo]. Eu pensei, bom... o presidente não iria falar isso se não fosse verdade. Mas as mulheres têm mais sensibilidade, têm mais intuição. A comadre Antônia Melo não quis nem tirar retrato. Os outros todos bateram foto com o Lula. Eu fiquei até estranhando, mas ela sentiu, já naquele tempo, que era apenas um show para agradar ao bispo. Engraçado, as mulheres, neste ponto, têm uma intuição que os homens não têm. Eu pensei: 'Não, o Lula não vai mentir na minha cara!'. E, ainda por cima, segurando no meu braço..."

Quando Antônia Melo recorda seu encontro com Dilma Rousseff, então ministra de Minas e Energia de Lula, os olhos da maior liderança popular do Médio Xingu se tornam subitamente molhados. Foi a primeira vez que eu a vi chorar. Antônia, a mulher que perdeu companheiros assassinados por consórcios de grileiros, que lutou por justiça no caso dos meninos emasculados do Pará, que enfrentou homens abusadores para proteger mulheres vítimas de violência doméstica, que frequentou ela mesma a lista de ameaçados de morte por conflitos de terra, numa entrevista que durou mais de três horas, chorou apenas ao contar do seu encontro com Dilma, ainda em 2004:

"Quando chegamos à audiência, a Dilma demorou um pouco para aparecer. Aí veio, com um cara do lado e outro do outro, como se fosse uma rainha cercada por seu séquito. Nós estávamos ali porque, se era desejo do governo estudar esse projeto [de Belo Monte], queríamos ter certeza de que seria um estudo eficiente, já que sabíamos que todos os estudos feitos até então eram uma grande mentira, sem respeito pelos povos da floresta nem conhecimento do funcionamento da região. Então, já que o governo queria estudar a viabilidade de Belo Monte, que o fizesse com a seriedade necessária. A Dilma chegou e se sentou na cabeceira da mesa. O Zé Geraldo [então deputado federal pelo PT] nos apresentou, e eu tomei a palavra. Eu disse: 'Olha, senhora ministra, se este estudo vai mesmo sair, queremos poder ter a confiança de que será feito com seriedade'. Assim que eu terminei essa frase, a Dilma deu um murro na mesa. Um murro, mesmo. E disse: 'Belo Monte vai sair'. Levantou-se e foi embora."

Quando Antônia Melo terminou seu relato, compreendi que seus olhos boiaram porque ela se sentia ao mesmo tempo humilhada e traída. Fundadora do PT na região de Altamira, Melo, como é mais conhecida, só se desfiliaria do partido cinco anos e outras decepções depois, em 2009.

Quando Dilma Rousseff se tornou a primeira mulher a assumir a presidência na história do Brasil, foi festejada internacionalmente. Era um marco. Em setembro de 2011, a revista americana *Newsweek* colocou Dilma na capa, com o título: "Dilma Dinamite: onde as mulheres estão vencendo". Dentro, o perfil da presidenta: "Não mexa com Dilma". Segundo Tina Brown, editora-chefe da revista, em entrevista à jornalista Mônica Bergamo, "Dilma, e não Lula, era o político alfa do Brasil".

Dilma fez o discurso de abertura da Assembleia Geral das Nações Unidas, em Nova York, enaltecendo as vantagens de uma liderança feminina. Mas, como presidenta, não recebeu as lideranças femininas do Xingu que, no 8 de Março de seu primeiro ano de governo, viajaram de ônibus durante dois dias até Brasília para dizer a ela que Belo Monte acabava com suas vidas — e com as vidas de seus filhos.

Lula — e Dilma ainda menos do que ele — parecem não ter compreendido essas outras formas de perceber o Brasil e de viver no Brasil. Mas talvez mais grave do que não compreender outras maneiras de ser brasileiro é não achar que é preciso compreender.

Lula e Dilma compartilhavam dessa negação. Lula parece ter enxergado os povos da floresta como "pobres", sem entender que viviam numa outra chave de apreensão do mundo, com outra experiência do que é riqueza e do que é pobreza. Os atos de Dilma sugerem que ela sequer desconfiava da existência de outras formas de apreender o mundo. Ou desconfiava, mas as descartava como pouco práticas ou "fantasia", como chegou a afirmar, referindo-se a ambientalistas, em reunião com integrantes do Fórum do Clima, em abril de 2012. Dilma poderia ter aprendido. E deveria ter aprendido, porque foi uma governante eleita duas vezes no período em que a crise climática se tornou uma das maiores preocupações dos governantes democráticos do planeta.

Barack Obama, que governou os Estados Unidos por dois mandatos, afirmou em 2015: "Somos a primeira geração que sente as consequências das mudanças climáticas e a última que tem a oportunidade de fazer algo para deter isso. Esse é um desses problemas aos quais, por sua magnitude, se não agirmos bem, não poderemos reagir nem nos adaptar. Quando falamos de mudanças climáticas, existe a possibilidade de chegar tarde. Não há um desafio que represente uma ameaça maior para nosso futuro que as mudanças climáticas".

Dilma, como presidenta de um país que tem a maior porção da floresta amazônica no seu território, não tinha o luxo de desconhecer as implicações do desmatamento da floresta e da desproteção dos povos indígenas para o colapso climático. Talvez o maior defeito de Dilma como governante tenha sido sua incapacidade de escutar. Para ela, o Programa de Aceleração do Crescimento era pragmático, tinha resultados mensuráveis e deveria ser colocado em prática custasse o que custasse. Não me parece que ela tenha compreendido que custava muito.

Lula e Dilma não estão a sós com sua ignorância. Eles a partilham com uma parcela da população brasileira, para a qual a Amazônia é longe demais em múltiplos sentidos, o que torna mais fácil perpetuar os crimes contra povos indígenas, ribeirinhos e quilombolas. Assim como continuar ignorando, apesar dos sinais inequívocos que já determinam a vida cotidiana, que a crise climática marca o momento em que o homem deixa de temer a catástrofe para se tornar a catástrofe que temia.

A geração que ocupa os postos de poder no início do século 21 não apenas nasceu no século 20, o que é inescapável, mas tem uma mentalidade de século 20. Demonstra ainda acreditar nas grandes obras, na produção em grande escala e no estímulo ao consumo como solução para todos os problemas. Essa parte não é inescapável. É só incompetência.

Em 2011, quando se iniciou a abertura do canteiro de obras da hidrelétrica de Belo Monte, na região de Altamira, no Pará, passei um dia com o chefe de uma das famílias que seriam obrigadas a deixar a terra onde viviam para a construção daquela que era a maior obra do governo. A certa altura, ele abraçou uma castanheira e chorou. Não como garoa, mas como rio. Tentava me explicar por que ele não podia ser — sem ser ali. Ou a impossibilidade de habitar um mundo sem aquela árvore específica, aquela árvore que era também pessoa. De repente, o choro estancou e sua voz foi grilada pela raiva: "Fico revoltado quando Dilma diz que somos pobres. Por que ela pensa que somos pobres? De onde ela tira isso? Essa é a maior mentira".

Aquele homem quase nada tinha de bens materiais, nem os desejava. Sequer os conhecia e, se conhecesse, não teriam propósito no seu cotidiano. Seu conceito de pobreza e de riqueza era totalmente outro, incompreensível para os fazedores de política do momento. Rotulá-lo como pobre, no discurso de Brasília, o ofendia, porque se considerava rico. Não como um discurso abstrato ou mesmo poético, mas porque era de fato como rico que se enxergava, na medida em que a floresta lhe dava tudo de que precisava. Para ele, a vida que ali tinha era a melhor que conhecia. Era, afinal, a sua vida.

Com esses ricos e esses pobres, Lula — e Dilma menos ainda — jamais conseguiu dialogar, nem mesmo quis escutar.

Belo Monte, o ovo da serpente

Lula é um produto da Grande São Paulo, região urbana e industrializada, com muito concreto e aço, um filho da classe operária ansiosa por progresso e mercadorias. E foi com essa visão de mundo que ele governou o Brasil. Suas contradições no poder, radicalizadas por sua sucessora, Dilma Rousseff, estão desenhadas na usina hidrelétrica de Belo Monte. Quem quer compreender Lula e o PT no poder tem que obrigatoriamente olhar para Belo Monte. E isso desde o primeiro mandato de Lula. Belo Monte é o ovo da serpente que revelava tanto o que já era como o que seria.

Belo Monte é também uma obra que a ditadura militar tentou fazer, mas não conseguiu, devido à resistência dos povos indígenas do Xingu e dos movimentos sociais da região de Altamira, no Pará, no passado um dos mais organizados da Amazônia. Só o PT poderia fazer Belo Monte, exatamente porque ninguém acreditava que o PT faria Belo Monte.

A maioria das lideranças dos movimentos sociais da Amazônia era também fundadora do PT na região de Altamira. Em 2004, no segundo ano do primeiro mandato de Lula, descobriram que o projeto de Belo Monte havia ressurgido na mesa da então ministra das Minas e Energia, Dilma Rousseff. Mas tiveram dificuldade de acreditar. Quando alguns anos mais tarde ficou claro que Belo Monte se materializaria no Xingu, um dos maiores e mais biodiversos rios da bacia amazônica, já era tarde demais para organizar a resistência.

Os movimentos sociais racharam, a maior parte deles cooptado pelo PT, que ou os trouxe para dentro do governo ou os abasteceu de verbas públicas para realizar seus programas. Em 2011, quando Altamira engordava de operários e engenheiros, Dom Erwin Kräutler chegaria a declarar: "Lula e Dilma entrarão para a história como assassinos da Amazônia".

Belo Monte aponta pelo menos quatro marcas do PT no poder: 1) um projeto de desenvolvimento ultrapassado e predatório, baseado em grandes obras e na reprimarização da economia, que ignora os desafios da crise climática; 2) uma visão colonizadora da Amazônia, na qual a floresta é um corpo para violação e extração de matérias-primas de exportação; 3) o esquema de corrupção, já que desde o controverso leilão da usina, cujo arquiteto foi o ex-ministro de governos militares Delfim Netto, se denuncia que a hidrelétrica geraria mais propina do que energia; 4) a conversão de povos da floresta em pobres urbanos.

Vale a pena lembrar que, no leilão da usina, as grandes construtoras se retiraram da disputa. Na ocasião, um desses empreiteiros justificou a um ambientalista o que todos já sabiam: "Esse projeto não tem viabilidade econômica". Um consórcio foi formado às pressas, para que houvesse aparência de competição, e ganhou. Em seguida, as grandes construtoras que não participaram do leilão (Odebrecht e Camargo Corrêa), a construtora que estava no grupo que disputou e perdeu (Andrade Gutierrez) e também as construtoras menores, as que estavam no grupo vencedor, formaram o consórcio que realmente importava, o consórcio onde estava o dinheiro: o consórcio-construtor de Belo Monte.

Operar a usina num rio que passa a metade do ano com vazão reduzida por causa da seca não gerava lucros, mas construir uma das maiores usinas do mundo, sim. E quem construía também não precisaria responder pelas demandas humanas e ambientais. Naquele momento, tudo isso era sabido, e, assim como eu, outros (bem poucos) jornalistas e pesquisadores escreveram sobre a obscenidade explícita que custaria a vida de um rio e de milhares de humanos e não humanos. Quase ninguém se importou, à direita e também à esquerda. Se a maior parte da grande imprensa mencionava que havia alguns problemas e protestos, também parecia extasiada com a obra monumental.

Era na floresta, bem longe das capitais do centro-sul do Brasil, onde as decisões eram tomadas, que o preço da conciliação de Lula era pago. Era também na Amazônia que o custo da "governabilidade", uma justificativa pornográfica para as alianças com as oligarquias políticas mais exploradoras, ganhava contornos explícitos. Progressivamente, os governos do PT foram se aproximando de setores do agronegócio que se confundiam com o agrobanditismo.

A apropriação de terras públicas a custo da expulsão ou extermínio dos povos da floresta é a marca da grilagem na Amazônia brasileira até hoje. Com a ajuda dos governos e do Congresso, os criminosos conseguem "regularizar" as terras que desmataram. Tornam-se proprietários da pilhagem, e as terras, que antes eram da União, se tornam comercializáveis. Passam então a ser chamados de "fazendeiros", "produtores rurais", representantes do "agronegócio". Isso não significa que todas as grandes propriedades rurais na Amazônia têm origem no banditismo. Mas é possível afirmar que a maioria dos proprietários ou cometeu crime de grilagem em alguma escala ou adquiriu terras com essa origem.

A aproximação com setores do agronegócio mais predatório, aquele com maior poder político no Brasil, se ampliou a partir do segundo mandato de Lula e da primeira grande denúncia de corrupção, que ficou conhecida como "mensalão". Em 2006, Lula chegou a afirmar durante um evento no Mato Grosso, estado com grande número de povos originários e conflitos sangrentos por terra, que indígenas, ambientalistas, quilombolas e o Ministério Público eram "entraves" para o crescimento do Brasil.

Enquanto isso se desenrolava em diversos pontos da Amazônia, no centro-sul do país uma parcela da esquerda brasileira, e não só os petistas, se calava diante das violações dos direitos humanos e do meio ambiente praticadas durante a construção das grandes obras. Movimentos sociais que historicamente ocupavam o papel de levar adiante essas denúncias em administrações anteriores, na gestão do PT passaram a se confundir com o próprio governo. Com a efetiva melhora da vida de dezenas de milhões de brasileiros pelo aumento real do salário-mínimo e programas como o Bolsa Família, eram poucos os que estavam preocupados com a destruição da floresta e de seus povos. A vida do outro parece sempre um preço possível a pagar exatamente porque é a vida do outro. A conexão entre a destruição da Amazônia e a corrosão do cotidiano nas grandes cidades, uma evidência apontada em vários trabalhos científicos respeitáveis, não se completa na cabeça da maioria das pessoas.

A Amazônia, a partir do segundo mandato de Lula, seguiu sendo o que sempre foi, desde que o primeiro branco botou as botas na floresta: um quintal para os colonizadores se servirem. Belo Monte, a obra paradigmática, mostrava explicitamente as contradições do PT no poder. Durante o período em que o país viveu o que a economista Laura Carvalho chamou de "milagrinho" econômico, porém, poucos estavam interessados em enxergar. Quem levantava a voz para denunciar Belo Monte era de imediato catalogado como "inimigo do desenvolvimento", tanto à direita quanto à esquerda.

A gestão de Marina Silva no Ministério do Meio Ambiente não é um consenso entre ambientalistas. Deixou pelo menos duas manchas, e elas não são pequenas: as duas grandes e desastrosas barragens no rio Madeira, Santo Antônio e Jirau, em Rondônia, foram liberadas quando ela era ministra. Não há dúvida, porém, que Marina representava um contraponto na disputa de visões de desenvolvimento dentro do governo Lula. A ex-seringueira do Acre, negra e indígena, era possivelmente a única ministra que conhecia a realidade amazônica e integrava os desafios da emergência climática às ações de governo.

Marina Silva e Dilma Rousseff tiveram grandes embates quando ambas eram ministras. É importante assinalar mais uma vez a escolha de Lula. Quem olha para Lula rápido demais poderia ficar inclinado a dizer que Marina Silva seria sua sucessora natural. Afinal, os dois "Silva", sobrenome mais popular do Brasil, teriam supostamente a mesma origem: "pobres".

Costuma-se dizer, inclusive, que ambos têm biografias semelhantes. Para chegar ao poder num país desigual como o Brasil, Lula e Marina fizeram uma travessia impressionante. Mas as coincidências acabam aí. Há enormes diferenças entre a trajetória de um filho de sertanejo que fez o caminho de São Paulo e se tornou operário e depois líder sindical, na região mais industrializada do país, e a trajetória de uma filha de seringueiro na floresta, que se forjou militante impedindo madeireiros de avançar sobre a mata junto com o líder Chico Mendes, assassinado em 1988. Enquanto Lula se tornou Lula nas grandes greves de metalúrgicos do ABC paulista, Marina iniciou sua carreira política no Acre, um estado amazônico marcado pela experiência de ser fronteira em múltiplos sentidos. Lula e Marina são ambos filhos do Brasil, mas de Brasis bem diversos.

Para Lula e o conjunto de valores que o constitui, Dilma Rousseff, uma mulher urbana, de classe média, com tendência desenvolvimentista, despontou como uma opção mais lógica como sucessora. Tanto Lula quanto Dilma deixaram claro, em diversos momentos, que transformar a floresta numa grande lavoura de soja ou em pasto pra boi, assim como realizar obras monumentais, é sua visão de desenvolvimento. Não há dúvida que acreditam nisso, embora as grandes obras tenham se mostrado também um propinoduto.

É nos sucessivos embates entre Dilma, quando esta era ministra de Minas e Energia (2003-2005) e depois ministra-chefe da Casa Civil (2005-2010), e Marina, ministra do Meio Ambiente (2003-2008), que a ex-seringueira vai perdendo espaço dentro do governo do ex-operário e, em seguida, do Partido dos Trabalhadores.

É óbvio que as opções de Lula e do PT se devem a questões de ordem política e econômica, a maioria delas bem pragmáticas. E também à corrupção que cimentou Belo Monte no Xingu, como apontam as investigações da Operação Lava Jato. Não se deve esquecer, porém, da influência do universo de sentidos que forma o homem e do lugar a partir do qual ele enxerga o país.

Um dos últimos atos públicos e midiáticos de Dilma Rousseff antes do impeachment que a arrancou da presidência, em 2016, foi justamente inaugurar Belo Monte, o que mostra o tamanho da sua convicção sobre a construção da usina. "Quero dizer que esse empreendimento de Belo Monte me orgulha muito pelo que ele produziu de ganhos sociais e ambientais", discursou. Naquele momento, a hidrelétrica era questionada por violações de direitos humanos e ambientais em mais de 20 ações do Ministério Público Federal. E as atrocidades cometidas pelo Estado brasileiro na construção da barragem estavam na mira da Comissão Interamericana de Direitos Humanos.

Dilma foi afastada do governo sem deixar de ser Dilma. De falta de autenticidade ninguém pode acusar a primeira mulher na presidência do país. Seu discurso durante a inauguração da usina é a expressão de seu pensamento e de suas escolhas. Se ela governasse na década de 70 do século passado, as palavras seriam as mesmas. Dilma deixou o poder sem parecer compreender o que é a Amazônia nem onde está a riqueza da maior floresta tropical do mundo: "Acho importante destacar que, com Belo Monte, nós não levamos só energia para o resto do Brasil. Criamos aqui uma riqueza única, que é colocar à disposição das empresas que quiserem vir aqui, colocar o seu negócio aqui, participar desse estado que tem grandes reservas minerais, grande potencial agrícola, podem vir aqui, porque não vai faltar energia. [...] Eu quero dizer a vocês que eu tenho imenso orgulho das escolhas que eu fiz. Uma delas, que eu quero destacar mais uma vez, é a construção de Belo Monte como um legado para a população brasileira dessa região, para o povo de Altamira e o povo de Xingu. Mesmo que não seja dos municípios diretamente impactados por Belo Monte, toda essa população vai ser beneficiada direta e indiretamente. Tenho orgulho das escolhas que fiz".

Dilma, a guerrilheira torturada pela ditadura, reproduziu como presidenta a mesma ideologia para a Amazônia defendida por seus algozes. Para a ditadura militar, a floresta era também um corpo a ser violado e torturado. Dilma fez ressoar a propaganda do "Brasil Grande" dos generais, do progresso representado pelas obras megalômanas, pelos projetos gigantescos de mineração, pelo objetivo de converter a mata em soja e pasto pra boi.

A repetição do discurso do opressor pela oprimida que chega ao poder e, no olhar dos povos da floresta se torna a opressora, é fascinante no que revela sobre o demasiado humano. Mas as dimensões da tragédia que produziu apenas começaram a ecoar.

De Belo Monte não é possível escapar.

Dilma ainda afirmou, ao inaugurar a obra que barrou o Xingu, referindo-se ao impeachment que seria votado em seguida: "Qualquer processo que tenta dar um golpe para garantir que os sem votos cheguem à presidência, nós devemos repudiar. Temos de afirmar de alto

A VIDA DO OUTRO
PARECE
SEMPRE
UM PREÇO
POSSÍVEL
A PAGAR
EXATAMENTE
PORQUE É
A VIDA DO OUTRO.

e bom som que a democracia é o lado certo da História". A então presidenta também declarou que o "grande juiz é o povo brasileiro", sem imaginar o quanto sua frase seria profética. E assim despediu-se do que chamou de "legado": "Não haverá perdão na história para os golpistas".

No Xingu, a hidrelétrica de Belo Monte há muito já era conhecida como "Belo Monstro". Ou "Belo Golpe".

O mundo do tudo é possível

A procuradora da República Thais Santi faz uma leitura de Belo Monte a partir da filósofa Hannah Arendt (1906-1975). Santi desembarcou em Altamira em 2012, depois de uma carreira universitária como professora de filosofia do direito no sul do país, e conta ter levado um ano para compreender o que via. No final de 2014, fiz uma longa entrevista com ela. A procuradora mostra como Belo Monte se constrói como um projeto autoritário em que o público e o privado se misturam para criar o que ela chama de "mundo onde tudo é possível". Reproduzo aqui um trecho particularmente esclarecedor para compreender a obra que barrava o Xingu sem ser barrada pela lei:

"Encontrei aqui a continuação do que eu estudei no meu mestrado a partir da Hannah Arendt. Belo Monte é o caso perfeito para se estudar o mundo em que tudo é possível. A Hannah Arendt lia os estados totalitários. Ela lia o mundo do genocídio judeu. E eu acho que é possível ler Belo Monte da mesma maneira. De um lado você tem uma opção governamental, uma opção política do governo por construir grandes empreendimentos, enormes, brutais, na Amazônia. Uma opção do governo por usar os rios amazônicos, o recurso mais precioso, aquele que estará escasso no futuro, para produzir energia. Essa opção pode ser questionada pela academia, pela população, pelos movimentos sociais. Mas é uma opção que se sustenta na legitimidade do governo. Podemos discutir longamente sobre se essa legitimidade se constrói a partir do medo, a partir de um falso debate. Existe um espaço político de discussão. Mas, de qualquer maneira, ela se sustenta na legitimidade. Pelo apoio popular, pelo suposto apoio democrático que esse governo tem, embora tenha sido reeleito com uma diferença muito pequena de votos. Agora, uma vez adotada essa política, feita essa escolha governamental, o respeito à lei não é mais uma opção do governo. O que aconteceu e está acontecendo em Belo Monte é que, feita a escolha governamental, que já é questionável, o caminho para se implementar essa opção é trilhado pelo governo como se também fosse uma escolha, como se o governo pudesse optar entre respeitar ou não as regras do licenciamento ambiental. Isso é brutal.

"Lembro que, quando eu trabalhava com meus alunos, discutíamos que há um conflito entre dois discursos. De um lado, há um discurso fundado na lei, preso à lei, e do outro lado o discurso de um direito mais flexível, mais volátil, em que o operador tem a possibilidade de, às vezes, não aplicar a lei. Eu dizia a eles que esses discursos têm de estar equilibrados, nem para o extremo de um legalismo completo, nem para o outro, a ponto de o direito perder a função, de a lei perder a função. Hoje, se eu desse aula, Belo Monte seria o exemplo perfeito. Eu nunca imaginei que eu viria para o Pará, para Altamira, e encontraria aqui o exemplo perfeito. Por quê? Quando eu peço para o juiz aplicar regra, digo a ele que essa regra sustenta a autorização para a obra e que, se a regra não foi cumprida, o empreendimento não tem sustentação jurídica. E o juiz me diz: 'Eu não posso interferir nas opções governamentais' ou 'Eu não posso interferir nas escolhas políticas'. É isso o que os juízes têm dito. Portanto, eles estão falando da Belo Monte da legitimidade e não da Belo Monte que se sustenta na legalidade. Assim, Belo Monte é o extremo de um direito flexível. É o mundo em que a obra se sustenta nela mesma. A defesa do empreendedor é: o quanto já foi gasto, o tanto de trabalhadores que não podem perder o emprego. Mas isso tudo não é direito, isso tudo é fato. A gente se depara com a realidade de uma obra que caminha, a cada dia com mais força, se autoalimentando. A sustentação de Belo Monte não é jurídica. É no fato, que a cada dia se consuma mais. O mundo do tudo é possível é um mundo aterrorizante, em que o direito não põe limites. O mundo do tudo possível é Belo Monte.

"É como se a lei estivesse suspensa. O Poder Judiciário está confundindo legitimidade com legalidade. Política se sustenta na legitimidade e, feita uma opção, o respeito à lei não é mais uma escolha, não é opcional. E aqui virou. Quem então vai dizer para o empreendedor o que ele tem que fazer? Quando afirmo que a lei está suspensa, ou seja, as regras, os compromissos assumidos, as obrigações do licenciamento, eu pensava no Estado de Exceção. Eu entendo que essa realidade que eu descrevo é a realidade de um Estado de Exceção."

Quando Thais Santi descrevia Belo Monte como uma obra/lugar/país do mundo onde tudo era possível, Dilma Rousseff acabava de se reeleger para o segundo mandato, depois de o PT fazer a maior campanha de destruição de um candidato desde a redemocratização do país. Pior inclusive do que aquela que Fernando Collor de Mello fez contra Lula, em 1989. Marina Silva era então candidata pelo PSB e foi destruída por uma propaganda eleitoral baseada em ameaças, manipulações e mentiras.

É curioso como a obra que Dilma chamaria de "legado", pouco antes de ser arrancada do poder pelo que ela e o PT chamaram de "golpe", era interpretada como "golpe" muito antes por aqueles que se tornariam os refugiados de Belo Monte.

Poucos, porém, os escutaram. Como a grande obra do PAC se desenhava como o incontornável num partido que adiaria para nunca a autocrítica, a maior parte da esquerda se calava diante das violações de direitos humanos. Já a direita se calava porque a obra coincidia com seu ideário e gerava muitos lucros privados.

Belo Monte só virou "fato consumado" porque a maior parte do Judiciário, com ênfase nos tribunais superiores, deixou de aplicar a lei e agiu politicamente a favor do governo. Para materializar Belo Monte no Xingu, o Judiciário, que depois seria chamado pela esquerda ligada ao PT de "partido da justiça", com bastante razão, antes esteve ao lado do PT e do PMDB — e contra os povos da floresta, os pescadores e os pequenos agricultores. Se a lei tivesse sido cumprida, Belo Monte não seria possível. Mas ali, no Xingu, o mundo do tudo é possível já se realizava à luz do sol amazônico, antecipando o futuro próximo do Brasil.

Esta sempre foi a minha questão com a palavra "golpe", aplicada ao impeachment de Dilma Rousseff. Golpe, com tanques ou sem tanques nas ruas, é ruptura. E o que aconteceu em 2016 foi ruptura, sim. Mas também não foi ruptura. Em vários sentidos, foi também continuidade, com um dos protagonistas sendo escanteado, no caso o PT. Belo Monte foi o grande laboratório onde o tudo é possível, o não limite, foi testado. E quem estava no poder era o PT. Contornar isso — ou considerar Belo Monte apenas uma grande obra — é corromper a história.

O golpe que barra a operação de apagamento

Belo Monte é a pedra que barra a operação de apagamento, hoje em curso, nas biografias de Lula, Dilma e do PT, auxiliada pelos evidentes abusos cometidos pelo Judiciário na prisão de Lula. No âmbito da corrupção, sempre se pode negar e alegar inocência para a opinião pública. A forma e a rapidez com que o processo de Lula foi conduzido na Justiça, a fragilidade das provas e o comportamento inaceitável de juízes de todas as instâncias, que opinaram antes de julgar, conduzem a dúvidas totalmente razoáveis sobre a legitimidade das sentenças, embaralhando ainda mais a paisagem enevoada do Brasil.

Em Belo Monte, porém, as violações de direitos humanos e ambientais, promovidas durante os governos do PT, são literalmente visíveis. E bastante difíceis de explicar quando um político e um partido afirmam defender o "povo" — e afirmam serem perseguidos por defender o "povo".

Como justificar que milhares de famílias foram expulsas de suas casas, terras e ilhas ou "removidas forçadamente", sem nenhuma assistência jurídica, muitas delas assinando com o dedo papéis que eram incapazes de ler? Como explicar que as greves de operários da usina, assim como as manifestações contra Belo Monte promovidas por indígenas, ribeirinhos, pescadores, agricultores e moradores urbanos de Altamira, foram reprimidas pela Força Nacional, no período em que o Partido dos Trabalhadores estava no poder?

Como explicar que o PT permitiu, quando não apoiou, que a obrigatoriedade da proteção dos indígenas durante a construção da usina, assim como das ações de mitigação do impacto da barragem sobre o rio, a floresta e seus povos, desvirtuasse-se num fluxo de mercadorias que lembrava os primeiros encontros dos navegadores portugueses com os indígenas em 1500? Que as aldeias indígenas, mesmo as de recente contato, recebessem de TV e colchão box a açúcar e refrigerantes, produzindo o que foi caracterizado formalmente pelo Ministério Público Federal como "etnocídio", sem contar um aumento de mais de 100% na desnutrição de crianças indígenas das áreas atingidas, entre 2010 e 2012, conforme documento do Ministério da Saúde do próprio governo?

Como explicar que a violência urbana aumentou 1.110% entre 2000 e 2015, em grande parte por causa do processo de Belo Monte, e Altamira se tornou o município com mais de cem mil habitantes mais violento do Brasil, segundo o Atlas da Violência de 2017, produzido pelo Instituto de Pesquisa Econômica Aplicada (Ipea) e pelo Fórum Brasileiro de Segurança Pública?* E, principalmente, como explicar que o "salvador dos pobres" produziu pobres, ao converter homens e mulheres da floresta em moradores das periferias urbanas, destituídos de tudo, até mesmo de seu ser e estar no mundo?

Como assumir a responsabilidade pelas escolhas e atos, pelas ações e omissões sem enfrentar as profundas contradições do PT no poder?

Quem costuma me criticar por "continuar falando sobre Belo Monte" em meus artigos ainda não compreendeu o que Belo Monte é — e o que representa. Não é possível compreender o Brasil sem entender a centralidade do acontecimento chamado Belo Monte nas primeiras duas décadas do século 21. Tampouco é possível criar um novo projeto de esquerda, com ou sem o PT, sem passar a limpo Belo Monte.

Belo Monte não é mais uma obra. É "a" obra. Em todos os sentidos.

2013: o fim da conciliação

Lula terminou seu segundo mandato em dezembro de 2010, um ano depois do discurso olímpico, com a maior popularidade da história desde que há institutos de pesquisa para medi-la: 83% dos brasileiros consideravam seu governo bom ou ótimo. Naquele momento, ele ainda

---

* Em 2019, segundo as mesmas fontes, Altamira tornou-se o segundo município mais violento do Brasil; e a disputa entre as facções criminosas produziu o maior massacre da história do sistema carcerário, em 29 de julho, com 62 presos assassinados.

era o grande conciliador. E acreditava-se que as Olimpíadas seriam não apenas a conciliação dos povos, mas também a dos vários Brasis amalgamados num só, conflitos e contradições magicamente apagados. Entre 2009 e 2016, entre a escolha do Brasil para as Olimpíadas e o impeachment de Dilma Rousseff, muito aconteceu. Aconteceu, principalmente, 2013. Se há algo que não vira passado facilmente é 2013. "O povo bom, o povo generoso, o povo que tem coração, o povo que tem gingado, o povo que tem alma", nas palavras de Lula, expulsava os partidos políticos das manifestações de junho de 2013. Só alguns anos mais tarde, durante o processo do impeachment, estaria linchando pessoas que vestissem roupa vermelha, a cor do PT.

Os protestos começaram contra o aumento da tarifa do transporte público e em seguida tornaram-se uma explosão de descontentamentos os mais variados. Cartazes reivindicando "tarifa zero" para ônibus e trens urbanos eram levantados ao lado de outros que pediam a volta dos militares ao poder. A rebelião das ruas era polifônica. Só o que estava claro era que o imaginário de conciliação não poderia mais ser sustentado. E que os partidos não apenas perdiam credibilidade de forma acelerada como eram objetos de ódio. Parte da multidão ansiava por maior participação e ampliação dos instrumentos democráticos para muito além do voto. Políticos, partidos e governantes, incluindo Dilma Rousseff e o PT, não foram capazes de escutar o que estava sendo dito.

Desde então, não há combinação, rearranjo ou bricolagem que dê uma imagem coesa ao Brasil — ou uma cara "brasileira" ao Brasil. As fraturas que historicamente foram ocultadas ou maquiadas já não podem ser. O Brasil — ou os Brasis — tornaram-se irredutíveis à conciliação também na produção de imagens que não sejam fragmentos. Não só as vitrines dos bancos foram estilhaçadas em 2013. Também o projeto de conciliação de Lula que, junto com a boa fase da economia, manteve o Brasil colado durante toda a primeira década do século.

Três anos mais tarde, em 2016, o Brasil que chegou às Olimpíadas tinha se tornado "real" demais. O Brasil se convertera num país que perdera a possibilidade da metáfora. De repente, uma lama densa e tóxica avançava e avançava. Ao romper a barragem das mineradoras Vale e BHP Billiton, em Mariana (MG), ela cobriu um pedaço do mapa do país. Outros três anos e, em 2019, carregou um número ainda maior de corpos humanos em Brumadinho (MG), logo após a posse de Jair Bolsonaro. A eterna metáfora da lama literalizava-se. E literalizava-se pela intensidade e força daquela outra que cobria o país há muito mais tempo, tanto que um acidente desta proporção aconteceu uma segunda vez e, desde então, ameaça se repetir. E se repetir.

O Brasil de 2016 se revelava além das metáforas por todos os lados. Na merda boiando nas águas da Guanabara, que deveria ter sido despoluída antes de os primeiros atletas desembarcarem no Rio de Janeiro. Na ciclovia carioca construída para o evento que desabou matando gente no dia em que a tocha olímpica era acesa na Grécia. Na onça assassinada pelo Exército durante a passagem da tocha pela Amazônia. Talvez a imagem mais exata seja o protesto de um anônimo que apagou — literalmente — a tocha olímpica com um balde de água quando ela passava pela sua cidade. Éramos nós, e, como lembrava Luis Fernando Verissimo, no Brasil o fundo do poço é apenas uma etapa.

Havia algo de podre no reino do Cristo Redentor. Mais podre do que os mais pessimistas poderiam imaginar. O Rio de Janeiro, como dizia Leonel Brizola, ainda é o tambor do Brasil. A corrupção parecia não caber mais nos esgotos e irrompia pelas ruas à luz de um sol glorioso. A "cidade maravilhosa" se despedaçava — e matava. Não todos, mas os "matáveis" do Brasil, os pretos e pobres. Matava ainda mais.

Em 2013, Dilma Rousseff, como a maioria, mostrou-se incapaz de juntar as sílabas do que as ruas gritavam. Não que fosse fácil, mas o esforço revelou-se aquém do necessário. Nem a sobrevivência política destampou os olhos da maioria dos políticos, de todos os partidos. A "gerente" de Lula, que se provou uma má gerente, ganhou a reeleição, em 2014, por uma pequena margem: 54,5 milhões contra os 51 milhões de Aécio Neves (PSDB), que mais tarde seria denunciado por corrupção, o que não o impediu de se eleger deputado federal em 2018. Os marqueteiros do PT, com o aval de Lula, tinham atacado Marina Silva durante a campanha, destruindo-a como "terceira via".

Parte dos votos em Dilma baseava-se no que se chamou de "voto crítico". Acreditava-se que, com o susto de quase perder a eleição, Dilma e o PT dariam uma "guinada à esquerda". Votava-se também para "manter as conquistas sociais" e "evitar o mal maior", representado por uma vitória do PSDB. As redes sociais se transformaram numa força de destruição de quem pensava diferente. Quem se declarava de esquerda e não votava em Dilma era considerado "traidor". Os almoços de família tinham virado campo de guerra muito antes de Jair Bolsonaro despontar como candidato com chances de ganhar a presidência.

Como o país vive aos soluços, a memória é curta, um espasmo apaga o anterior. No tempo da velocidade, o presente se expande e vira absoluto. O agora é tudo. É importante perceber, porém, que "o intenso agora" não começou agora.

Na eleição de 2014, 37 milhões de brasileiros votaram nulo, branco ou se abstiveram de votar. É muita gente que não se sentiu representada por nenhum dos candidatos, por nenhum dos polos. Parte dessa população estava descrente no poder do voto para mudar sua vida para melhor. O Brasil era mais um dos países do mundo em que a crise da democracia se tornava cada vez mais aguda. É imperativo lembrar que a *hashtag* de 2013 era: "Não me representa".

Na Copa de 2014, o primeiro dos dois acontecimentos mundiais programados para consumar a síntese entre identidade e destino, o país estava partido. Não em dois, mas em múltiplas partes. O governo de Dilma Rousseff perseguiu e criminalizou os manifestantes anti-Copa, aqueles que denunciavam a expulsão dos mais pobres de suas casas para a construção de estádios superfaturados que não serviriam para nada quando o megaevento acabasse. Os governadores botaram as tropas de choque da Polícia Militar nas ruas das cidades que abrigavam os jogos.

O 7x1 da Alemanha contra o Brasil encerrou o período do tempo mágico. Nas arquibancadas, os brasileiros seguiam gritando enquanto a bola alemã estourava nas redes: "Eu acredito! Eu acredito!". Mas ninguém mais acreditava.

A imagem estilhaçada no espelho

O que é o Brasil, quando não pode contar nem com seus clichês? Como uma pessoa, que no território de turbulências que é uma vida vai construindo sentidos e ilusões sobre si mesma, um país também se sustenta a partir de imaginários sobre uma identidade nacional. Por aqui acreditamos por gerações que éramos o país do futebol e do samba, e que os brasileiros eram um povo cordial.

Os estereótipos não são verdades, mas construções. Impõem-se como resultado de conflitos, hegemonias e apagamentos. E parece que estes, que por tanto tempo alimentaram essa ideia dos brasileiros sobre si mesmos e sobre o país, desmancharam-se a partir de 2013. A partir daquele junho todos os imaginários sobre o Brasil perderam a validade. Assim como os clichês. E a imagem no espelho se revelou demasiado nua. E bastante crua.

O Brasil da segunda década do século 21 é uma criatura que se estranha no espelho. O que vê não forma um rosto que possa reconhecer, mas estilhaços de faces que formam algo ao qual não consegue dar nome. Poucas coisas são mais aterradoras do que a impossibilidade de nomear aquilo que vemos. Mais ainda quando é seu o que desconhece — ou repudia.

Essa é uma das explicações possíveis para compreender o esgarçamento das relações, a expressão sem pudor dos tantos ódios e também o autoritarismo crescente nos anos que se seguiram a 2013. Esvaziado de ilusões e de formas, aquele que precisa construir uma face tem medo. Em vez de disputar democraticamente, o que custa esforço e envolve perdas, prefere o caminho preguiçoso da adesão. E adere àquele que grita, saliva, vocifera, confundindo ódio com força, berro com verdade, máscara com rosto.

Jair Bolsonaro, que mais tarde vai encarnar esse novo momento do Brasil, não iniciou nem encerrará esse processo. Em 2015, o então presidente da Câmara dos Deputados, Eduardo Cunha (PMDB), disse a aliados: "Vou explodir o governo". E explodiu. Serviço feito, foi preso. Tanto Cunha quanto o apresentador de programa de TV que vociferava que tem de botar "menor" na cadeia, quando não no paredão, assim como o pastor que gritava que homossexualidade é doença, são partes do mesmo fenômeno.

Num momento de esfacelamento da imagem, o que vendem os falsos líderes, estes que, sem autoridade, só podem contar com o autoritarismo? Como os camelôs que aparecem com os guarda-chuvas tão logo cai o primeiro pingo de chuva, eles oferecem, aos gritos, máscaras ordinárias para encobrir o rosto perturbador. Para quem tem medo, porém, qualquer máscara é melhor do que uma face nua. O Brasil foi se tornando uma terra em que não só os reis, mas também o povo está nu. E todos dispostos a linchar o primeiro que der a notícia.

Levará tempo para se descobrir o quanto custou a perda dos estereótipos de identidade, que por tantas décadas permitiram dizer quem era o Brasil e o que era ser brasileiro. Preciso dizer, porém, que não lamento o estilhaçamento dessa imagem. Se os estereótipos forjaram um rosto para o Brasil e também um corpo, eles assombraram o país com suas simplificações e falsificações — e foram colocados a serviço de encobrimentos.

A ideia do brasileiro como um povo cordial nunca resistiu à realidade histórica de uma nação fundada na eliminação do outro, os indígenas e depois os negros, lógica que persiste até hoje. Me refiro não ao "homem cordial", no sentido dado pelo historiador Sérgio Buarque de Holanda, em seu seminal *Raízes do Brasil*, mas no sentido que adquiriu no senso comum, o do povo contente, aberto e hospitaleiro que encantava os visitantes estrangeiros que por aqui aportavam. O Brasil que, diante da desigualdade brutal, supostamente respondia com uma alegria irredutível, ainda que bastasse prestar atenção às letras dos sambas para perceber que a nossa é uma alegria triste. Ou uma tristeza que ri de si mesma.

O futebol continua a falar do Brasil em profundezas, basta voltar a escutar a largura do silêncio das bolas dos alemães estourando na nossa rede nos 7x1 da "Copa das Copas", assim como o discurso sem lastro, a não ser na corrupção, dos dirigentes da CBF (Confederação Brasileira de Futebol). A pergunta torna-se ainda mais persistente: se já não somos o país do futebol, de que futebol somos o país?

Não lamento que "mulata", tanto a palavra quanto o conceito, finalmente comece a ser reconhecida como uma expressão do racismo e não mais como um "produto de exportação". E lamento menos ainda que a suposta existência de uma "democracia racial" no Brasil só seja defendida por gente sem senso do ridículo. Os linchamentos dos corpos nas ruas do país e o strip-tease das almas nas redes sociais desmancharam a derradeira ilusão da imagem que importávamos para nosso espelho. Quando tudo faltava, restavam os estereótipos para grudar em nosso rosto. Não como sátira que denuncia que há outro rosto atrás da máscara, mas como verdade inteira. Acabou. Com tanto silicone nos peitos, nem o país da bunda somos mais.

Quando os estereótipos, depois de tanto girar em falso, tornam-se obsoletos, ainda se pode contar com o consumo de todas as outras mercadorias. Mas, quando o esfacelamento da imagem se soma ao esfacelamento das condições materiais da vida, o discurso autoritário e a adesão a ele tornam-se um atalho sedutor. É nisso que muitos apostavam em 2015, o ano em que ficou provado que o ódio tinha se tornado um ativo no Brasil, depois de uma campanha eleitoral que corroeu a convivência mesmo entre velhos amigos. O esgarçamento do tecido social foi agravado ainda pelo estelionato eleitoral de Dilma Rousseff. No dia seguinte à vitória apertada da reeleição, a então presidenta já traía o discurso de campanha.

A produção de inimigos para a população odiar se mostrou um negócio cada vez mais lucrativo no período que precedeu o impeachment. Líderes evangélicos fundamentalistas, como Silas Malafaia, tinham descoberto que as guerras morais seriam um atalho para o poder e para Brasília. O pastor e deputado federal Marco Feliciano — então no PSC, depois no Podemos — foi um dos que se tornaram personagens frequentes no noticiário a partir da descoberta desse filão.

Se há tantos que se sentem humilhados e diminuídos por uma vida de gado, por que não convencê-los de que são melhores do que os outros pelo menos em algum quesito? Que tal dizer a eles que são superiores porque têm a família "certa", aquela "formada por um homem e por uma mulher"? E então dar a esses fiéis seguidores pelo menos um motivo para pagar o dízimo alegremente, distraídos por um instante da degradação do seu cotidiano? Fabricar "cidadãos de bem" numa tábua de discriminações e preconceitos tem se mostrado uma fórmula de sucesso no mercado da fé. E também no leilão de Brasília.

A invenção de inimigos dá lucro e mantém tudo como está, porque, para os profetas do ódio, o Brasil está ótimo e rendendo dinheiro como nunca. Ou que emprego teriam alguns apresentadores se não tiverem mais corpos mortos para ofertar no altar da TV? Ou que lucro teria certo tipo de "religioso" que criou seu próprio mandamento — "odeie o próximo para enriquecer o bispo"? Ou que voto teria um deputado da estirpe de Eduardo Cunha se os eleitores exigissem um projeto para o país e não para os seus pares? Para estes, que estimulam o ódio e comercializam o medo, o Brasil nunca esteve tão bem. E era preciso que continuasse exatamente assim. Ou pior.

Neste Brasil, Dilma Rousseff foi se tornando uma personagem cada vez mais trágica. Vendida por Lula e pelos marqueteiros na primeira eleição, a de 2010, como "mãe dos pobres", ela nunca foi capaz de vestir com desenvoltura esse figurino populista, até por sinceridade. Quando tentava invocar simbologias em seus discursos, tornava-se motivo de piada. O slogan de seu segundo mandato — "Brasil, Pátria Educadora" — não encontrou nenhum lastro na realidade, virando mais uma denúncia do colapso da educação pública do que um movimento para recuperá-la.

O ano de 2015 marcou também o declínio dos marqueteiros. Não apenas porque vários estavam enrolados em maior ou menor medida com a Operação Lava Jato, mas porque também eles deixaram de compreender o Brasil fragmentado que emergia. Seguiam acreditando que bastava criar imagens para que elas se tornassem imaginários. Não bastava. O próprio Lula, já naquele momento, parecia ter perdido sua famosa intuição sobre o Brasil e sobre os brasileiros. Em suas manifestações daquela época, Lula soava como o intérprete confuso de um Brasil que já não existia — ou que talvez nunca tenha existido, exceto como imaginário comum, como crença compartilhada, que num momento muito particular ele havia conseguido amalgamar com o seu carisma e o boom das commodities.

Entre tantas realidades simultâneas, naquele momento os brasileiros se mostravam como um povo que lincha pessoas; que é hospitaleiro com turistas ricos e brancos (isso quando não os assalta), mas cruel com imigrantes de países africanos, assim como com haitianos, bolivianos e venezuelanos; que assassina parte da juventude negra sem que a maioria se importe; que massacra povos indígenas para liberar suas terras, preferindo mantê-los como gravuras num livro de história a dividir poder com eles. O Brasil se revelava como um país em que as pessoas rosnam umas para as outras nas ruas, nos balcões das padarias e nas repartições públicas; em que os discursos de ódio se impõem nas redes sociais sobre todos os outros; em que proclamar a própria ignorância é motivo de orgulho; em que a ausência de "catástrofes naturais", sempre vista como uma espécie de "bênção divina" para um povo eleito, já deixou de ser um fato há muito; em que as praias e as paisagens "paradisíacas" são borradas pelo inferno da contaminação ambiental; e a Amazônia, "pulmão do mundo", vai virando soja, gado, mineração e favela, quando não hidrelétricas.

O Brasil se mostrava como o país em que aqueles que bradam contra a corrupção dos escalões mais altos cometem seus pequenos atos de corrupção sempre que têm oportunidade. A ideia de que o Congresso democraticamente eleito, formado por um número considerável de oportunistas e corruptos, não correspondia ao conjunto da população brasileira era talvez a maior de todas as ilusões. Quem prestasse atenção a uma simples reunião de condomínio poderia perceber o quanto Eduardo Cunha e, mais tarde, Jair Bolsonaro eram personagens que já frequentavam a classe média brasileira.

Sem poder contar com os velhos clichês e estereótipos de identidade, porém, a crueza da imagem no espelho assustava. Diante dela e de uma presidenta com a autoridade corroída, crescia a sedução dos autoritarismos. Nada mais fácil do que culpar o outro quando não gostamos do que vemos em nós. Em vez de encarar o próprio rosto, cobre-se a imagem perturbadora com a face dos inimigos, que dali em diante se tornarão alvos da frustração e do ressentimento.

Aqueles que encontram na adesão aos discursos autoritários uma possibilidade de ascensão esquecem-se da lição mais básica: a de que não há controle quando se aposta no pior. Se o ódio é a identidade de consenso, não há identidade, já que o ódio não permite o reconhecimento do outro como alguém com quem se compartilha um mundo. E, portanto, alguém com quem é preciso negociar.

Só há chance se enfrentarmos conflitos e contradições com a cara que temos. É com esses Brasis que o Brasil precisa se haver. É essa imagem múltipla que temos de encarar no espelho se quisermos construir uma outra, menos brutal. Essa urgente, enorme tarefa, continuou a ser adiada nos anos seguintes.

Eduardo Cunha, o nosso vilão do Batman

Em 2015, o personagem não foi Bolsonaro, que ainda era apenas o brucutu do baixo clero do Congresso. Poucos o levavam a sério. O protagonista daquele ano foi Eduardo Cunha, o mais próximo de um vilão do Batman que o Brasil produziu. Cunha despontou como um tipo de vilão cuja perversão era levar a realidade ao paroxismo da farsa. Seu poder era a sua total ausência de limites.

Cunha dizia qualquer absurdo como se verdade fosse. E suas falas eram reproduzidas pela imprensa como se possuíssem algum lastro nos fatos. Possivelmente não existiria Bolsonaro sem Eduardo Cunha. Como talvez o Brasil pudesse ter seguido outros caminhos se Dilma Rousseff não houvesse sido reeleita ou se Marina Silva não tivesse sido destruída pela campanha petista. Ou o que teria acontecido se o PT não tivesse se corrompido no poder? Não dá para adivinhar o futuro com outro passado. As perguntas, porém, são irresistíveis.

Em 2015, o Brasil foi tomado pela perturbadora sensação de ser subjugado por uma realidade que não era realidade. Ao abrirem os jornais, ligarem a TV no noticiário ou acessarem os sites de notícias, os brasileiros eram confrontados dia após dia com Eduardo Cunha diz isso, afirma aquilo, declara aquele outro, alerta e ameaça. E nega as contas na Suíça. Tem lá sua assinatura, seu passaporte, seu endereço. Mas ele nega.

Negar o que a pilha de provas já demonstrou inegável é um direito de qualquer um. A maioria vai para a cadeia negando ter cometido o crime que a colocou lá. O problema eram os outros verbos. Como é que tal personagem se tornou — e naquele momento foi — tão central na vida do país, a ponto de seguir manipulando e chantageando com as grandes questões do momento, com as votações importantes? Como Eduardo Cunha ainda dizia, afirmava, declarava, alertava e ameaçava nas manchetes dos jornais? Como o que era farsa podia ser colocado no lugar dos fatos?

O cotidiano do Brasil e dos brasileiros havia se tornado uma experiência perversa. A de viver dia após dia uma abominação como se fosse normalidade. Essa vivência foi provocando uma sensação crescente de deslocamento e de vertigem. Não se sabia então o quanto isso custaria para o país, objetivamente, e o quanto custaria na expressão política das subjetividades. Mas custaria. Porque já custava demasiado. A eleição de Bolsonaro foi também resultado do período pré-impeachment, em que a farsa foi colocada no lugar da realidade, com profundo impacto sobre a vida — e a interpretação da vida.

Até o mais obtuso sabia que Eduardo Cunha seguia no palco porque ainda tinha utilidade para os projetos de poder de um lado e de outro. Entre esses dois lados que se digladiavam não havia oposição. Essa era outra farsa e também é por ela que se podia levar a sério um farsante como Cunha. A pauta conservadora para o país já tinha sido estabelecida. A crescente presença de emedebistas em ministérios importantes, a exemplo da saúde, e o desmonte de políticas caras à esquerda, como a de saúde mental, demonstravam isso. O setor mais poderoso e também o mais predatório do agronegócio ganhava influência crescente não só no Congresso, que dominava, mas também no Executivo.

Em 2015 e 2016, o que estava em disputa era o poder de executar a pauta conservadora. Eduardo Cunha era a expressão de uma operação política muito mais ampla, profunda e que nem começou com ele nem acabará com ele, na qual o papel do PMDB (depois MDB) foi central. Ele também era o homem certo no lugar certo, neste sentido uma individualidade rara. Se o Brasil já teve muitos Cunhas, em vários aspectos, também não teve nenhum Cunha, em outros. Como todo vilão, o personagem é fascinante e totalmente singular.

Eduardo Cunha não teria ditado os dias de Brasília não fosse o homem perfeito para o papel. Para que a maioria possa fingir que disputa os rumos do país, quando disputa apenas o seu próprio, é preciso o fingidor maior, o mestre de cerimônias deste espetáculo. A sensação esquisita ao abrir o jornal ou a internet ou ligar a TV no noticiário se dava porque essa farsa demanda uma adesão. A nossa adesão. É aí que (também) estava a perversão.

Era evidente que Cunha não esperava que alguém acreditasse, entre outras coisas, que ele não tinha contas na Suíça, o que seguia afirmando sem piscar. Ele sabia que (quase) ninguém acreditava nisso. O que não o impediu de apostar que poderíamos agir como crentes. Parte do estranhamento ao entrar em contato com o noticiário também vinha daí: os brasileiros eram convocados a uma adesão pela crença, o que, de novo, pervertia a experiência da política.

É possível especular que, em algum nível íntimo, Eduardo Cunha tenha se divertido muito com a possibilidade de transformar a realidade numa negação coletiva. Ou numa farsa que, por ser compartilhada, virava realidade. Para o perverso, o outro não conta como outro. O outro — nós — é apenas o suporte para a sua satisfação. Denunciado por corrupção e lavagem de dinheiro, ele falava em nome de Jesus. Atingiu o paroxismo do deboche ao registrar uma frota de carros de luxo numa empresa com o nome de "Jesus.com". Também discursava para os eleitores evangélicos que Deus o havia colocado na presidência da Câmara. Na complexa história recente do Brasil, Cunha é o perverso que goza em nome de Jesus.

Neste sentido é que Cunha se assemelha a um vilão do Batman: todos muito singulares, mas com o traço da perversão em comum. Só que Batman e seus vilões extraordinários são ficção. Ao produzir o deslocamento na esfera pública, Eduardo Cunha fez da farsa a realidade. Este foi talvez o seu maior poder — o poder que lhe permitiu ainda ter poder.

Abaixo da farsa maior, desenrolavam-se todas as outras. A do PSDB fingindo pedir seu afastamento, quando o apoiava nos bastidores, na expectativa de que levasse adiante, como levou, o impeachment de Dilma Rousseff. Ou a do Planalto, também negociando com ele, mas pelo motivo contrário, para que ele não levasse adiante o impedimento da presidenta. Ou a de todos aqueles parlamentares que temiam o dia em que Cunha abriria a boca para contar algumas das histórias pouco edificantes que os envolviam. Para estes, era preciso manter Cunha com algo a perder. Ou a ganhar. É o que aponta o silêncio que, pelo menos até o final da escrita deste livro, em meados de 2019, Cunha mantinha na prisão.

Se tudo fosse encenado como sátira política, no teatro e não no Congresso, teria sido um ótimo espetáculo. A perversão é que a farsa se apresentou como realidade, e tornou-se realidade. Eduardo Cunha nos corrompeu a todos porque, da forma como a encenação evoluiu, fomos parte dela. A encenação engolfou a plateia e já não sabíamos onde ficava a saída do teatro, porque já não havia teatro. Já era vida. Talvez por isso, para muitos, 2015 e 2016 foram anos de vertigem.

Dizendo de outro modo. É como se, todo dia, aquele que está colocado no lugar de autoridade afirmasse: "laranjas são cadeiras". E a imprensa estampasse nas manchetes: "Cunha afirma que laranjas são cadeiras". Então, no mesmo jornal ou telejornal, outras autoridades dizem que não, está provado que laranjas não são cadeiras. Tudo isso como se fosse uma discussão perfeitamente aceitável. Mais do que aceitável, legítima.

No dia seguinte, e um dia após o outro, está lá mais uma vez: "laranjas são cadeiras", garante Cunha. E as pessoas estão lá, sentadas na cadeira e comendo a laranja, mas assistindo às notícias ou as lendo não como comédia, ou sátira, ou farsa, mas como se sério fosse. E sério é. Porque a autoridade continua sendo autoridade, apesar de afirmar que laranjas são cadeiras. E as demais autoridades do campo da política, mesmo as que se apresentam em polos opostos, negociam com o cara que diz que o povo deve se sentar na laranja e comer a cadeira, como se esta fosse a normalidade institucional.

É impossível não se sentir esquisito e duvidar da própria sanidade num mundo assim. A língua e a linguagem, que fazem a mediação com a realidade, eram corrompidas dia após dia. E não se atentava para o quão grave isso era. Diante disso, nada mais previsível do que apenas alguns anos mais tarde pessoas afirmarem, com a demanda de serem levadas a sério, também no Brasil, que a terra é plana. Ou que Jair Bolsonaro, o brucutu do baixo clero, passasse a ser considerado um mensageiro da verdade.

A cada semana foi piorando. Políticos fizeram uma homenagem a Eduardo Cunha inaugurando seu retrato oficial na galeria de ex-líderes da bancada do PMDB na Câmara. O episódio era uma versão invertida de *O retrato de Dorian Gray*. Na obra clássica de Oscar Wilde, o retrato é escondido dos olhos do público porque vai absorvendo as marcas do tempo e dos crimes cometidos pelo personagem na vida real. Na crônica política do país, porém, o sentido é outro. O retrato exposto cristaliza a perversão: a de um homem ser homenageado, com palmas e discursos laudatórios, no momento em que está denunciado por corrupção e que as provas de contas na Suíça, abastecidas por dinheiro público, se acumulam. A perversão era a da lei que não valia para o retratado, que acabava de ganhar o seu monumento na parede. Estava ali, mais uma vez, o que a procuradora que mais lutou contra o além da lei de Belo Monte chamava de "o mundo do tudo é possível".

Se o retrato de Dorian Gray precisa ser enrolado em uma colcha e trancado em um quarto porque denuncia o retratado, o de Eduardo Cunha é exposto ao público em lugar nobre porque o retratado, para os seus pares, está além da denúncia. Houve protestos, mas a homenagem foi realizada. E o homenageado seguiu como o terceiro na linha sucessória da presidência do país. O retrato do corrupto, ao ser exposto não como denúncia, mas sim porque a denúncia já não tinha força para tirá-lo do lugar, mais uma vez corrompia a todos. A prisão de Cunha não limpou esse crime. Por ter ocorrido apenas depois de ele ter liderado o impeachment que arrancou Dilma Rousseff do poder onde foi colocada pelo voto, a prisão tornou o crime ainda mais explícito.

O tucano arrasta as penas nos esgotos

Houve um momento em que um limite que jamais poderia ter sido ultrapassado foi rompido na política brasileira. O ato foi precursor das quebras que viriam depois. Aconteceu na campanha de 2010. Naquele momento, os caminhos de Eduardo Cunha se cruzaram com os de Dilma Rousseff e de seu adversário José Serra (PSDB). O PSDB, como partido ligado à social-democracia europeia, como partido formado por exilados da ditadura, como partido de ilustrados e bem-educados, começava o declínio que o levaria a chegar em 2019 com o rosto de João Doria.

Nas primeiras campanhas eleitorais após a ditadura militar, a maioria dos candidatos costumava evitar abordar o tema do aborto. Nem enfrentar a questão, para evitar perder eleitores, nem usá-la como moeda eleitoral para ganhar apoio entre os mais conservadores. Se não havia coragem para enfrentar o tema a partir de um debate responsável, também existia pudor para não baixar o nível, fazendo proselitismo com uma das causas de morte de mulheres jovens no Brasil. Collor de Mello ensaiou romper essa fronteira, ao usar a filha de Lula com Miriam Cordeiro para atacar seu principal adversário, em 1989. Mas uma espécie de acordo tácito foi mantido nas eleições que se seguiram.

Em 2016, segundo dados do Datafolha, os evangélicos representavam 29% da população brasileira. E crescendo, em especial os neopentecostais das novas igrejas. Ao constatar o potencial eleitoral do novo grupo de poder, já em 2010 políticos e marqueteiros perceberam que jogar o aborto na mídia e no palanque poderia ser conveniente. Tanto para conquistar o voto religioso quanto para derrubar opositores com escrúpulos de se tornarem crentes de última hora. Ninguém fez isso com maior afinco do que José Serra, na campanha eleitoral em que disputou a presidência com Dilma Rousseff.

No final do primeiro turno, a internet e as ruas foram tomadas por uma campanha anônima, na qual se afirmava que Dilma Rousseff era "abortista" e "assassina de fetos". Dilma começou a perder votos entre os evangélicos, e parte dos bispos e dos padres católicos exortou os fiéis a não votarem nela. Circularam suspeitas de que o ataque teria partido da campanha de Serra, mas a autoria não chegou a ser provada. O que se pode afirmar é que Serra se empenhou em tirar proveito do ataque vindo das catacumbas, determinando o rumo da campanha dali em diante.

E Dilma correu a buscar o apoio de religiosos, acabando por escrever uma carta declarando-se "pessoalmente contra o aborto". Nesta carta, Dilma comprometeu-se, caso vencesse a eleição, a não propor nenhuma medida para alterar a legislação sobre o tema.

Logo, tanto Serra quanto Dilma despontaram no espetáculo eleitoreiro como devotos tomados por um fervor religioso até então desconhecido de quem acompanhava suas trajetórias. Serra apregoou que tinha "Deus no peito". Dilma agradeceu "a Deus pela dupla graça" e, usando o mote dos grupos mais radicais do catolicismo, afirmou que fazia "uma campanha, antes de tudo, em defesa da vida".

A campanha de 2010 foi o momento mais baixo desde a redemocratização do país. E inaugurou o primeiro de uma série de momentos baixos que se seguiriam a ele. O que se passou ali escancarou as portas para todas as leviandades e recuos que vieram depois, nos temas relativos à saúde da mulher e ao respeito à diversidade sexual. Basta lembrar, entre outros, do cancelamento do kit anti-homofobia, que seria usado nas escolas públicas para trabalhar o respeito às diferenças e prevenir a violência contra homossexuais.

O kit Escola Sem Homofobia foi batizado pejorativamente de "kit gay" por pastores e políticos homofóbicos — ou apenas oportunistas — e lembrado em todas as campanhas eleitorais que se seguiram, inclusive a que deu a vitória ao declaradamente homofóbico Jair Bolsonaro, em 2018. Também vale a pena lembrar da retirada do ar do vídeo de uma campanha de prevenção a doenças sexualmente transmissíveis, na qual uma prostituta dizia ser "feliz". O fato de uma mulher ser feliz e ser prostituta parece ter ferido mais a sensibilidade dos hipócritas do que pessoas adoecerem ou mesmo perderem a vida por doenças evitáveis. Bolsonaro não foi o primeiro presidente a retirar campanhas importantes do ar para agradar aos evangélicos: a diferença é que Dilma Rousseff se submeteu ao jogo de interesses — e Bolsonaro, por mais duro que seja reconhecer, foi apenas coerente com seu discurso.

A campanha de 2010 mostrou que rebaixar o tema do aborto a moeda eleitoral atingia dois propósitos: 1) fazer com que o adversário, liberal nos costumes, o que caracteriza a esquerda, de modo geral, e a direita genuinamente adepta do liberalismo, perdesse uma grande quantidade de votos entre as pessoas religiosas, em especial evangélicos neopentecostais e católicos carismáticos; 2) pressionar candidatos que, caso eleitos, poderiam levar adiante o debate do aborto como o problema de saúde pública que efetivamente é, assim como outras pautas relativas à sexualidade e à diversidade, de forma a se comprometerem a deixar tudo como está ou mesmo a retroceder.

A campanha de 2010 provou, principalmente, que o aborto e outros dos chamados "temas morais" são um eficaz instrumento de barganha política, quando não chantagem. Desde então, parlamentares se agarraram a essa pauta, deram declarações públicas e lançaram projetos de lei marcados por um retrocesso que não parecia mais possível. Muitos desses oportunistas fizeram nome e ganharam importância na guerra moral assinalada pela imoralidade das práticas e pela desonestidade dos argumentos dos religiosos de ocasião.

O rebaixamento do nível da campanha de 2010 rompeu uma barreira ética no debate público do Brasil — e ela nunca mais parou de ser escancarada. É necessário jamais esquecer que essa fronteira não foi derrubada nem pela parcela mais fisiológica do PMDB nem pelos líderes evangélicos mais inescrupulosos. Ela foi ultrapassada por José Serra, um representante do PSDB histórico, de raiz.

Este não é um detalhe. E sim um fato crucial para compreender o papel que o PSDB desempenhou para os rumos do Brasil. O modo de operação do PMDB é muito mais pesquisado, esmiuçado e conhecido, tanto por intelectuais que se dedicaram a ele, caso da tese do "pemedebismo", do filósofo Marcos Nobre, quanto pelo público que acompanha a política de Brasília. No campo da justiça, a Operação Lava Jato, pelo menos até meados de 2019, mostrou muito mais claramente como o PMDB e o PT atuavam do que o PSDB.

O PSDB, que governou o Brasil nos dois mandatos de Fernando Henrique Cardoso, na maior parte da década de 90, desempenhou um papel determinante para o que veio a seguir. Este papel precisa ser iluminado. Não foi por acaso, nem sem a responsabilidade dos tucanos mais emplumados, que o rosto do PSDB deixou de ser o de FHC para se tornar o de Doria, com uma transição pela face de Geraldo Alckmin.

É também em 2010 que Eduardo Cunha enxerga uma brecha para ampliar seu poder de influência. Com o aval de Lula, esse personagem nebuloso vai peregrinar por templos evangélicos para afirmar que Dilma é contra o aborto. É este novo "aliado" que lidera o contra-ataque e pede votos para Dilma nos redutos do evangelismo neopentecostal. Por pragmatismo eleitoral, ao se ver atacada, Dilma capitulou diante de seus princípios. E, parodiando Cartola, começou ali, antes mesmo de se eleger presidenta pela primeira vez, a escavar o abismo com seus pés.

Nos anos seguintes, Eduardo Cunha se tornaria o rei do "centrão" — grupo de parlamentares de centro e de direita que tem como característica o apoio ao governo em troca de cargos e favores. Uniria também as bancadas conservadoras da Câmara dos Deputados para barrar, na prática, o aborto legal. A partir de 2015, já como presidente da Câmara, torna-se o ator principal do impeachment de Dilma Rousseff, depois de concluir que o PT não impediria a investigação de seus atos de corrupção. O impeachment foi movido por muitas razões e também paixões, entre elas a vingança do vilão.

A cena produzida em 2010 marca a derrocada ética do PSDB, assim como assinala o ponto aparentemente sem retorno em que o partido se desliga do que existia de progressista em sua história. O momento em que o corpo das mulheres virou moeda eleitoral no Brasil tem seu impacto na história recente minimizado, até porque a maioria dos analistas é composta por homens.

Daquele momento em diante, a lógica que pautou o Congresso tem sido a de barrar qualquer avanço nos direitos das mulheres sobre o seu próprio corpo, assim como em temas que dizem respeito a gênero, diversidade sexual e raça. Um dos truques mais eficientes é justamente aterrorizar as minorias políticas com projetos que significam retrocessos, fazendo com que a luta não seja mais pela ampliação de direitos, mas para não perder direitos. Essa operação política se acelerou de forma inédita no governo de Michel Temer (2016-2018) e seu projeto não eleito, quando direitos foram leiloados em troca de apoio por um presidente, ministros e parlamentares acuados pela Lava Jato.

Tucanos-pena-longa se omitiram ao ver José Serra arrastar as asas nos esgotos, em 2010. E se omitiram mais uma vez quando outro membro do PSDB histórico, Aécio Neves, desferiu o ataque mais grave à democracia.

Quando Aécio perdeu a eleição de 2014 para Dilma, ele e seu partido cometeram o ato, ao mesmo tempo oportunista e irresponsável, de questionar o processo eleitoral sem nada que justificasse a suspeição do pleito. O Brasil, com as urnas eletrônicas, tem um dos mais confiáveis sistemas de votação do mundo. Aceitar a derrota faz parte das regras fundamentais da democracia.

Aécio iniciava ali uma nova crise, e isso já num cenário de crise, marcado por dificuldades econômicas crescentes e perda acelerada do apoio à presidenta reeleita. Neste ato, abriu um precedente mais do que perigoso. Mais tarde, uma gravação revelaria Aécio afirmando que pediu a auditoria dos resultados eleitorais só "para encher o saco". Aécio deve entrar para a história não só pelos seus crimes de corrupção, mas por esse gesto contra o país. Aécio Neves e José Serra devem ser lembrados como políticos que praticaram gestos determinantes para a destruição da democracia brasileira.

Quatro anos depois, em 2018, mais uma eleição. Durante a campanha, de dentro do hospital, onde se recuperava de um atentado a faca, Jair Bolsonaro gravou um vídeo questionando as urnas eletrônicas e sinalizando que poderia não aceitar o resultado do pleito, em caso de derrota. Seu vice, Hamilton Mourão, já havia dado uma entrevista à Globo News afirmando a possibilidade de um autogolpe do presidente eleito, com o apoio das Forças Armadas. Bolsonaro e os generais anunciavam ali que não aceitariam a derrota. A democracia, pelo visto, só valia se o resultado fosse positivo. O que planejavam não foi usado, já que Bolsonaro venceu a eleição de 2018 pelo voto. E, como venceu, suas suspeitas sobre as urnas eletrônicas desapareceram de imediato.

O PSDB desempenhou um papel importante no impeachment de Dilma Rousseff e participou do governo de Michel Temer. Quando aderiram aos movimentos das ruas a favor do impeachment e contra o PT, vestidos com a camiseta da seleção brasileira, políticos tucanos também se iludiram que a rua era deles. Não era nada disso.

Em setembro de 2018, um dos tucanos de plumagem grossa, Tasso Jereissati, afirmou, em entrevista ao jornalista Pedro Venceslau, no jornal *O Estado de S. Paulo*: "O partido cometeu um conjunto de erros memoráveis. O primeiro foi questionar o resultado eleitoral. Começou no dia seguinte [à eleição]. Não é da nossa história e do nosso perfil. Não questionamos as instituições, respeitamos a democracia. O segundo

erro foi votar contra princípios básicos nossos, sobretudo na economia, só para ser contra o PT. Mas o grande erro, e boa parte do PSDB se opôs a isso, foi entrar no governo Temer. Foi a gota d'água, junto com os problemas do Aécio. Fomos engolidos pela tentação do poder".
Tarde demais.

Quem acha que controla as ruas não estudou nem a história nem a psicologia humana. Com telhado de vidro fino, tanto Serra quanto Aécio e o PSDB são hoje menores do que nunca, em todos os sentidos. Pior do que não ter ressonância é ter perdido o respeito. O PSDB que surgiu com a volta da democracia não existe mais. O que existe agora é outra coisa. Que coisa é essa, o futuro mostrará. O que já dá para ver, através do sorriso assustadoramente branco de Doria, é uma garganta escura.

A herança mais maldita do PT

O que o governo Lula adiou, na primeira década do século, ao escolher a conciliação em vez de confrontar as causas da desigualdade, em 2015 explodiu nas ruas. Várias forças se moveram para buscar uma nova acomodação, que evitasse o enfrentamento das questões estruturais e não alterasse a concentração de poder na sociedade brasileira. Sem estatura moral devido às denúncias do mensalão e principalmente da Lava Jato, o PT não tinha força para se contrapor aos gritos cada vez mais fortes das ruas. Já tinha perdido parte significativa de seu apoio e se esfarelava com uma presidenta que errava muito e escutava pouco.

Foi pelas bandeiras da reacomodação que as ruas foram ocupadas em 2015, insufladas por lideranças do que foi chamado de "nova direita". O descontentamento de uma grande parcela de brasileiros era um catalisador poderoso. Parte da população estava enraivecida pelas denúncias de corrupção de políticos e de partidos, que ocupavam enorme espaço na mídia, dia após dia, com ênfase bem maior nos crimes do PT e do PMDB. Também estava acuada pelo aumento do sentimento de insegurança, causado pela violência urbana. E impotente diante da percepção de que a crise econômica começava a corroer os empregos, os salários e o cotidiano.

A insegurança demanda tanto a eleição de um culpado quanto estimula a necessidade de pertencimento. Num Brasil fragmentado, em que os imaginários de identidade haviam se estilhaçado, nada mais oportuno do que se tornar o paladino da anticorrupção. As lideranças das grandes manifestações de 2015 souberam instrumentalizar o desejo de adesão de uma grande parcela dos brasileiros ao criar a máscara do "cidadão de bem".

A multidão que ocupou as ruas do Brasil em março de 2015 apontou a crise do PT. Os manifestantes vestidos de amarelo tornaram-se a imagem eloquente do antipetismo. Havia, porém, um silêncio sem imagem, um silêncio que era ausência, que denunciava a crise mais profunda do partido. Era o silêncio dos que não bateram panelas contra Dilma Rousseff e o PT, mas também já não sairiam às ruas para defender o PT.

Desde a redemocratização, o PT havia mobilizado e representado os ativistas mais influentes e alguns dos melhores pensadores de esquerda. Em 13 de março de 2015, movimentos como Central Única dos Trabalhadores (CUT), União Nacional dos Estudantes (UNE) e Movimento dos Trabalhadores Rurais Sem Terra (MST) organizaram uma manifestação. Apesar de críticas a medidas de ajuste fiscal tomadas pelo governo, a manifestação era um ato de defesa da presidenta Dilma Rousseff. Uma parcela significativa dos brasileiros ligados ao campo da esquerda, porém, não compareceu.

Essa mesma parcela da esquerda também não foi para as ruas no histórico domingo de 15 de março de 2015, quando centenas de milhares de pessoas aderiram aos protestos, em várias capitais e cidades do país, em manifestações contra Dilma articuladas nas redes sociais. As bandeiras nas ruas defendiam o fim da corrupção, o impeachment da presidenta e até uma aterradora, ainda que minoritária, defesa da volta da ditadura.

O silêncio daqueles que já não sairiam de casa em dia nenhum empunhando uma bandeira do PT, e que também não atenderiam ao chamado das forças conservadoras de 15 de março, denunciava que o partido perdera a capacidade de representar um projeto de esquerda — e gente de esquerda. Nessa crise mais profunda, a da traição seguida pelo vazio deixado pelo PT, o afastamento de Dilma Rousseff pelo Congresso seria um capítulo traumático, mas não o mais grave. A sociedade brasileira, muito mais do que apenas o partido, teria — e terá — que lidar com essa herança durante muito mais tempo.

Uma parcela daqueles que aderiram à candidatura de Dilma apenas no segundo turno da eleição de 2014, esperando "uma guinada à esquerda" ou "evitar o mal maior", ou ambos, decepcionaram-se com seu voto depois de a presidenta ter colocado Joaquim Levy, um homem do mercado, na Fazenda, e Kátia Abreu, uma ruralista, na Agricultura. Também se chocaram com medidas que afetaram os direitos dos trabalhadores, como o endurecimento das regras para a obtenção do seguro-desemprego, da pensão por morte e do auxílio-doença. Já não a apoiariam mais. Esses arrependidos à esquerda se somaram àqueles que nem sequer cogitaram votar em Dilma Rousseff nem em Aécio Neves, porque se situam à esquerda de ambos. Tampouco se sentiriam identificados com qualquer um dos grupos que foi para as ruas no domingo de 15 de março contra a então presidenta.

Se não existia a menor possibilidade de ficar ao lado de figuras como o então deputado federal Jair Bolsonaro ou de defensores da ditadura militar ou mesmo de Paulinho da Força, também não seria possível andar junto com movimentos como CUT, UNE e MST, que para eles "pelegaram" quando o PT chegou ao poder. Deixaram-se cooptar e esvaziaram-se de sentido, perdendo credibilidade e adesão em setores da sociedade que costumavam apoiá-los.

Essa parcela da esquerda envolve desde pessoas mais velhas, que historicamente apoiaram o PT, e muitas que inclusive ajudaram a construí-lo, mas que se decepcionaram, até os jovens filhos desse tempo, em que a ação política precisa ganhar horizontalidade e se construir com múltiplos canais de participação. No primeiro turno da eleição de 2014, dividiram seus votos entre os pequenos partidos de esquerda, como o PSOL, ou votaram em Marina Silva, por sua conexão com o tema do meio ambiente. Mas votaram com dúvidas. No segundo turno, ou votaram em Dilma e se arrependeram, ou não votaram em nenhum dos candidatos. Seu silêncio mostrava que o PT tanto perdera uma parte considerável de sua base tradicional quanto tinha dificuldades para atualizar a sua base, incapaz de atrair a juventude que crescera durante o seu governo.

Marina Silva foi quem chegou mais perto de ser uma figura com estatura nacional de representação desse grupo à esquerda, mais em 2010 do que em 2014. Fracassou, porém, na construção de uma alternativa realmente nova dentro da política partidária. Em parte por não ter conseguido registrar seu partido a tempo de concorrer às eleições de 2014, o que a fez compor com o PSB, sigla bastante complicada para quem a apoiava. As dificuldades da aliança se tornaram ainda maiores quando ela assumiu a cabeça de chapa por causa de uma tragédia que nem o mais paranoico poderia prever: a morte de Eduardo Campos (PSB) num acidente de avião.

Equívocos de sua própria campanha, como a mudança do capítulo do programa em que abordava sua política para os LGBTQIs, também a fragilizaram diante dos eleitores progressistas. O recuo, além de indigno, só ampliou e acentuou a desconfiança que muitos já tinham com relação à interferência de sua fé evangélica em questões caras para essa parcela de eleitores, como casamento homoafetivo e aborto. Também colaborou, e bastante, para a desidratação dos votos, a campanha abaixo da linha da cintura que o PT fez contra ela. Ficou evidente ainda que, durante a campanha, Marina Silva escolheu ser menos ela mesma e mais uma candidata que supostamente seria palatável para estratos da população cujo apoio acreditava precisar.

Embora no primeiro turno de 2014 Marina Silva tenha ganhado 2,5 milhões de votos a mais do que em 2010, seu capital político encolheu na segunda disputa eleitoral para a presidência. O partido que estava construindo, a Rede Sustentabilidade, sofreu deserções de peso. Naquele momento, já era claro que seria difícil para Marina recuperar o lugar que quase foi seu. Em 2010 e 2014, respectivamente com 19% e 21% da votação, Marina Silva ocupou o terceiro lugar na preferência dos eleitores. Em 2018, recebeu apenas 1% dos votos válidos. Aquela que, nas duas eleições anteriores, foi a principal promessa de uma terceira via teve pouco mais de um milhão de votos e terminou em oitavo lugar.

Em 2015, a parcela de esquerda que não bateria panelas contra Dilma Rousseff, mas também não a defenderia, apontava a falência do PT em seguir representando o que representou no passado. Apontava que, em algum ponto da trajetória do partido, para muito além do mensalão e da Lava Jato, o PT escolheu afrouxar os laços com sua base histórica, numa mistura de pragmatismo com arrogância.

Naquele momento, ficou claro que o PT fora incapaz de escutar o que as ruas gritavam em 2013. Talvez o partido já não compreendesse mais o Brasil. Sem capacidade e vontade de renovação, cego pela soberba do poder, o PT parecia ter se cimentado numa conjuntura histórica que já não existia. E que não voltará a existir. Essa aposta arriscada precisa que a economia vá sempre bem. Quando vai mal, o chão desaparece.

Desde 2013 causava perplexidade que lideranças petistas se perguntassem, ainda que retoricamente, por que perderam as ruas. Ora, perderam porque o PT passou a girar em falso. O partido das ruas perdeu as ruas menos porque foi expulso delas, mais porque se esqueceu de caminhar por elas. Ou, pior, acreditou que não precisava mais caminhar por elas, o que significa seguir fazendo política de base e na base, conversando e debatendo democraticamente, escutando e refletindo, de corpo presente desde as bases. Erro, aliás, que abarca a maior parte da esquerda, e que seria um dos catalisadores do bolsonarismo.

Nesse sentido, Dilma Rousseff encarnava também a arrogância de Lula, aquele que tinha se tornado maior do que o partido. Em algum momento Lula, com o aval ativo ou omisso dos petistas influentes, mas subservientes, achou que poderia eleger uma presidenta que nem tinha experiência com a política nem gostava de fazer política. Dilma claramente não tinha perfil nem gosto para negociar com o Legislativo e com as bases. Ao mesmo tempo, ela não era um "poste", como foi chamada. Tinha personalidade forte e visão do que queria. Era muito menos controlável do que muitos, talvez o próprio Lula, teriam desejado.

Lula estava certo. A curto prazo, ele podia eleger uma "gerente" que nunca havia passado por uma eleição. Tinha capital político para isso. Mas sempre há o dia seguinte. E o dia seguinte foi um gigantesco boneco inflável com o seu rosto e uniforme de presidiário nas maiores manifestações de rua do Brasil da segunda década.

O primeiro a defender a suposta "vantagem" de uma pessoa que não era política nem tinha vocação para a política nos anos recentes foi Lula. Isso não deve ser esquecido. Defender a candidatura de Dilma Rousseff num partido que, mesmo com alguns dos principais expoentes condenados pelo mensalão e depois pela Lava Jato, ainda tinha quadros que haviam construído sua vida no exercício da política foi uma escolha arriscada. Não é que Dilma fosse uma completa neófita, afinal foi presa e torturada por fazer parte da guerrilha que se opôs à ditadura militar, mas ela nunca antes tinha se candidatado e conquistado pelo voto um cargo eletivo. O próprio Lula achou que devia apresentá-la como "gerente". Por um lado, a escolha demonstra que ele compreendia que a população estava recusando os políticos "profissionais". Por outro, apostava num pragmatismo oportunista que, cada vez mais, afastava o PT de seus princípios fundadores.

O que significa afirmar que possuir as qualidades de um gerente é o melhor que se pode esperar de um candidato a presidente de um país? Ao fazer essa defesa no lançamento e na campanha de Dilma, Lula afirmava nas entrelinhas que ser político — o que ele era desde os anos 80 e que o tornou um dos melhores presidentes do país, mesmo com todos os erros — não era suficiente. Ele aproveitava-se do desencanto com os políticos que seu partido ajudou a alimentar com o mensalão. Nessa construção marqueteira, sugeria-se um rebaixamento da política, que mais tarde chegaria ao paroxismo de grande parte da população renegar a política e os políticos.

Por oportunismo politiqueiro, Lula prestou um desserviço ao país e à formação dos eleitores. Anos mais tarde, em 2016, João Doria se elegeria prefeito de São Paulo, pelo PSDB, afirmando ser "gestor" — e não político. Lula já havia inventado esse truque antes. Para piorar, o Brasil descobriu que Dilma era uma má gerente. Já se sabia disso em 2014. Em 2015, ela traiu o programa que a reelegeu. O que restava?

Os que silenciaram diante do barulho das ruas apontavam o que o PT perdera, o que já não era, o que possivelmente não voltará a ser. Apontavam também que o PT traíra algumas de suas bandeiras de identidade, aquelas que fazem com que em seu lugar seja preciso colocar máscaras que não se sustentam por muito tempo. O PT não inventou a corrupção na política. Existe corrupção no Brasil da padaria da esquina ao Congresso. A simbiose criminosa entre as grandes empreiteiras e os governos já está presente na construção literal de Brasília, a capital federal concebida por Lúcio Costa e Oscar Niemeyer nos anos 50. Ser um partido "ético", porém, era um traço forte da identidade do PT. Era parte do seu rosto — e desmanchou-se.

Muitos dos que deixaram de militar ou de apoiar o PT o fizeram para serem capazes de continuar defendendo o que o PT acreditava. Chamá-los de traidores ou de fazer o jogo da direita, como parte dos petistas fez — e ainda faz — é uma estupidez. Até porque, para estes, o PT foi direita, em setores do seu governo e nas escolhas do modelo de desenvolvimento.

Há algo que o PT sequestrou de pelo menos duas gerações de esquerda, e é essa a sua herança mais maldita. A que vai marcar décadas, não um mandato. Entrevistei pessoas que ajudaram a construir o PT, que fizeram dessa construção seu principal projeto de vida. Essas pessoas se sentem traídas porque o partido rasgou suas causas e se colocou ao lado de seus algozes. Mas não traídas como alguém de 20 ou mesmo 30 anos pode se sentir traído em suas escolhas. Mas traídos como alguém que não tem mais tempo de vida para construir um novo projeto.

É algo profundo e também brutal, é a própria vida que passa a girar em falso, e justamente no momento mais crucial dela, que é perto do fim. É um fracasso também pessoal, de perda do sentido histórico de uma existência. O que suas palavras expressam é um testemunho de aniquilação. Algumas dessas pessoas choraram no domingo de 15 de março de 2015, dentro de casa, ao assistir pela TV ao PT perder as ruas. Choravam como se diante de um tipo de morte.

Ao trair alguns de seus ideais mais caros, o PT escavou um buraco no Brasil. Um bem grande, que ainda levará tempo para virar marca. Não adianta dizer que outros partidos se corromperam, que outros partidos recuaram, que outros partidos se aliaram a velhas e viciadas raposas políticas. É verdade. Mas o PT tinha um lugar único no espectro partidário da redemocratização, ocupava um imaginário muito particular num momento em que se precisava construir novos sentidos para o Brasil. Era o partido "diferente".

Quem acreditou no PT esperou muito mais dele, o que explica o tamanho da dor daqueles que se desfiliaram ou deixaram de militar no partido ou mesmo dos que negaram a ele seu voto depois de terem depositado sua confiança nas urnas por várias eleições. A decepção, seguida pela revolta, é sempre proporcional à esperança depositada naquele que nos decepciona. Isso explica, em parte, o ódio que cega daquela parcela que, apesar da origem de esquerda, colocou o antipetismo como motor primeiro dos atos e dos votos. A parcela que colocou o ódio no lugar da racionalidade, tornando-se capaz, inclusive, de votar em Jair Bolsonaro, um notório perverso, apenas para "tirar o PT do poder".

O impacto desta, que é a mais maldita herança do PT, ainda é subdimensionado na disputa dos dias. Em março de 2015, não era só o PT que precisava acordar para o pesadelo da realidade. Era também a esquerda que tinha diante de si a tarefa urgente de se reorganizar, um desafio nada simples diante da crise do partido que havia se colocado como sinônimo de esquerda, mesmo sem fazer escolhas de esquerda em várias áreas das políticas públicas e em vários momentos do governo.

Mas como reorganizar o campo da esquerda e criar um novo projeto para ocupar o vazio, sem esquecer que não há vazio na política que não seja preenchido rapidamente, se nunca era o momento certo para criticar o PT? Até hoje muitos não compreenderam que o aparentemente eterno adiamento do "momento certo" de criticar o PT destruiu o próprio PT.

Impeachment e misoginia: como a primeira presidenta da história virou a "puta" e a "louca"

Quanto mais o cerco apertava e o impeachment ia se desenhando como uma probabilidade cada vez maior, mais o governo do PT se tornava o governo do PMDB, confundindo-se com a mesma direita que o criticava nas ruas. Acuada, Dilma Rousseff fazia uma concessão seguida de outra, superando limites que deveriam ter se mantido insuperáveis. Entre eles o de colocar Valencius Wurch, psiquiatra que foi diretor de um manicômio denunciado por torturar pacientes, na coordenação da delicada área de saúde mental — e o deputado federal do PMDB Marcelo Castro no estratégico Ministério da Saúde, onde ele cometeu uma gafe atrás da outra, colaborando para corroer a credibilidade do governo e da própria presidenta. Para agravar ainda mais a crise, o Brasil estava ameaçado por uma epidemia de dengue, zika e chicungunha que recebia grande atenção internacional devido à proximidade das Olimpíadas. Na tentativa de evitar o impeachment, o PT rifou seus últimos princípios.

Às vésperas da votação no Congresso, Brasília se transformou num leilão a céu aberto, comandado por partidos que até então estavam juntos e aparecem juntos na maioria das denúncias de corrupção em obras públicas. De um lado, Lula e o PT oferecendo cargos e verbas em troca de votar "não" para o afastamento da presidenta. De outro, Michel Temer e o PMDB fazendo o mesmo em troca do "sim". Nas ruas, uma parcela da esquerda se moveu "em defesa da democracia", já que era difícil se mover em defesa de Dilma Rousseff.

Enquanto uma parte da esquerda ocupava as ruas para se opor ao impeachment, Dilma sancionou a Lei Antiterrorismo, que poderia ser usada para criminalizar os mesmos movimentos sociais e manifestantes que lutavam pelo seu mandato. O governo de quem já não governava agia à direita para tentar conter o impeachment, entregando cargos e verbas para quem não cumpriria os acordos, enquanto parte da esquerda tentava salvar um mandato que se tornava dia após dia além de qualquer salvação — e cada vez mais indefensável.

O machismo e a misoginia podem não ter sido a causa direta das manifestações contra Dilma Rousseff. O preconceito e o ódio contra as mulheres, porém, irrompiam na forma de tratar a primeira presidenta da história do Brasil. Dilma era chamada nas sacadas e janelas de "vagabunda" e de "vaca". Eram estes os adjetivos escolhidos para acompanhar o som das panelas espancadas. Brasileiros, de ambos os sexos, escolheram verbos usados para desqualificar as mulheres para protestar contra a corrupção e a incompetência que atribuíam à presidenta e ao seu partido. Este não é um dado qualquer.

No segundo semestre de 2015, um adesivo apareceu no tanque de gasolina de carros pelo país. Representava a figura de uma Dilma sorridente, de pernas abertas. Quando o carro fosse abastecido, a bomba de gasolina penetrava sexualmente a presidenta. Quem usava o adesivo justificava a montagem criminosa como um protesto contra o aumento da gasolina, mas a mensagem era tão explícita quanto o ato. A presidenta era estuprada a cada vez que o tanque era abastecido.

Em abril de 2016, pouco antes da votação pela abertura do impeachment na Câmara de Deputados, a revista *IstoÉ* deu a seguinte manchete: "As explosões nervosas da presidente". Na foto de capa, Dilma aparecia gritando. A fotografia documentava o momento em que a presidenta comemorava um gol da seleção brasileira na Copa de 2014. Mas foi tirada do seu contexto e, junto com o título, usada para dar a ideia de que Dilma estava fora do controle, logo precisava ser tirada do poder. No texto, era dito literalmente que ela teria perdido "as condições emocionais para conduzir o governo". A matéria relatava os calmantes que a presidenta estaria tomando, usando o preconceito contra os distúrbios mentais para desqualificá-la. Dilma era apresentada como o clichê clássico da mulher histérica.

Antes de arrancarem-na do governo para o qual fora eleita, por meio de um impeachment sem fatos que o justificassem, Dilma Rousseff foi tratada com os dois estereótipos costumeiramente usados contra as mulheres. No tanque de gasolina dos "cidadãos de bem" era a puta; na revista era a louca. A primeira "merecia" ser estuprada, a segunda deveria ser alienada de seus direitos, como o eram os loucos na lógica manicomial que voltava com toda a força. E ela de fato seria alienada do direito de governar que seus eleitores haviam lhe garantido pelo voto.

O que se escolhe para desqualificar aquele ou aquela que se busca destruir não é um dado secundário. Quando as paixões emergiram e o cálculo dos que calculam as instrumentalizaram para derrubar uma presidenta eleita, as subjetividades irromperam para arrancar Dilma

Rousseff do lugar máximo de poder no país e recolocá-la no lugar tradicional reservado às mulheres que ousam reivindicar igualdade.

Ao apresentar-se no Senado para responder às perguntas dos parlamentares, durante o ritual do impeachment, Dilma Rousseff mostrou-se à altura do cargo para o qual fora eleita: num parlamento majoritariamente masculino, massivamente corrupto e intelectualmente precário, ela respondeu às perguntas com inteligência, dignidade e seriedade raramente vistas no local.

O ano em que a "nova direita" liderou as manifestações de rua contra a primeira mulher na presidência também foi o ano do que seria chamado "primavera feminista" no Brasil. Milhares de mulheres foram às ruas denunciar o machismo e lutar contra a ameaça de retrocessos em curso no Congresso de Eduardo Cunha. A campanha #PrimeiroAssedio, lançada pelo site feminista *Think Olga*, em que as mulheres contavam os abusos que sofreram, causou enorme impacto.

A nova geração de feministas se movia com desenvoltura nas redes sociais e deu enorme potência aos movimentos iniciados por suas mães e avós. Mesmo homens que se consideravam feministas se assustaram com o que consideravam "excessos" e "radicalidade" e lidaram mal com os questionamentos persistentes. Assim como havia acontecido com os negros e o racismo, a confrontação dos privilégios de gênero atingiu fortemente aqueles que nunca antes haviam se percebido como machistas — ou nunca antes haviam sido acusados de serem machistas.

O privilégio de se considerar "um cara bacana" é, assim como o de se considerar "um branco bacana", muito mais enraizado do que parece. Intelectuais de esquerda bateram forte nas mulheres em artigos e nas redes sociais, já que não podiam bater nelas fisicamente. Espremendo toda a retórica e o usual *name-dropping*, vários artigos foram escritos apenas para dizer, com muito ódio e ressentimento, que as mulheres não são capazes de pensar bem e não deveriam estar ocupando o espaço que alguns homens queriam continuar mantendo como uma reserva de mercado natural. Como nas colunas de opinião publicadas na imprensa, por exemplo. É claro que esse desejo não era confessado, mas sim disfarçado pelo linguajar acadêmico e protegido por teses intelectualizadas. Ainda assim, para quem se dedica a escutar, era explícito.

O impeachment de Dilma Rousseff e a crescente ocupação das ruas pelas mulheres não são uma coincidência de datas. A força dos novos feminismos e a violenta reação a eles estão intimamente conectadas. O que aconteceu e está em curso no Brasil se expressa numa teia intrincada. A pressão das novas mulheres — e o deslocamento do lugar do homem provocado por elas — é um dos fios dessa trama.

Na política, mesmo os crentes precisam ser ateus

Não se constrói um projeto político com crentes. O Brasil pós-2013 é um país fragmentado. Não foi a multidão, polifônica por definição, que fragmentou o Brasil. A multidão expressou o que já estava sendo gestado nos dias pela confluência de várias crises. Uma delas, a descrença na capacidade da democracia para melhorar a vida concreta das pessoas. A outra, a descrença na possibilidade de manter a qualidade de vida conquistada devido à crise econômica que se instalava. A outra, a descrença no PT, que se corrompeu no poder. A outra, a descrença na palavra como representação da realidade num cotidiano em que a linguagem havia sido pervertida.

A fragmentação já estava ali, no subterrâneo da normalidade, quando os protestos contra o aumento do preço das tarifas de transporte coletivo se iniciaram. As manifestações já tinham começado vários anos antes de 2013, em diferentes capitais do país, mas em geral eram pequenas e concentradas. A conjuntura de descontentamentos variados, mas principalmente a repressão violenta às manifestações, levou uma multidão às ruas contra tudo.

No Brasil pós-2013, a angústia se expressava pela vontade de acreditar que algo era verdadeiro num cotidiano marcado por falsificações. Quando a política demanda adesão pela fé, é preciso ter muito cuidado. A adoração, rapidamente, pode se deslocar para outro lugar. Rebaixar a política nunca é uma boa ideia para o futuro. Quem acha que controla crentes, com suas espirais de amor e de ódio, não aprendeu com a história nem entende o demasiado humano das massas que gritam. Escrevi isso em março de 2016, quando políticos e partidos tentavam instrumentalizar as ruas, certos de que seriam os escolhidos. Como a eleição de Jair Bolsonaro mostraria, dois anos depois, não tinham entendido nada.

Na política, mesmo os crentes precisam ser ateus. A descrença generalizada de 2013, que na maior parte das vezes só encontrou as patas dos cavalos e as balas de borracha das PMs dos estados como interlocutores, engendrou muitas contradições. Entre elas, uma vontade feroz de crença. Este foi o paradoxo do Brasil a partir de 2015. E era muito improvável que chegasse a um bom desfecho. Num momento de forte ataque à política partidária e de profunda crise da democracia, não apareceu um único líder capaz de ocupar o vazio e agir como estadista.

Em 2016, ainda antes da conclusão do impeachment de Dilma Rousseff, à enorme descrença nos políticos e nos partidos tradicionais se contrapunha não mais razão, mas fé. Quando os dias, as vozes e as imagens soam falsas, e a isso ainda se soma um cotidiano corroído, há que se agarrar em algo. Quando se elege um culpado, um que simboliza todo o mal, também se elege um salvador, um que simboliza todo o bem.

A adesão pela fé, manifeste-se ela pelo ódio ou pelo amor, elimina complexidade e nuances, reduz tudo a uma luta do bem contra o mal. Essa narrativa religiosa aplicada à política se encaixava como uma segunda pele em um país que se tornava cada vez mais evangélico.

Uma democracia demanda cidadãos autônomos, adultos emancipados, capazes de se responsabilizar pelas suas escolhas e se mover pela razão. O Brasil das vésperas do impeachment se expressava como vontade de destruição. O linchamento, que marca a história do país e a atravessa, é um ato de fé. Não passa pela lei nem pela razão. Ao contrário, elimina-as, ao substituí-las pelo ódio. É o ódio que justifica a destruição daquele que, em determinado momento, passa a encarnar o mal. Essa sanha de linchadores, que se expressava nas redes sociais e em alguns momentos expandiu-se para o concreto das ruas, era estimulada por grupos da "nova direita".

Em março de 2016, mais uma vez centenas de milhares ocuparam as ruas pedindo o fim da corrupção. Seria reconfortante acreditar nessa mensagem. A beleza de um país unido contra aquilo que o arrasta para as cloacas é uma imagem forte, poderosa. Mas a massa verde-amarela, vista de perto, delatava a si mesma.

Quem quer o fim da corrupção no Brasil não lança bonecos de Lula e de Dilma vestidos de presidiários e esquece todos os outros corruptos que não pertencem ao partido que quer arrancar do governo. Quem quer o fim da corrupção no Brasil jamais teria negociado com Eduardo Cunha, como lideranças que organizaram as manifestações negociaram. Nem usaria camiseta da CBF, mais corrupta impossível. Nem tiraria *selfies* com uma polícia que sistematicamente viola a lei.

A corrupção é uma bandeira conveniente para quem nada quer mudar, mas precisa fazer de conta que quer. Ela sempre cabe porque, ao mesmo tempo em que é consenso, é também difusa. Ou alguém vai se declarar a favor da corrupção? As lideranças elegiam os corruptos a destruir, que viravam bonecos, rostos a serem eliminados. Mas não se ouvia uma única palavra para mudar a estrutura que provocava as desigualdades e permitia a corrupção de fundo.

É interessante perceber que os alvos nas ruas, tanto em 2015 quanto em 2016, são os políticos — em especial Lula e Dilma. Até aquele momento, nada havia sido provado contra nenhum dos dois. Havia indícios, havia delações, havia investigações em curso. Mas nada ainda tinha sido provado. Mas o que importam os fatos quando o que vale é a verdade pessoal de cada um? O que vale a justiça se cada um é dono de seu julgamento? O que importa a razão quando a demanda é por crença?

O rosto dos corruptos nas ruas, aqueles que simbolizavam a corrupção, era o rosto de governantes, um ex-presidente e sua sucessora. Era o de um único partido, quando havia vários outros envolvidos. Os alvos nas ruas eram aqueles identificados com o Estado. Não havia bonecos de expoentes do empresariado nacional, alguns deles já presos, julgados e condenados. As entidades de classe empresariais que conclamaram seus associados à adesão aos protestos não rangeram os dentes contra seus pares.

A cara do mercado, a outra face da relação obscena exposta pela Operação Lava Jato, não estava nas ruas como ré. E por que não estava? Para compreender um quadro por completo, tão importante quanto ver quem está é perceber quem não está.

O então senador Aécio Neves e o então governador de São Paulo, Geraldo Alckmin, dois dos presidenciáveis do PSDB naquele momento, entraram na Avenida Paulista alegremente e saíram dela hostilizados. Quem foi ovacionado aos gritos de "Mito! Mito! Mito!", ao participar da manifestação em Brasília, foi o deputado federal Jair Bolsonaro, naquele momento apenas o expoente nacional da ultradireita caricata, famoso por odiar gays e adorar armas. E, acima de todos, como ícone positivo e herói da Pátria, a figura onipresente do juiz Sergio Moro, em cartazes e camisetas. A mais notória delas em inglês: "*In Moro we trust*" (Em Moro, nós confiamos). A frase parodia o lema dos Estados Unidos estampado nas notas do dólar: "*In God we trust*" (Em Deus, nós confiamos). A paródia expressa o lugar em que Moro foi colocado no imaginário destes manifestantes.

Um artigo escrito pelo coordenador do MBL (Movimento Brasil Livre) — e naquele momento colunista da *Folha de S.Paulo* — Kim Kataguiri é particularmente revelador. Ele fez uma analogia entre o Brasil de 2015/16 e a série de TV *Power Rangers* para conclamar os brasileiros a comparecer à manifestação do domingo de 13 de março de 2016: "Com seis anos, eu lutava contra monstros que eram derrotados e voltavam gigantes. Lula, depois de ter sido derrotado no mensalão, voltou ainda maior no petrolão. Os Rangers uniam-se e fundiam seus veículos para compor o robô gigante. Precisamos de algumas centenas de milhares de brasileiros para montar o nosso".

Os milhões que ocuparam as ruas em todo o Brasil — e especialmente na Paulista — mostraram que o MBL e os outros grupos conseguiram "montar" o seu "robô gigante". E fazer o que consideravam seu autômato particular, um colosso formado por carne humana, caminhar até Brasília para levar os gritos pelo impeachment.

Naquele momento, o PMDB já comandava seis ministérios, além da vice-presidência da República. Dias antes, em 9 de março, líderes do PSDB e do PMDB se reuniram num jantar em Brasília. Expoentes tucanos, como Aécio Neves e José Serra, se juntaram ao peemedebista Renan Calheiros, presidente do Senado e àquela altura alvo de seis inquéritos na Lava Jato. Uma hora antes desse jantar, Calheiros havia entregue a Lula um exemplar da Constituição, testando até que ponto se pode aprofundar o escárnio e debochar da lei.

PMDB e PSDB, juntos, debatiam sobre a partilha do poder depois da queda de Dilma Rousseff e do PT. Ou sobre como dividir os despojos daqueles cuja morte já tinham decretado. Na sobremesa, apertaram as mãos meladas, certos de que o futuro seria deles, tanto quanto já tinha sido o passado. Na véspera das manifestações, o PMDB decidiu dar um "aviso prévio" à presidenta Dilma Rousseff e ao PT, anunciando que pretendia desembarcar do governo — para não sair do poder.

Esse era o contexto. Era necessário ter muita fé para acreditar que essa imagem de butim seria o melhor para o país. Ou que representaria o fim da corrupção.

Entre os grandes partidos não se ouviu uma única voz capaz de superar paixões pessoais e liderar com razão e responsabilidade. O que se viu foram mercadores desonestos, carniceiros. Urubus que, ao acreditar que comiam carniça, não percebiam que devoravam junto suas próprias garras.

Por outro lado, o PT e parte da esquerda também demandavam adesão pela fé. Só assim para acreditar que Lula era apenas um perseguido. Ou que toda a verdade sobre Lula era a de que era apenas um perseguido.

Acossado, Lula fez o que melhor sabe fazer, o mesmo que o tornou um dos presidentes mais populares da história do Brasil. Lula foi Lula, o Lula que fala a linguagem do povo porque compreende o povo como poucos. E, por um momento, a maioria dos que um dia acreditaram, porque havia o que acreditar, foram tentados, fortemente tentados, a voltar a acreditar. Porque é tão mais fácil acreditar. Mas a estranheza, a estranheza que vem pelo pensamento, foi se imiscuindo. Mesmo quando empurrada para baixo, ela teima em subir à superfície. E, aos poucos, tornou-se claro: Lula estava encenando Lula. Ou melhor: o Lula da segunda década estava encenando o Lula da primeira década. O discurso virou farsa. Não fraude, mas farsa. E mesmo o que havia de verdade, porque obviamente ainda existe o Lula no Lula, revelou-se como falseamento quando visto pelas lentes da razão.

É um fato que o governo de Lula incluiu dezenas de milhões de brasileiros. É um fato que a miséria e a fome diminuíram no seu governo. É um fato que o Brasil mudou — e mudou para melhor com Lula. O "nunca antes neste país", usado por ele e satirizado pelos adversários, é uma realidade em vários campos. Mas não é por isso que Lula estava sendo investigado. E sim pelo que também pode ter de fato feito. Pelo que há indícios de que tenha feito. Assim como outros membros do PT já foram julgados, condenados e presos pelo que de fato fizeram. Isso não é perseguição, isso é justiça. Buscar confundir, deliberadamente, uma coisa com outra, é uma demanda por fé. E má-fé.

Para acreditar no discurso de Lula naquele momento era preciso exercer a política como crente. E não é de hoje que Lula exorta seus eleitores a esse tipo de crença. Lula como presidente cultivou uma mística, a mística do pai. E, assim, reduziu eleitores a filhos — em lugar de cidadãos. Em vez de estimular emancipação e autonomia, demandou obediência. Em vez de reforçar que políticas públicas são direitos, apresentou-as como bondades. Filhos que adoram não perdoam fraturas na imagem do pai. A paixão, que é um tipo de fé, em determinadas condições vira ódio. Lula arriscou-se quando permitiu ser adorado — e estimulou a adoração. Assim como não se controlam linchadores, também não se controlam adoradores.

Naquele momento, Lula era linchado simbolicamente por muitos que antes o veneravam, inclusive por parte daqueles que tiveram a vida radicalmente melhorada durante o seu governo. Para estes, ele era um objeto antes, seguia sendo um objeto depois. Apenas antes movia amor, e depois ódio.

Lula, que compreendeu o Brasil e os brasileiros como poucos, perdera um capítulo. E não qualquer capítulo, mas um fundamental: Lula ainda não compreendera as manifestações de junho de 2013. Antes, ao lançar Dilma Rousseff como sua sucessora, ele também já tinha se tornado um crente de si mesmo. Poucas coisas são mais perigosas para uma pessoa pública do que isso. Ao partido, só cabia obedecer.

Lula elegeu Dilma e a reelegeu, mas o preço foi alto. Também tentou lançá-la como a "mãe dos pobres" e a "mãe do PAC". Mas Dilma jamais teve essa vocação. Entre todas as mentiras apresentadas como verdades nessa realidade em que um Eduardo Cunha era o presidente da Câmara, um Renan Calheiros presidente do Senado e um Michel Temer vice-presidente do país, era Dilma quem emprestava um pouco de honestidade pessoal ao enredo. Era ela, a tão claramente atrapalhada, a tão claramente incompetente, a tão claramente irascível, que, involuntariamente, revelava-se em atos falhos sem fim. Como quando negou que estivesse cogitando uma renúncia dizendo: "Eu me renuncio...". Dilma renunciava a si mesma, naquele momento, era isso o que estava nos contando, alertando-nos que já não tomava as decisões? Suponho que sim. Mas suposições não são fatos.

O crescimento do evangelismo neopentecostal no Brasil transformou o país muito mais do que tem sido possível avaliar. Mas o evangelismo neopentecostal das igrejas de mercado só cresceu e multiplicou-se no Brasil porque este era um povo disposto a crer, um povo desesperado por pertencimento e adesão.

Como é a essência de toda religião, o que está em disputa não são as almas, mas os corpos. Essa é também a força do neopentecostalismo — e do seu impacto no cotidiano. Assim como o catolicismo se entranhou durante séculos na psique mesmo dos não católicos, também o evangelismo neopentecostal se entranha nas retinas mesmo dos não evangélicos e já determina o olhar de milhões de brasileiros.

Sem compreender a crescente dimensão religiosa da política, não é possível compreender nem o antipetismo nem o bolsonarismo. No Brasil da segunda década do século, mesmo os ateus se comportaram como crentes.

Tupi or not to be

O 17 de abril de 2016 tornou explícito que o Brasil não vivia apenas uma crise política e uma crise econômica. Vivia também uma crise de identidade e uma crise de palavra. De ética e de estética. Os holofotes lançados sobre a Câmara dos Deputados, em transmissão ao vivo pela

TV, iluminaram o horror. E iluminaram o horror mesmo para aqueles que torciam pela aprovação da abertura do processo de impeachment de Dilma Rousseff. A imagem era grotesca. E a imagem era nossa.

Quem já perdeu alguém que ama sabe que existe um momento em que todas as proteções caem e enxergamos o horror absoluto da morte. Aquilo que não vira palavra. Ninguém consegue viver com esse excesso de lucidez. Mesmo que seja por um instante, ele já deixa uma marca inapagável. De imediato nosso cérebro aciona mecanismos que nos protegem. E dali em diante sabemos que o monstro respira dentro de nossos corpos. Fingimos que ele não está ali. Mas o gosto do seu hálito não sai de nós.

Para mim, assistir à sessão de votação da abertura do impeachment de Dilma Rousseff na Câmara dos Deputados foi um momento comparável a esse. Não me é possível escrever sobre esse rasgo no espaço/tempo sem tornar essa narrativa mais pessoal. Pelo que vi e ouvi depois, ela foi pessoalíssima para muitos brasileiros. Não que qualquer outro acontecimento importante não seja, mas algo aconteceu ali.

Eu estava no estádio no famoso 7x1 da Copa de 2014. E não vi trauma. Apenas perplexidade. Era como o anúncio de algo que já se sabia. E que finalmente se confirmava. A vida seguia. Aqueles jogadores não eram nós. Há muito aquela seleção não era nossa. O que aquele futebol revelava era justamente que era nosso porque não era nosso.

O 7x1 foi vivido no 17 de abril de 2016, ao assistir pela TV aos deputados com as tripas de fora. E balançando-as com orgulho. Defecando literalmente pela boca. E sem capacidade cognitiva para compreender que era merda que suas cordas vocais despejavam sobre o país. Por mais que eu acompanhasse os fatos e conhecesse o Congresso, assistir ao espetáculo da realidade era ser sujeitado ao absoluto do horror. Como no filme *Laranja mecânica*, de Stanley Kubrick, obrigados a seguir olhando. Sem piscar.

O horror só diz do que não podemos dizer. Fechei as cortinas. Me escondi dentro de casa. Literalmente. Sentia uma vergonha profunda. Uma vergonha que era minha e que não era minha. Passei vários dias revendo os filmes de Glauber Rocha e revisitando o Tropicalismo.

Precisava reencontrar as palavras naqueles que tentaram nomear o Brasil. Nos movimentos que buscaram inventar um país, naqueles momentos em que quase fomos. E então ruínas, de novo construímos ruínas. Como interpretou *A tragédia e a comédia latino-americana*, peça de Felipe Hirsch e do coletivo Ultralíricos que, para mim, é a que melhor expressa esse momento. O Brasil é um grande construtor de ruínas. O Brasil constrói ruínas em dimensões continentais.

Naqueles dias, só me senti próxima de mim quando assisti a *Terra em transe*. Em transe a terra também era eu.

No dia seguinte, 18 de abril, algo que também nos revelava aconteceu: a disputa foi levada ao território "estrangeiro". Não uma disputa qualquer, mas a disputa sobre como nomear o acontecido.

A imprensa internacional aponta para o Brasil e diz, com variações, que o espetáculo é ridículo, o que aconteceu foi um circo. A presidenta Dilma Rousseff e o PT vão disputar lá fora o nome da coisa: é um golpe — ou um *coup*. O presidente da Câmara, Eduardo Cunha, despacha dois enviados especiais para garantir outra narrativa: o impeachment é legítimo, as instituições brasileiras funcionam, tudo está dentro das normas.

Vozes se erguem para acusar Dilma Rousseff de expor o Brasil no "exterior", prejudicando a imagem do país, reduzindo-o a uma "republiqueta de bananas". Na ONU, Dilma recua da palavra "golpe" e escolhe, para oficialmente representá-la, outra palavra, uma que não constitui quebra: "retrocesso". Não é ali que se dá a disputa. A guerra estava no território dos narradores. E os narradores contemporâneos encontram-se em grande parte (ainda) na imprensa.

A disputa do impeachment aprofundou o que já havia sido exposto nas manifestações de 2013: a crise da imprensa brasileira não é apenas de modelo de negócios, mas de credibilidade. Como acontece com os partidos políticos, a da imprensa é também uma crise de representação, já que parcelas significativas da população não se reconhecem na cobertura. Neste sentido, o olhar do outro, naquele momento representado pela imprensa internacional, devolve algo sem o qual não se faz jornalismo que mereça este nome: devolve o espanto, lugar de partida de quem deseja decifrar o mundo que vê.

A farsa havia sido rompida. A perversão de tornar as mentiras de Eduardo Cunha declarações reproduzíveis nas páginas dos jornais se tornara impossível. A imprensa estrangeira apontava que o Brasil estava nu. Nós estávamos nus. E muitos de nós bastante envergonhados de nosso corpo coberto de uma lama que cheirava a podre, uma lama que não sabíamos se vinha de fora — ou de dentro.

A partir do espanto, a imprensa estrangeira busca compreender como uma presidenta democraticamente eleita por 54 milhões de votos, sem crime de responsabilidade comprovado, tem a abertura de seu processo de impeachment comandado por um réu do Supremo Tribunal Federal, numa Câmara em que parte dos deputados é investigada por crimes que vão de corrupção ao uso de trabalho escravo, num espetáculo que desvela pelo grotesco as fraturas do país.

A narrativa construída por uma parte da imprensa brasileira sobre o momento mais complexo da história recente do Brasil, a forma como essa parcela da mídia ocupou seu papel como protagonista do impeachment, assim como as consequências dessa atuação, merecem toda atenção. Possivelmente muitos livros serão escritos sobre esse tema, as perguntas recém começavam a ser feitas quando silenciaram mais uma vez porque havia de se unir contra o monstrengo que tantos pariram. Este que depois acharam feio, sujo e malvado. Se fosse possível fazer um teste de DNA no bolsonarismo, ele revelaria alguns pais que agora tentam fazer de conta que nunca estiveram ali.

Sigo aqui uma outra pista, que considero fascinante demais para ser perdida. Não busco analisar o que a imprensa de outros países disse de fato — e que está longe de ter sido homogêneo, como se quer vender. Não se trata aqui "deles", mas de "nós". Minha interrogação é sobre o significado de levar a disputa narrativa ao território simbólico do grande outro, "o estrangeiro". E não qualquer estrangeiro, mas o que fala principalmente inglês, depois alemão, francês e espanhol (da Espanha, não da América Latina). E o que significa dar a essa entidade, chamada "imprensa estrangeira", a palavra para nomear o que aconteceu — e acontece — no Brasil.

O que é o horror, este que nos persegue desde o domingo 17 de abril de 2016? O horror é a impossibilidade da palavra. O horror é também uma infância que nunca acaba. É tudo menos banal que, num dos momentos mais ricos de sentidos da história recente, faltem palavras para narrar o Brasil. Em parte porque elas foram barradas pelos muros de um lado e outro, interditando o diálogo. E palavras que não atravessam produzem silenciamento. Em parte porque as palavras foram distorcidas, violadas e esvaziadas. E isso produz apagamento.

Mas há mais do que isso. É tudo menos banal que as palavras que faltam sejam procuradas em outro lugar. Afinal, se não conseguimos tecer uma narrativa em nome próprio, como constituir um país?

Este é o abismo, como sabiam os modernistas de 1922. Que ainda o seja vai exigir que nos lancemos na tarefa imperativa de encontrar as palavras que agora faltam. Ou de inventá-las. Não na língua de Camões, mas "nas línguas que roçam a de Camões", como cantou Caetano Veloso. Buscar que o outro nos nomeie, que o outro diga o nome da coisa que se passa aqui, nos denuncia. Este outro agora menos a Europa e mais os Estados Unidos, agora menos Paris e mais Washington, agora menos *Le Monde* e mais *New York Times*. Como se a cena em que ao mesmo tempo nos reconhecemos e não nos reconhecemos, a cena que nos horroriza, mas da qual não podemos escapar totalmente, nos arrancasse da linguagem.

É importante sublinhar: não se trata de nenhuma invocação de nacionalismos ou de purismos aos moldes de Aldo Rebelo. Ou do chanceler do bolsonarismo, Ernesto Araújo. Ou de outros discípulos do guru Olavo de Carvalho que, apenas dois anos depois, assombrariam o Brasil. É bem o contrário disso. O outro, seja ele quem ou o que for, pode e deve falar sobre nós. É importante que fale.

A interrogação é por que delegamos ao outro a palavra que não somos capazes de encontrar — ou de criar. E que diz respeito ao próprio jogo de identidade/desidentidade essencial à construção de uma pessoa — e também de um país. E como isso está na própria raiz da crise. Nós, este eu plural que não existe, mas que teimamos em invocar.

O Brasil, o que nasce pela invasão dos europeus e promove primeiro o genocídio indígena, depois o dos negros escravizados — ambos ainda em curso, vale dizer —, surge com a carta do português Pero Vaz de Caminha. Parte da nossa trajetória é narrada pelo olhar

O BRASIL É UM CONSTRUTOR DE RUÍNAS. O BRASIL CONSTRÓI RUÍNAS EM DIMENSÕES CONTINENTAIS.

de viajantes notáveis, como o francês Auguste de Saint-Hilaire. O que se diz do Brasil, e que, portanto, o constitui como narrativa, é dito em língua estrangeira, como todo país que nasce da usurpação do corpo de um outro.

O Brasil, estrangeiro a si mesmo, já que o que aqui existia em 1500 não era Brasil, é constituído pelo conflito, pela dominação e pelo extermínio expressado também na construção da língua. A língua portuguesa, ainda que tenha se imposto junto com seus falantes, foi tomada ela mesma pelos invadidos e pelos escravizados. Ou pelas línguas indígenas primeiro, pelas africanas depois. Não fosse essa contrainvasão pela palavra, a resistência dos invadidos e dos escravos, não seria possível existir um país em nome próprio. Persiste e resiste nas curvas do corpo da língua portuguesa a vida dos mortos.

Essa construção é um campo de conflitos permanente. Basta lembrar as batalhas ocorridas nos últimos anos entre a "norma culta" do português e as variações do português brasileiro, consideradas pelas elites como indesejáveis e menores — "erradas". Basta escutar as línguas criadas nas periferias urbanas e na floresta amazônica, as línguas vivas que disputam o nome próprio do Brasil. Que no momento em que se disputa a narrativa sobre a coisa que aqui acontece, ou sobre o nome da coisa que aqui acontece, ela seja levada à língua do "estrangeiro", talvez seja "a nossa mais completa tradução".

Há muitas razões e significados. Mas talvez exista também uma nostalgia do colonizador. Uma demanda de paternidade. Ou de autoridade. Digam vocês, os que sabem, o que acontece aqui. Deem-nos um nome. Nossas elites, como se sabe, são jecas. Primeiro cortejavam a França, agora é tudo em inglês. Americano, de preferência. Os Estados Unidos como a colônia que conseguiu virar metrópole e, por fim, a grande potência mundial, hoje bafejada pela China das quinquilharias do 1,99 que apenas fingia ser a China das quinquilharias do 1,99. Que uma parcela da imprensa e das elites tenha sido achincalhada em inglês no acontecimento do impeachment é uma ironia das mais deliciosas.

Com a ascensão de Lula ao poder, o primeiro presidente que não pertencia às elites, a expectativa de alguns, entre os quais me incluo, era a da fundação de uma nova ideia de país. Dito de outra forma, que o Brasil fosse menos um imitador e mais um criador. E isso também na economia. O Brasil estará sempre *lost in translation* enquanto seguir insistindo em ser descoberto quando o que precisa é se inventar.

Eduardo Viveiros de Castro, um dos maiores pensadores contemporâneos do Brasil, coloca essa perspectiva numa entrevista dada ao site de jornalismo *Outras Palavras*, em 2012, quando já se sabia que essa possibilidade tinha sido perdida, pelo menos no governo Lula:

"Penso, de qualquer forma, que se deve insistir na ideia de que o Brasil tem — ou, a essa altura, teria — as condições ecológicas, geográficas, culturais de desenvolver um novo estilo de civilização, um que não seja uma cópia empobrecida do modelo americano e norte-europeu. Poderíamos começar a experimentar, timidamente que fosse, algum tipo de alternativa aos paradigmas tecnoeconômicos desenvolvidos na Europa moderna. Mas imagino que, se algum país vai acabar fazendo isso no mundo, será a China. Verdade que os chineses têm 5.000 anos de história cultural praticamente contínua, e o que nós temos a oferecer são apenas 500 anos de dominação europeia e uma triste história de etnocídio, deliberado ou não. Mesmo assim, é indesculpável a falta de inventividade da sociedade brasileira, pelo menos das suas elites políticas e intelectuais, que perderam várias ocasiões de se inspirarem nas soluções socioculturais que os povos brasileiros historicamente ofereceram, e de assim articular as condições de uma civilização brasileira minimamente diferente dos comerciais de TV."

Criar "nome próprio" a partir das fraturas e das contradições, incluindo as ruínas e não negando-as, foi o desafio dos principais movimentos culturais do século 20, dos modernistas de 22 ao Cinema Novo e à Tropicália. Não por coincidência, processos interrompidos por ditaduras. Em 2013, o novo voltou a ocupar as ruas com enorme potência, para ser reprimido pelas bombas de gás da Polícia Militar e pela violência da palavra "vândalos", usada pela imprensa conservadora para silenciar o que não queria escutar ou o que não era capaz de interpretar.

É de 2013 que ainda se trata, e se tratará por muito tempo. Do que já não pode ser contido, do que reivindica novas palavras para poder ser dito. Não mais como discurso, como nos movimentos da modernidade, mas como fragmentos, ou como discurso contra discurso, em nossa principal irrupção estética de pós-modernidade.

Para encontrar as palavras é preciso escutar os insurgentes. Para refundar o Brasil é preciso perceber que as periferias são o centro. Que o Rio não é Ipanema, mas a Maré. Que nossa capital não é Brasília, mas Altamira. Que nosso coração não é São Paulo, mas a Amazônia.

Inevitável lembrar de *Terra em transe*, o filme de Glauber Rocha.

Diz o jornalista, depois de descobrir que as palavras são inúteis:

"Não é possível esta festa de bandeiras, com guerra e Cristo na mesma posição. Não é possível a potência da fé, não é possível a ingenuidade da fé. [...] Não assumimos a nossa violência, não assumimos nossas ideias, o ódio dos bárbaros adormecidos que somos. Não assumimos nosso passado. [...] Não é possível acreditar que tudo isso é verdade... Até quando suportaremos, até quando além da fé e da esperança suportaremos...".

Diz o político que se corrompeu:

"Aprenderão! Aprenderão! Nominarei essa terra. Botarei essas histéricas tradições em ordem. Pela força. Pelo amor da força. Pela harmonia universal dos infernos chegaremos a uma civilização!".

O que fazer diante do horror? Retomar a palavra, a que atravessa os muros. Enfrentar o desafio de construir uma narrativa, necessariamente polifônica, sobre o momento, em todos os espaços. Não desviando das contradições, para evitar que elas manchem a limpidez do discurso. Ao contrário. Abraçando-as, porque elas criam o discurso.

O nome da coisa é a palavra que precisamos encontrar para inventar o Brasil.

O golpe e os golpeados: a crise da palavra

Sheila da Silva desceu o morro do Querosene para comprar três batatas, uma cenoura e pão. Ouviu tiros. Não parou. Apenas seguiu, porque tiros não lhe são estranhos. Sheila da Silva começava a escalar o morro quando os vizinhos a avisaram que uma bala perdida tinha encontrado a cabeça do seu filho e, assim, se tornado uma bala achada. Ela subiu a escadaria correndo, o peito arfando, o ar em falta. Na porta da casa, o corpo do filho coberto por um lençol. Ela ergueu o lençol. Viu o sangue. A mãe mergulhou os dedos e pintou o rosto com o sangue do filho.

O gesto da pietà negra da favela marcou o momento em que a crise da palavra se tornou explícita no Brasil.

A cena ocorreu em 10 de junho de 2016, no Rio de Janeiro. O país vivia a realidade como farsa. E então aquela mãe atravessou o esvaziamento das palavras. O rosto onde se misturam lágrimas e sangue, documentado pelo fotógrafo Pablo Jacob, da Agência O Globo, foi estampado nos jornais. Por um efêmero instante a morte de um jovem negro e pobre em uma favela carioca virou notícia. Sua mãe fez dela um ato. Não fosse vida, seria arte.

Sheila ouviu os tiros e seguiu adiante. Ela tinha que seguir adiante torcendo para que as balas fossem para outros filhos, outras mães. E voltou com sua sacola com batata, cenoura e pão. Ela ainda não sabia que a bala desta vez era para ela. Ainda nem havia sangue, mas a imagem já era terrível, porque cotidiana, invisível. A mulher que segue apesar dos tiros e volta com batata, cenoura e pão, furiosamente humana, buscando um espaço de rotina, um fragmento de normalidade, em meio a uma guerra que ela nunca pôde ganhar. E guerras que não se pode ganhar não são guerras, mas massacres. E então ela corre, esbaforida. E desta vez a batata, a cenoura, o pão já não podem lhe salvar.

A pietà pinta o rosto com o sangue do filho para se fazer humana no horror. E então nos alcança. Mas é uma guerreira desde sempre derrotada, porque nos alcança apenas por um instante, e logo será esquecida. E depois do seu, outros filhos já foram perfurados a bala. E seu sangue correu por becos, vielas e escadarias, misturando-se ao esgoto dos rios e riachos contaminados que serpenteiam pelas periferias.

A pietà da favela não ampara o corpo morto do filho como na imagem renascentista. Ela ultrapassa o gesto. Porque no Brasil não há renascenças.

A mãe faz do sangue do filho a sua pele, converte o sangue dele no seu, carrega-o em si. Ritualiza. Nesse gesto, ela denuncia duas tragédias: o genocídio da juventude negra que, desta vez, alcançou seu

PARA REFUNDAR O BRASIL É PRECISO PERCEBER QUE AS PERIFERIAS SÃO O CENTRO.

filho, e o fato de que "genocídio" é uma palavra que, no Brasil, já não diz. Se para a dor da mãe que perde um filho não há nome, não existe palavra que dê conta, há um outro horror, e este aponta para o Brasil. A tragédia brasileira é que as palavras existem, mas já não dizem.

Se não há escuta, não há dizer. As palavras tornam-se cartas enviadas que jamais chegam ao seu destino. Cartas extraviadas, perdidas. Se o outro é um endereço sempre errado, uma casa já desabitada, não há ouvidos, não há resposta. Num país em que as palavras deixam de dizer, resta o sangue.

As palavras que as mães poderiam dizer, as palavras que de fato dizem, não perfuram nenhum tímpano, não ferem nenhum coração, não movem consciência alguma. Diante do corpo morto do filho, a pietà negra precisa vestir o sangue, encarnar, porque as palavras desencarnaram. No Brasil, as palavras são fantasmas.

Quatro dias depois de Sheila da Silva ter pintado o rosto com o sangue do filho, em 14 de junho de 2016, no município de Caarapó, em Mato Grosso do Sul, 70 fazendeiros montaram em suas caminhonetes e invadiram a área onde um grupo de indígenas Guarani Kaiowá havia retomado Toro Paso, a sua terra ancestral. Assassinaram o indígena Clodiodi Aquileu Rodrigues de Souza Guarani Kaiowá, 26 anos, agente de saúde, e feriram a bala outros cinco indígenas, entre eles um menino de 12 anos, que levou um tiro na barriga. Não foi um "confronto", como parte da imprensa insiste em dizer. Foi um massacre.

Setenta pessoas saíram de suas casas com uma ideia: vou expulsar esses índios mesmo que tenha que matá-los. E mataram. Pelo menos desde a véspera já se sabia na região que o ataque estava planejado, e as autoridades não tomaram nenhuma providência para impedi-lo. Mais um episódio de outro genocídio, o dos indígenas. Mais de 500 anos depois da invasão europeia, na qual milhões começaram a ser exterminados, ele segue em curso. O sangue manchou Toro Paso, mais uma vez.

Os Guarani Kaiowá sabem que a palavra dos não índios, no Brasil, nada diz. Desde 1980 é denunciado que os jovens indígenas se enforcam em pés de árvores porque as palavras dos brancos nada dizem. Sem poder viver, se matam. Isso chamou alguma atenção, no início do "fenômeno", depois entrou na rotina, já não era notícia.

Os altos índices de desnutrição, que já levaram crianças à morte, também são bem conhecidos. Nem a consciência de que os indígenas passam fome acelerou o processo de demarcação de suas terras. Em 2012, um grupo de 170 homens, mulheres e crianças Guarani Kaiowá escreveu uma carta. Eles seriam mais uma vez arrancados do seu lugar por uma decisão da (in)justiça. Escreveram, na língua dos brancos, que resistiriam em sua terra ancestral. Que dela não sairiam nem mortos:

"Pedimos ao Governo e à Justiça Federal para não decretar a ordem de despejo/expulsão, mas decretar nossa morte coletiva e enterrar nós todos aqui. Pedimos, de uma vez por todas, para decretar nossa extinção/dizimação total, além de enviar vários tratores para cavar um grande buraco para jogar e enterrar nossos corpos".

A carta os arrancou do silêncio mortífero ao qual haviam sido condenados. A interpretação do que os indígenas diziam era clara: assumam o genocídio e decretem nossa extinção. Nos sepultem todos de uma vez e plantem soja, cana e pasto pra boi sobre a terra roubada e adubada com nossos corpos. Tenham a coragem de assumir o extermínio em vez de usarem suas leis para nos matar aos poucos. Pronunciem o nome do que de fato são: assassinos.

Era isso e, dito na língua dos brancos por aqueles que a outra língua pertencem, causou um choque. Mas o choque passou. E os Guarani Kaiowá continuaram a ser exterminados. Também a bala.

A palavra, para os Guarani, tem um sentido profundo. *Ñe'ẽ* é palavra e é alma, é palavra-alma. Há um belo texto da antropóloga Graciela Chamorro:

"A palavra é a unidade mais densa que explica como se trama a vida para os povos chamados Guarani e como eles imaginam o transcendente. As experiências da vida são experiências de palavra. Deus é palavra. [...] O nascimento, como o momento em que a palavra se senta ou provê para si um lugar no corpo da criança. A palavra circula pelo esqueleto humano. Ela é justamente o que nos mantém em pé, que nos humaniza. [...] Na cerimônia de nominação, o xamã revelará o nome da criança, marcando com isso a recepção oficial da nova palavra na comunidade. [...] As crises da vida — doenças, tristezas, inimizades, etc. — são explicadas como um afastamento da pessoa de sua palavra divinizadora. Por isso, os rezadores e as rezadoras se esforçam para 'trazer de volta', 'voltar a sentar' a palavra na pessoa, devolvendo-lhe a saúde. [...] Quando a palavra não tem mais lugar ou assento, a pessoa morre e torna-se um devir, um não-ser, uma palavra-que-não-é-mais. [...] Ñe'ẽ e *ayvu* podem ser traduzidos tanto como 'palavra' como por 'alma', com o mesmo significado de 'minha palavra sou eu' ou 'minha alma sou eu'. [...] Assim, alma e palavra podem adjetivar-se mutuamente, podendo-se falar em palavra-alma ou alma-palavra, sendo a alma não uma parte, mas a vida como um todo."

A palavra, explicou o antropólogo Spensy Pimentel, "é o cerne da existência, tem uma ação no mundo, faz as coisas acontecerem, faz o futuro". Para os Guarani Kaiowá, palavra é "palavra que age".

Os indígenas ainda não tinham compreendido o desejo de destruição do que se chama de Brasil, essa terra erguida sobre seus cadáveres por colonizadores que já foram colonizados, expropriados que se tornaram expropriadores, refugiados que expulsam. Essa terra em permanente ruína porque construída sobre ossos, vísceras e sangue, unhas e dentes, ruínas humanas. Ao invocar a palavra dos não índios, os Guarani Kaiowá não tinham compreendido ainda que o Brasil apodrece porque a palavra dos brancos já não age.

O genocídio dos Guarani Kaiowá, assim como o de outros povos indígenas, ao ser pronunciado, até gritado, não produz ação, não produz movimento. Que se enforquem, que verguem de fome, que sejam perfurados a bala, nada disso move. As palavras se tornaram tão silenciosas quanto os corpos mortos. As palavras, como os corpos, não têm mais vida. E, assim, não podem dizer. Não são nem fantasmas, porque para ser fantasma é preciso uma alma, ainda que penada. A palavra-alma dos Guarani ilumina, pelo avesso, que a palavra de seus assassinos já não está. Nem é.

Se há um genocídio negro, se há um genocídio indígena, e conhecemos as palavras, e as pronunciamos, e nada acontece, criou-se algo novo no Brasil. Algo que não é censura, porque está além da censura. Não é que não se pode dizer as palavras, como no tempo da ditadura militar, é que as palavras que se diz já não dizem.

O silenciamento, cheio de som e de fúria nas ruas e também nas redes sociais, é abarrotado de palavras que nada dizem. Este é o golpe. E a carne golpeada é negra, é indígena. Este é o golpe fundador do Brasil que se repete. E se repete. E se repete. Mas sempre com um pouco mais de horror, porque o mundo muda, o pensamento avança, mas o golpe segue se repetindo. A ponto de hoje calar mesmo as palavras pronunciadas.

Em 2016, Tata Amaral lançou o filme *Trago comigo*. A obra entrelaça uma narrativa de ficção com depoimentos de pessoas reais. Um diretor de teatro é um guerrilheiro da ditadura preso, torturado e exilado, que se esqueceu de um capítulo vital da sua história. Para a reinauguração de um teatro que fora abandonado, um teatro cheio de pó, teias de aranha e silêncios, como esse canto da sua memória, ele encena uma peça que é sua própria história, o capítulo apagado de sua história. Para lembrar-se de si, encena a realidade como ficção. Mas, para que lembremos nós, os que assistem, de que é de realidade que se trata, torturados pelo regime militar contam sua estadia nos porões da repressão.

Quando pronunciam os nomes dos torturadores, porém, a voz é emudecida e uma tarja preta cobre a boca daquele que fala. Os nomes não poderiam ser pronunciados, mesmo que naquele momento o Brasil fosse formalmente uma democracia, porque torturadores e assassinos do regime não foram julgados nem condenados. Ao escolher a tarja, a diretora protegeu a si mesma de eventuais processos judiciais. Denunciou também o golpe que continuou — e continua — a ser perpetrado.

A tarja aponta o que é obsceno — ou pornográfico: que os torturadores e assassinos não podem ser nomeados porque não serão julgados. E, assim, não responderão pelos seus crimes. Sem poder nomear aqueles que os violentaram, os que sobreviveram continuam a ser violentados. E os mortos, os que foram assassinados, sem o nome do assassino, seguirão insepultos. Sem fazer o acerto de contas com a história, um país condena o presente, porque o passado segue se repetindo no presente. E nada pior do que um passado que não passa.

Fora do cinema, os nomes dos 377 agentes do Estado que atuaram direta ou indiretamente no sequestro, tortura, assassinato e ocultação de cadáveres durante o regime de exceção foram pronunciados. Estão documentados e acessíveis ao público no relatório da Comissão Nacional da Verdade, que apurou os crimes da ditadura. Mas nem por isso foram julgados.

O único torturador reconhecido pela Justiça foi o coronel Carlos Alberto Brilhante Ustra (1932-2015). Em abril de 2015, porém, uma das ações contra ele, pelos crimes de sequestro e cárcere privado, foi suspensa por liminar da ministra Rosa Weber, do Supremo Tribunal Federal, até que a corte decida se o crime de sequestro estaria abrangido pela Lei da Anistia, de 1979. O coronel morreu em outubro de 2015 sem ter sido punido. Há um clamor para que a Lei da Anistia seja revista, mas em 2010 o Supremo decidiu não revê-la.

No ano do impeachment, o que se desvelava era algo ainda mais complicado do que censura. Ainda mais complicado do que não poder dizer. As palavras existem. As palavras são ditas. Mas nada dizem, porque não produzem movimento suficiente para agir sobre a realidade. Nesse caso, movimento suficiente para promover justiça, para que as palavras possam dizer que o Brasil não tolera — nem tolerará — torturadores e assassinos, que o Brasil não tolera — nem tolerará — ditadores e ditaduras.

Só num país em que as palavras faliram a escolha de colocar uma tarja sobre as palavras ditas, feita pela diretora do filme, torna-se uma denúncia mais potente do que dizê-las — ou destapá-las. A tarja aponta menos o que não se pode dizer, mais o que de nada adianta dizer. A censura é a repressão aplicada às palavras que agem e, por agir, desestabilizam a opressão, tornam-se perigosas para os opressores. No Brasil de 2016, descobria-se que as palavras não agiam mais, o que fez o país que retornou à democracia mergulhar num terror de outra ordem.

Na votação da Câmara dos Deputados que decidiu pela abertura do processo de impedimento de Dilma Rousseff, o então deputado federal Jair Bolsonaro mostrou o que acontece num país em que as palavras perderam a alma. Ao votar pelo impeachment, Bolsonaro homenageou um dos mais sádicos torturadores da ditadura militar: "Pela memória do coronel Carlos Alberto Brilhante Ustra, o pavor de

Dilma Rousseff, pelo exército de Caxias, pelas Forças Armadas, pelo Brasil acima de tudo e por Deus acima de tudo, o meu voto é sim".

Sob o comando de Ustra, pelo menos 50 pessoas foram assassinadas e outras centenas torturadas. Este era o homem que Bolsonaro homenageou, e ele é apenas um caso entre centenas. Jair Bolsonaro foi aclamado por muitos por homenagear um assassino em série, sem contar a perversão explícita do aposto: "o pavor de Dilma Rousseff". A presidenta que estava sendo arrancada do poder, esvaziada dos direitos conferidos a ela pelo voto, foi uma das torturadas pela ditadura.

Ninguém precisa ter sido torturado para imaginar o que é uma tortura, e o que é ser torturado dia após dia, totalmente entregue às mãos de um sádico que representa o Estado. E isso significa que você não tem a quem chamar para lhe proteger, porque é a autoridade que está violando a lei e arrebentando o seu corpo e, em alguns casos, sequestrando e torturando também os seus filhos e até mesmo bebês. Embora a maioria de nós não possa alcançar o horror do momento da tortura, é possível imaginar o nível de desamparo diante do Estado que tortura e mata.

Quando Bolsonaro invoca um torturador para dedicar seu voto pela destituição da presidenta e, sadicamente, evoca a tortura da mulher que está sendo arrancada do poder, quando Bolsonaro claramente goza com a evocação, ele consuma uma perversão: converte o impeachment de Dilma Rousseff em um novo ato de tortura contra ela. Aquele voto foi o ato público mais violento das últimas duas décadas do país e aponta a dimensão abissal da crise da palavra vivida pelo Brasil.

Quando o deputado Jean Wyllys (PSOL) votou contra o impeachment, Bolsonaro o insultou, chamando-o de "viado", "queima-rosca" e "boiola". Agarrou-o pelo braço. Jean Wyllys cuspiu em Bolsonaro. O cuspe virou polêmica. Para parte da sociedade brasileira, cuspir se tornou um ato mais grave do que homenagear um torturador e assassino que morreu impune. Mas o que o cuspe pode ter denunciado? A impossibilidade da palavra, pelo seu esvaziamento. Para além de debater se o cuspe é aceitável ou não, há que se decifrar o gesto de cuspir.

Quando alguém democraticamente eleito pode homenagear um assassino em série da ditadura e lembrar sadicamente que ele era o "pavor" da presidenta que está sendo tirada do poder e, em seguida, cometer homofobia, e nada se mover além de mais palavras, é porque as palavras se esvaziaram de poder. O cuspe não acertou apenas Bolsonaro, acertou muito mais. Tendo apenas palavras mortas a seu dispor, palavras que não dizem, talvez só tenha restado cuspir. Sem palavras após o 17 de abril de 2016, manifestantes cuspiram e vomitaram sobre as fotos de parlamentares Brasil afora.

Para saber quem são os golpeados no Brasil, basta seguir o sangue. Basta seguir o rastro de indignidades dos que têm suas casas violadas por agentes da lei nas periferias, dos que tiveram seus lares destruídos pelas obras primeiro da Copa, depois das Olimpíadas, dos que têm suas vidas roubadas pelos grandes empreendimentos na Amazônia, dos que abarrotam as prisões por causa da sua cor, dos que têm menos tudo por causa da raça, dos que o Estado apenas finge ensinar em escolas em decomposição, negando-lhe todas as possibilidades, dos que são expulsos de suas terras ancestrais e empurrados para as favelas das grandes cidades, dos que têm seus cobertores arrancados no frio para não "refavelizar" o espaço público.

Basta seguir os que morrem e os que são mortos para saber onde está o golpe e quem são os golpeados. Como nos lembrou Sheila da Silva, o sangue diz o que as palavras já não são capazes de dizer. A potência da fotografia não está na ideia de que uma imagem vale por mil palavras. Mas sim no fato de que a mãe só fez o gesto porque vive num país em que mil palavras já nada dizem.

Em 2016 já se sabia. A pietà negra do Morro do Querosene já denunciava. São as palavras que arrancam da barbárie. Se as palavras não voltarem a encarnar, se as palavras não voltarem a dizer no Brasil, o passado não passará. E só restará pintar o rosto com sangue.

Em 2016, porém, ainda não se sabia. A homenagem ao torturador era o lançamento da campanha de Jair Bolsonaro à presidência do país. Tudo o que viria a acontecer depois estava desenhado naquela cena, uma das mais importantes da história do Brasil. No início de 2019, Jean Wyllys, naquele momento o único deputado assumidamente homossexual no Congresso, aquele que defendeu a mulher que estava sendo torturada mais uma vez, o homem que

A TRAGÉDIA BRASILEIRA É QUE AS PALAVRAS EXISTEM, MAS JÁ NÃO DIZEM.

cuspiu por intuir que as palavras já nada podiam, seria o primeiro exilado do Brasil de Bolsonaro.

"Eu MORO com ele": a lambança entre o público e o privado na Lava Jato

Não há como compreender os últimos anos do Brasil — e o pós-2013 — sem compreender a Operação Lava Jato. Há muitas formas de olhar para o seu impacto sobre o Brasil. A Lava Jato produziu acontecimento. Produziu também tanto uma ideia de Brasil quanto uma ideia de como o Brasil poderia ser salvo. Lamentavelmente, os agentes da operação personalizaram a justiça. O ato reforça uma mazela histórica do país, onde a lei é pessoalizada e tudo depende não da legislação, mas do juiz. Ou do procurador. Ou do policial. Não da instituição, mas da pessoa.

Sergio Moro evoca mais o coronelismo que atravessa a história do Brasil do que a justiça republicana que deveria nortear uma democracia que mereça esse nome. Ao liderar os julgamentos da Lava Jato, Moro tornou-se mais um coronel da justiça do que o funcionário público que efetivamente era. Teria sido um enorme ganho para a real transformação do Brasil se o processo que desnudou a relação entre empreiteiras e agentes públicos tivesse sido conduzido com imparcialidade e sem personalização; se a justiça dependesse da lei, não do juiz; se o juiz quisesse apenas fazer o trabalho que é pago pelo público para fazer, e não se tornar herói por fazer o trabalho que é pago pelo público para fazer.

Os dias, porém, não foram assim.

A página no Facebook que a mulher de Moro criou — e manteve de março de 2016 até novembro de 2017 — é o retrato de nossa miséria como nação. É a prova de nossa dificuldade de deixar de ser colônia e de resistir à compulsão de beijar a mão mesmo de coronéis pagos por nossos impostos. É a prova também da mistura do público e do privado que a Lava Jato procurou combater nos esquemas de corrupção, mas repetiu em sua atuação, ao pessoalizar e personalizar o que deveria ser sem outro rosto que não o da instituição. A página, que chegou a ter 844 mil seguidores, era: "Eu MORO com ele". Precisa dizer mais?

Sim, é necessário dizer mais. Moro abusou do seu poder, um poder que a ele não pertence, mas que lhe é conferido pela instituição. E a instituição, numa democracia, serve ao público. Basta percorrer a trajetória, as ações e as declarações para "construir a convicção" de que o juiz da Lava Jato interferiu nos rumos do país para muito além de suas atribuições. Isso já estava claro muito antes do vazamento de trocas de mensagens entre o juiz e os procuradores, num grupo de Telegram, divulgado pelo jornal *The Intercept*. O episódio, conhecido como Vaza Jato, escancarou e provou a falta de imparcialidade. Moro não foi o único. Sonhando com ser notável, porém, ele se tornou o mais notório dos juízes que abusaram do poder nos últimos anos e, assim, corromperam o Judiciário.

Gilmar Mendes e outros ministros do STF também merecem seus próprios obituários como juízes. A obra de Conrado Hübner Mendes, professor de Direito Constitucional da Universidade de São Paulo, desvela com precisão a atuação do STF e de parte de seus ministros nas últimas duas décadas. Em janeiro de 2018, o professor escreveu em artigo na *Folha de S.Paulo*: "O Supremo Tribunal Federal é protagonista de uma democracia em desencanto. Os lances mais sintomáticos da recente degeneração da política brasileira passam por ali. [...] [Os votos e decisões] terão menos relação com o direito e com a Constituição do que com inclinações políticas, fidelidades corporativistas, afinidades afetivas e autointeresse. O fio narrativo, portanto, pede a arte de um romancista, não a análise de um jurista. Ao se prestar a folhetim político, o STF abdica de seu papel constitucional e ataca o projeto de democracia. A separação de poderes conferiu lugar peculiar ao Supremo. O Parlamento é eleito, o STF não. O parlamentar pode ser cobrado e punido por seus eleitores, os ministros do STF não. O presidente da República é eleito e costuma ser o primeiro alvo das ruas, os membros do STF estão longe disso. A corte suprema tem o poder de revogar decisões de representantes eleitos. É um tribunal que se autorregula e não responde a ninguém. O que justifica tanto poder e a imunização contra canais democráticos de controle?".

Não se compreende o atual STF sem compreender o impacto da transmissão das sessões pela TV Justiça, iniciada em agosto de 2002. Já a partir do começo da primeira década, com a constante exposição ao público e a análise de projetos de grande interesse da sociedade, como o da pesquisa com células-tronco e a autorização para interromper a gestação de feto anencefálico, o STF foi se tornando palco e seus ministros personagens conhecidos pelo nome nas ruas. A conversão teve impacto profundo no demasiado humano de todos eles — os que foram, os que estão, os que ainda virão.

Para alguns intérpretes do Brasil, os desfechos ocorridos na segunda década foram em grande parte definidos pelo que se chamou de Partido da Política — ou pela politização do Judiciário. Mas, se o Supremo Tribunal Federal se tornou um protagonista político no Brasil recente, é um fato que nem mesmo Gilmar Mendes conseguiu se igualar a Sergio Moro na determinação dos rumos do país.

Moro autorizou "condução coercitiva" de Lula, que seria realizada em 4 de março de 2016. Durante a madrugada, policiais federais foram até a casa do ex-presidente e o tiraram de lá para levá-lo a interrogatório. O juiz afirmou, em nota pública, que o instrumento foi usado para evitar confrontos. Afirmaria também que "cuidados foram tomados para preservar, durante a diligência, a imagem do ex-presidente".

Que tipo de candura seria necessária a Moro e também aos procuradores da Lava Jato para não imaginarem que, para o Brasil, o que viraria verdade é que Lula fora preso diante das câmeras? E que isso, por si só, já julgaria e condenaria o ex-presidente mesmo antes do julgamento e da condenação? Que tipo de inocência seria necessária a Moro e a seus pares para não perceber que "condução coercitiva", termo que não faz parte do vocabulário da população nem é de fácil apreensão, seria sinônimo de prisão? E que o espetáculo, com forte aparato policial, como se Lula fosse o próprio Al Capone, seria decodificado como a prisão de Lula? Espetáculo, é importante sublinhar, para o qual uma parte da imprensa foi convidada para garantir a produção e a difusão da imagem de forte poder simbólico. Lula não sabia que seria tirado de casa às 7h da manhã. Mas uma parte da imprensa sim.

A imagem de Lula preso, para o Brasil inteiro (e para o mundo), não mostrava que a lei vale inclusive para ícones populares e ex-presidentes, como os operadores da Lava Jato quiseram vender. Mas sim que a lei também NÃO vale para ícones populares e ex-presidentes. Que o abuso e a violação de direitos são a regra para todos. Ou quase todos. A mais exata representação são justamente os 240 mil presos sem julgamento atirados em penitenciárias que se assemelham a câmaras de tortura, assim como os negros humilhados pelas polícias nas periferias. Naquele ato arbitrário, Moro e a Operação Lava Jato não ampliavam os direitos previstos em lei, mas sim ampliavam a violação a eles.

O que o juiz e os procuradores estimularam naquela cena foi a vontade de linchamento. Levar alguém para depor dessa maneira, produzir esse tipo de imagem, também é um tipo de linchamento. E foram aplaudidos por parte da população exatamente porque atenderam à sanha, legitimaram a vontade de vingança, ao dar-lhe roupagens de lei.

Quando o rito da justiça é substituído pela vingança, e essa substituição é permitida ou mesmo promovida por quem é formalmente agente da lei, isso também é corrupção — e corrói a sociedade tanto quanto o superfaturamento de obras. Em períodos tão delicados da história é necessário que a lei seja interpretada de forma conservadora. Teria sido fundamental que parte dos agentes da Lava Jato tivessem demonstrado capacidade para resistir à tentação das vaidades pessoais e para reprimir as paixões que também os habitam.

Não foi assim que aconteceu.

Em 16 de março de 2016, Moro vazou áudios gravados ilegalmente de conversas pessoais entre Lula e a então presidenta Dilma Rousseff, assim como conversas de Marisa Letícia (1950-2017), mulher de Lula, com os filhos. Conversas privadas foram lidas em tom de dramaturgia pelos apresentadores do *Jornal Nacional*, da TV Globo, na véspera da posse de Lula como ministro da Casa Civil de Dilma Rousseff.

Lula chegou a assumir o cargo na manhã seguinte, mas a posse foi questionada por decisões de juízes de primeira instância em várias cidades do país. A disputa foi decidida pelo ministro Gilmar Mendes, do STF, que, no dia 18 de março de 2016, suspendeu a nomeação de Lula. O Judiciário havia barrado uma decisão da presidenta da República, a mesma que um dia antes tivera seus direitos violados no vazamento dos áudios ilegais. O ministro do STF Teori Zavascki, que meses depois morreria num acidente de avião, repreendeu Moro formalmente pelo vazamento. Mas o ato já tinha sido consumado — e Moro e seus apoiadores alcançaram o objetivo.

Lula seria condenado por Moro. Em seguida, teve a decisão confirmada em segunda instância, por unanimidade, pelos três desembargadores da 8ª Turma do Tribunal Regional Federal da 4ª Região (TRF-4), com sede em Porto Alegre. Condenado pelo tríplex do Guarujá, que supostamente teria recebido da construtora OAS, as provas contra ele eram tão frágeis que constrangiam até adversários políticos.

Depois de uma noite e de um dia de vigílias, Lula foi preso em 7 de abril de 2018, sob o protesto de uma multidão de pessoas reunidas no entorno do Sindicato dos Metalúrgicos de São Bernardo do Campo, berço de seu nascimento como o político mais popular da história recente. Deixou o sindicato em apoteose, como convém a um líder de massas.

No primeiro semestre de 2018, Lula era pré-candidato à presidência da República. Mas estava preso. Pesquisa após pesquisa do Datafolha mostrava Lula em primeiro lugar. Na pesquisa depois da prisão, chegava a 16% a diferença para o segundo colocado, Jair Bolsonaro. Em 8 de julho de 2018, o desembargador plantonista Rogério Favreto concedeu um *habeas corpus* a Lula. Sergio Moro estava de férias em Portugal, mas, mesmo assim, avisado, interferiu no processo e procurou o presidente do TRF-4, desembargador Carlos Eduardo Thompson Flores Lenz. Moro sentiu-se à vontade para sair momentaneamente de suas férias para fazer política no Judiciário. E Lula então seguiu preso. Se antes pairava alguma dúvida, naquele momento ficou explícito que Lula era um caso pessoal para Moro. E juízes não podem ter casos pessoais.

Em 31 de agosto de 2018, o STF decidiu que Lula não poderia ser candidato com base na Lei da Ficha Limpa. Foi a maior interferência do Judiciário nos rumos da democracia brasileira. O candidato em primeiro lugar nas pesquisas não poderia receber o voto dos brasileiros, condenado por um processo que correu rápido demais na justiça, com provas frágeis demais, julgado por juízes e desembargadores que falam demais sobre o que têm o dever de julgar com isenção e impessoalidade.

Em 1º de outubro, seis dias antes do primeiro turno das eleições de 2018, Moro retirou o sigilo de parte de uma antiga delação do ex-ministro do PT Antonio Palocci. Não havia nada de novo nesta parte da delação. Nenhuma investigação havia sido feita a partir dela porque os relatos eram frágeis e não existiam provas. Não havia nenhum motivo para que a delação fosse exposta ao público. Exceto o de interferir na eleição. Moro fez isso.

Lula foi impedido pelo Judiciário de ser candidato. E Jair Bolsonaro se elegeu em 28 de outubro de 2018. Quem seria seu ministro da Justiça? Sim. Ele. Sergio Moro. O juiz que condenou e mandou prender o candidato em primeiro lugar nas pesquisas se tornou ministro do principal beneficiado pela prisão. Segundo o vice-presidente da República, Hamilton Mourão, a sondagem a Moro foi feita ainda durante a campanha presidencial. Moro e Bolsonaro negam.

A impossibilidade ética de se tornar ministro da Justiça do governo do principal beneficiado pela prisão de Lula é evidente. Grita. Mesmo assim, mais uma vez, uma parte da população defendeu o indefensável. O vale-tudo mostrou que a compreensão do que é corrupção, no Brasil, é simples: corrupção é o que o outro faz.

Dois anos antes de se tornar ministro de Bolsonaro, ao responder sobre suas intenções políticas, Sergio Moro afirmou aos jornalistas Fausto Macedo e Ricardo Brandt, do jornal *O Estado de S. Paulo*: "Não, jamais. Jamais. Sou um homem de justiça e, sem qualquer demérito, não sou um homem da política. Acho que a política é uma atividade importante, não tem nenhum demérito, muito pelo contrário, existe muito mérito em quem atua na política, mas eu sou um juiz, eu estou em outra realidade, outro tipo de trabalho, outro perfil. Então, não existe jamais esse risco".

Meses depois desta entrevista, em novembro de 2017, durante um evento realizado pela revista *Veja*, Moro voltou a afirmar: "Não seria apropriado da minha parte postular qualquer espécie de cargo político porque isso poderia, vamos dizer assim, colocar em dúvida a integridade do trabalho que eu fiz até o presente momento".

Concordo com Sergio Moro sobre Sergio Moro.

A Lava Jato foi purgação e também maldição

Se a crise da democracia é um fenômeno global, vale a pena interrogar sobre o que há de particular na experiência vivida pelo Brasil da segunda década deste século. A hipótese proposta em meus artigos dos últimos anos é de que as raízes da crise brasileira estão — não só, mas muito — no processo de retomada da democracia após 21 anos de ditadura militar. As raízes da crise estão no apagamento dos crimes da ditadura e na impunidade dos torturadores.

O Brasil retomou a democracia sem lidar com os mortos e os desaparecidos do período de exceção. Seguiu adiante sem lidar com o trauma. Um país que, para retomar a democracia, precisa esconder os esqueletos no armário é um país com uma democracia deformada. E uma democracia deformada está aberta a mais deformações. O que se infiltra no imaginário da população é que a vida humana vale pouco, qualquer que seja o regime. E este me parece ser um dado determinante na crise brasileira.

Os significados da Lava Jato devem ser decifrados também a partir desse passado que não passa. Se a operação foi importante e era imperativo que continuasse, porque expõe a relação estabelecida entre governos, partidos e parte do empresariado nacional, a Lava Jato também revela, pelo seu avesso, o pacto do diabo que resultou na alma deformada da democracia brasileira. A grande purgação nacional não é pela vida humana, mas pelo dinheiro. Não é pela carne, mas pela matéria inanimada. Quando finalmente o país combate a impunidade, o que o mobiliza são os bens materiais, enquanto a vida segue sendo ferida de morte.

O impacto da Lava Jato sobre a República possivelmente seria outro se antes dela houvesse existido investigação, julgamento e punição dos crimes contra a vida humana praticados pelo Estado durante a ditadura. Como em vez disso houve apagamento e impunidade, a maldição da Lava Jato é a de reforçar, como efeito colateral, a natureza dessa deformação. E sobre isso não há responsabilidade dos agentes da operação, mas sim uma responsabilidade coletiva da população brasileira e uma responsabilidade consideravelmente maior das elites que conduziram e disputaram o processo de transição da ditadura para a democracia, no que se chamou de Nova República.

Não vou me deter aqui nos meandros desta escolha pela conciliação com o inconciliável — e pelo apagamento. Apenas registrar que tanto a Comissão Nacional da Verdade quanto a ação que questionava a aplicação da Lei da Anistia para torturadores do regime foram oportunidades recentes de mudar esse rumo. A Comissão Nacional da Verdade pouco conseguiu mobilizar a população. E o Supremo Tribunal Federal escolheu não rever a Lei da Anistia.

Apenas a possibilidade de revisão da Lei da Anistia, assim como a escuta e a documentação dos crimes praticados por agentes públicos durante a ditadura, porém, foram suficientes para perturbar o sono de olhos abertos dos generais. A articulação que venceu a eleição de 2018 é resultado também desse esforço de documentação e responsabilização que não se completou. É consequência desse anúncio de justiça, ainda que tardia, que não foi levado a termo.

Tudo o que ameaça o *status quo*, mas não é concluído, se transforma num grande perigo, já que as forças que não querem que os crimes sejam desvendados vão agir para que nunca sejam. Se possível, dentro da democracia. Se não, alguns generais já mostraram até onde estão dispostos a ir em declarações que seriam inaceitáveis numa democracia de fato. Como nos dois tuítes do general Eduardo Villas Bôas, comandante do Exército, em abril de 2018, véspera do julgamento do *habeas corpus* de Lula pelo STF.

No primeiro: "Nessa situação que vive o Brasil, resta perguntar às instituições e ao povo quem realmente está pensando no bem do país e das gerações futuras e quem está preocupado apenas com interesses pessoais?". E, no segundo: "Asseguro à Nação que o Exército Brasileiro julga compartilhar o anseio de todos os cidadãos de bem de repúdio à impunidade e de respeito à Constituição, à paz social e à democracia, bem como se mantém atento às suas missões institucionais".

Em novembro de 2018, em entrevista ao jornalista Igor Gielow, da *Folha de S.Paulo*, Villas Bôas explicaria o inaceitável como se aceitável fosse: "Eu precisei ter o domínio da narrativa. Por isso, às vezes nós éramos mais enfáticos na expressão, sempre no limite para não invadir o espaço de outras instituições. Reconheço que houve um episódio em que nós estivemos realmente no limite, que foi aquele tuíte da véspera da votação no Supremo da questão do Lula. Ali, nós conscientemente trabalhamos sabendo que estávamos no limite. Mas sentimos que a coisa poderia fugir ao nosso controle se eu não me expressasse. Porque outras pessoas, militares da reserva e civis identificados conosco, estavam se pronunciando de maneira mais enfática. Me lembro, a gente soltou (os tuítes) 20h20, no fim do *Jornal Nacional*, e o William Bonner leu a nossa nota. [...] Mas aí temos a preocupação com a estabilidade, porque o agravamento da situação depois cai no nosso colo. É melhor prevenir do que remediar".

O Supremo, como se sabe, não concedeu o *habeas corpus* a Lula.

No Chile, no mesmo ano e por muito menos, um general foi imediatamente passado à reserva. E isso no governo conservador de Sebastian Piñera. O coronel Germán Villarroel dirigia a Escola Militar do país, em 2018, quando foi feita uma homenagem nas dependências da instituição ao genocida Miguel Krassnoff Marchenko, que cumpre pena por 71 crimes contra a humanidade cometidos durante a ditadura de Augusto Pinochet (1973-1990). Vilarroel foi para a reserva por sua "responsabilidade de comando" durante uma premiação de competição esportiva.

Na ocasião, o filho do genocida, coronel Miguel Krassnoff Bassa, afirmou: "Para nós, é superimportante que nossos pais, que deram a cara e a vida pelo Chile e suas famílias, estejam sempre presentes no coração de todos vocês. Coube a eles combater, e deram o ar que respiramos em nossa querida pátria". Perdeu o cargo de direção que ocupava na Escola de Idiomas do Exército e foi despachado para a reserva. O fato foi considerado "inaceitável" pelo governo. O repúdio da população foi geral.

A diferença entre o que é tolerado num país e aceito em outro se dá porque aquele que foi homenageado durante evento militar no Chile cumpre mais de 600 anos de prisão pelos seus crimes. No Brasil, o coronel Carlos Alberto Brilhante Ustra, o único torturador reconhecido como torturador pela justiça, morreu sem jamais responder pelos seus crimes. É esta a diferença que faz de uma democracia uma democracia de fato — e a protege dos arroubos autoritários dos que nunca dormem.

Vale a pena revisitar um dos dois votos favoráveis ao pedido de revisão da Lei da Anistia proposto pela Ordem dos Advogados do Brasil (OAB). Em 2010, o ministro do Supremo Tribunal Federal Carlos Ayres Britto afirmou: "Um torturador não comete crime político. Um torturador é um monstro, é um desnaturado, é um tarado. Um torturador é aquele que experimenta o mais intenso dos prazeres diante do mais intenso sofrimento alheio perpetrado por ele. É uma espécie de cascavel de ferocidade tal que morde ao som dos próprios chocalhos. Não se pode ter condescendência com torturador. A humanidade tem o dever de odiar seus ofensores porque o perdão coletivo é falta de memória e de vergonha".

A cena que expressa a deformação da democracia brasileira é, como já foi dito e vale repetir, o voto que homenageia o torturador — e ameaça a torturada — daquele que, em 2019, se tornaria o presidente do Brasil. A nova fase da história do país que ali se iniciou começou como pornografia. Ainda que o ato tenha sido apontado dentro e fora do Brasil, o fato de não ter produzido um horror absoluto e disseminado é mais um sintoma da deformação. Ao não haver responsabilização pelo crime de apologia de crime ou de criminoso, previsto no Código Penal, ficou evidente, tanto para Bolsonaro quanto para os grupos que ainda estavam decidindo sua atuação nos anos que viriam, que a disputa pelo apagamento da memória poderia ser ganha. A partir daquele momento, não houve mais limites.

A escolha pela conciliação — com o inconciliável — e pelo apagamento dos crimes da ditadura, para além das circunstâncias do momento, tem raízes históricas mais fundas. Ela vai se encontrar com as razões pelas quais o Brasil foi o último país das Américas a abolir oficialmente a escravidão negra. E está na própria formação do que se chama de Brasil.

Há bibliografia de qualidade sobre isso e linhas de investigação a serem seguidas. Meu objetivo aqui é trazer para o debate os significados desse apagamento. E os riscos de seguir pactuando novos apagamentos. E, portanto, girando em falso. Cada vez torna-se mais evidente que não só apagar, mas contornar as contradições em vez de enfrentá-las, tem levado o Brasil para o fundo do poço sem fundo.

Quando um país vive uma experiência de ditadura, em que o Estado sequestrou, torturou e executou cidadãos, é necessário elaborar o que se viveu e fazer marca do vivido. Isso se faz com investigação dos crimes, julgamento e punição dos responsáveis, promovendo memória, debate e reflexão. É assim que se estabelece no imaginário da população que sequestro, tortura e assassinato não serão tolerados — e que o cidadão pode contar com a justiça. É também isso que empresta valor ao regime democrático — e que aponta a sua diferença para uma tirania.

Essa ideia pode se tornar mais clara no exemplo de um crime contra a humanidade que está no imaginário de todos. Quem vai a Berlim ou a outras cidades alemãs depara-se com um percurso de monumentos e museus que mantém viva a memória do Holocausto e do extermínio de seis milhões de judeus, ciganos, homossexuais e pessoas com algum tipo de deficiência. Cada alemão que nasce, mesmo décadas depois do final da Segunda Guerra, sabe que esse horror aconteceu ao dar seus primeiros passos na rua e topar com os monumentos. E vai precisar pensar sobre isso, porque é também este o legado de ser alemão. Ser alemão é estar num dos países com melhor qualidade de vida da Europa e é também compartilhar dessa memória. Responsabilidade coletiva é isso: não se pode pegar só uma parte do pacote.

Não se vai a futuro algum negando o passado. É também para isso que se faz marca do vivido. Marcas no julgamento dos criminosos, marcas no ensino dentro das escolas e no debate em todos os espaços, marcas físicas, como o Memorial do Holocausto no coração de Berlim. A céu aberto e ocupando 19 mil metros quadrados de área nobre, bem perto do Portão de Brandemburgo, a escultura nos desestabiliza com a força de seus 2.711 blocos de concreto de diferentes tamanhos, projetada para produzir o sentimento perturbador causado por "um sistema supostamente ordenado que perdeu o contato com a razão humana".

O objetivo de fazer marca do vivido não é promover penitência ou versões de punição bíblica. Não é de culpa que se trata. E sim de responsabilidade. As marcas servem exatamente para evitar a repetição.

É importante fazer uma distinção entre "culpa" e "responsabilidade coletiva" — algo que alguns confundem por ignorância, outros escolhem não distinguir por ausência de caráter. Vários autores já escreveram sobre o tema. Gosto bastante da definição da filósofa Hannah Arendt. Ela chama atenção para o seguinte fato: "Quando somos todos culpados, ninguém o é. A culpa, ao contrário da responsabilidade, sempre seleciona, é estritamente pessoal".

Arendt aponta duas condições para a responsabilidade coletiva: "Devo ser considerado responsável por algo que não fiz, e a razão para a minha responsabilidade deve ser o fato de eu pertencer a um grupo (um coletivo), o que nenhum ato voluntário meu pode dissolver. Isto é, o meu pertencer ao grupo é completamente diferente de uma parceria de negócios que posso dissolver quando quiser. [...] Esse tipo de responsabilidade, na minha opinião, é sempre política. Quer apareça na forma mais antiga, em que toda uma comunidade assume a responsabilidade por qualquer ato de qualquer de seus membros, quer no caso de uma comunidade ser considerada responsável pelo que foi feito em seu nome".

A partir do conceito de responsabilidade coletiva, os alemães, mesmo os que ainda vão nascer, terão responsabilidade pelo que foi feito em seu nome, incluindo o Holocausto. Assim como nós, brasileiros atuais, somos responsáveis pelo que foi feito em nosso nome com os negros e com os indígenas. Não somos individualmente culpados nem responderemos legalmente pelo que nossos pais e antepassados fizeram, mas somos responsáveis coletivamente. Como diz Arendt: "Somos sempre considerados responsáveis pelos pecados de nossos pais, assim como colhemos as recompensas de seus méritos. Mas não

QUANDO FINALMENTE O PAÍS COMBATE A IMPUNIDADE, O QUE O MOBILIZA SÃO OS BENS MATERIAIS, ENQUANTO **A VIDA SEGUE SENDO FERIDA DE MORTE.**

somos, é claro, culpados de suas malfeitorias, nem moral nem legalmente, nem podemos atribuir seus atos a nossos méritos".

É curioso como a maioria naturaliza seu direito aos benefícios resultantes do que foi feito pelos que vieram antes, mas têm enorme dificuldade de se responsabilizar pelas atrocidades cometidas pelos que vieram antes. Responsabilizar-se no sentido de produzir justiça, memória e mudança. Mas, como diz Arendt, "só podemos escapar dessa responsabilidade política e estritamente coletiva abandonando a comunidade".

A filósofa ainda alerta: "Apesar de pensarmos na responsabilidade coletiva como uma carga e até como um tipo de punição, acho que se pode mostrar que o preço pago pela não responsabilidade coletiva é consideravelmente mais elevado". Nada mais adequado ao que testemunhamos no Brasil da segunda década do século 21. Ainda não é possível prever o custo da não responsabilização. Mas já podemos afirmar que ele é alto. Muito alto. E que muitos o pagaram — e pagam — com a vida.

Mais adiante, a filósofa adverte: "Nenhum padrão moral, individual e pessoal de conduta será capaz de nos escusar da responsabilidade coletiva. Essa responsabilidade vicária por coisas que não fizemos, esse assumir as consequências por atos de que somos inteiramente inocentes, é o preço que pagamos pelo fato de levarmos a nossa vida não conosco mesmos, mas entre nossos semelhantes, e de que a faculdade de ação, que, afinal, é a faculdade política por excelência, só pode ser tornada real numa das muitas e múltiplas formas de comunidade humana".

O Brasil não fez marca de nada — ou fez apenas marcas muito tênues. Não se responsabilizou coletivamente pelos seus 500 anos de passado. Ter feito justiça nos crimes da ditadura e ter feito marca deste período recente teria sido fundamental para a refundação da democracia. E ainda pode ser, embora essa possibilidade pareça cada vez mais distante.

O impacto de não ter feito marca já se mostra muito mais destrutivo e perigoso do que as análises mais sombrias apontavam. Dificilmente haveria um apologista da tortura na presidência do país se o Brasil tivesse seguido o caminho de alguns de seus vizinhos da América do Sul, ao julgar e condenar sequestradores, torturadores e assassinos de suas ditaduras e afirmar à sociedade que crimes de Estado não serão tolerados.

No Brasil, torturados e familiares de mortos e desaparecidos gritam sozinhos — e poucos, cada vez menos, escutam. A maioria da população parece acreditar que o passado deve passar sem deixar marcas. E quem deseja justiça e reparação é confundido com "revanchista". Em 2018, virou "esquerdista" ou "comunista", numa nova etapa da perversão das palavras. Num país de apagamentos, justiça é seguidamente confundida com vingança. Esse fato é parte do atoleiro em que o Brasil se meteu como nação enquanto damos voltas e mais voltas em avenidas com nome de ditadores.

Não haverá democracia plena enquanto um filho correr o risco de se encontrar na padaria com o assassino do pai e saber que aquele funcionário público jamais foi perturbado por um julgamento. Ao contrário, goza da impunidade — e com a impunidade.

A vizinha Argentina colocou mandantes e torturadores na cadeia. Foi na prisão que o general Jorge Rafael Videla, ditador de 1976 a 1981, morreu aos 87 anos. A Argentina promoveu também um processo de recuperação da identidade dos filhos dos mortos e desaparecidos, muitos deles adotados por famílias de torturadores do regime. Em 2 de maio de 2017, a Corte Suprema argentina aprovou a aplicação do "2x1" para Luis Muiña, condenado por torturas e sequestros num cárcere clandestino durante a ditadura. O 2x1 significa que cada dia de prisão conta como dois, para quem teve prisão preventiva por mais de dois anos, sem condenação. A controversa decisão abriu a possibilidade de atenuar a pena de centenas de agentes da repressão, hoje presos.

A indignação engolfou o país. Em 10 de maio de 2017, dezenas de milhares de argentinos ocuparam as ruas de Buenos Aires para protestar: "Senhores juízes: nunca mais. Nenhum genocida solto". Taty Almeida, 86 anos, integrante da Linha Fundadora das Mães da Praça de Maio, afirmou: "Nunca mais devemos voltar a discutir privilégios a genocidas. Nunca mais devemos permitir o esquecimento e o silêncio". Mariana D., filha de um dos mais terríveis torturadores, somou-se à multidão. Ela estava ali para defender que seu pai deveria morrer na prisão. Em entrevista, afirmou: "A única coisa que quero expressar para a sociedade é o repúdio a um pai genocida, repúdio que sempre esteve em mim".

A reação uniu a Argentina — e foi representativa o suficiente para que o Congresso votasse uma lei impedindo que autores de crimes de lesa-humanidade, genocídio e crimes de guerra, no qual estão incluídos os torturadores da ditadura militar, possam ser beneficiados pelo 2x1. Em 2017, havia 750 condenados por crimes de lesa-humanidade no país. "Terrorismo de Estado" e "genocídio" são termos formais usados na Argentina para definir os crimes praticados por agentes do governo e das Forças Armadas na ditadura militar que durou de 1976 a 1983, mais curta que a brasileira.

Ao unirem-se para protestar contra o abrandamento da pena para torturadores, o que os argentinos estavam dizendo? Que não esqueciam e que não silenciavam. Estavam dizendo também que a justiça não era opcional. Afirmam algo que define um povo: a vida humana é o bem mais importante de uma nação.

No Brasil, nunca se viu nada parecido. Os protestos de junho de 2013 começaram pelos 20 centavos do aumento do transporte urbano. Era uma manifestação que apontava para a vida de milhões de brasileiros que dependem de transporte público e, dia após dia, têm horas de sua existência roubadas em ônibus e trens superlotados. Não uma vida de gado humano, mas uma vida que nada vivo deveria ter.

A reivindicação apontava também para o direito fundamental de ir e vir — e apontava ainda para a ocupação coletiva do espaço público. Era um protesto pelo movimento, numa sociedade em que tudo parecia bloqueado. Não apenas o trânsito, mas a vida. Era uma manifestação por se mover, do sentido mais subjetivo ao mais literal.

Junho de 2013 começou como um levante solidário pela existência dos mais pobres. Foi também a expressão ética de que, sem a possibilidade de movimento para todos, ninguém — nem o Brasil — conseguiria se mover de fato. Não era "só" por 20 centavos, como tanto se propagou, porque 20 centavos não é "só". O que se mostrava ali era que 20 centavos era muito porque pouco era o valor conferido às pessoas. A tarifa era cara porque a vida humana era barata.

Naquela insurreição houve uma oportunidade que, em certa medida, foi perdida. O que aconteceu em 2013 não pode ser visto apenas como bom ou mau, e sim como algo que está presente no DNA de tudo o que veio depois. E que transformou quem caminhou com as próprias pernas em metrópoles onde a experiência de viver é a experiência de ter os corpos barrados.

Os protestos só ganharam volume, porém, quando uma multiplicidade de reivindicações tomou o espaço público, apontando insatisfações diversas e também o sentimento de não se sentir representado pelos políticos e pelos partidos políticos. Nem pela imprensa tradicional, que precisou literalmente voar para cobrir o que se passava no chão.

Em 2015 e 2016, as manifestações que levaram centenas de milhares à Avenida Paulista, em São Paulo, assim como às ruas de outras capitais do Brasil, eram outras. Os manifestantes levantavam a bandeira genérica da corrupção. Desenhava-se na multidão o antipetismo que seria determinante tanto para o impeachment sem consistência de Dilma Rousseff quanto para a eleição de Jair Bolsonaro.

Os procuradores da Lava Jato esforçaram-se para mostrar que o dinheiro público desviado para a corrupção é dinheiro público que falta para a saúde e para a educação. Mas essa relação não tem decodificação direta para a população. O que girou e girou no Brasil da Lava Jato, também como imagem, foram cifrões e malas de dinheiro.

Fortalece-se a lógica de que os bens materiais se sobrepõem à vida humana como valor. É essa a mensagem que segue se infiltrando no imaginário, exatamente o oposto do que se defendia na insurreição de 2013. É também nessa chave que pode ser compreendido o forte rechaço a um punhado de adeptos da tática *black bloc* porque quebravam fachadas de bancos, enquanto as agressões da Polícia Militar contra a carne humana dos manifestantes provocavam menos revolta em parte da imprensa e no senso comum.

Quando se apontava que os manifestantes vestidos com a camiseta da corrupta CBF tiravam selfies com a Polícia Militar nas manifestações pelo impeachment de Dilma Rousseff era para esse ponto que se chamava a atenção. A Polícia Militar do Brasil é uma das que mais mata no mundo — e também uma das que mais morre. Ela encarna na democracia a própria deformação que é ter uma polícia militar nas ruas, depois de o país ter sido submetido a 21 anos de uma ditadura comandada por fardados.

Se em 2013 os protestos engrossaram quando a PM paulista massacrou manifestantes, nos anos seguintes naturalizou-se a violência da PM contra manifestantes de protestos que não interessavam aos governos. A PM deixava claro seu aparelhamento ideológico. Em 2015, quando 17 pessoas foram executadas três dias antes de uma manifestação na Paulista, numa chacina na Grande São Paulo com fortes indícios do envolvimento de policiais, e a morte de seres humanos sequer foi lembrada pelos manifestantes, tornou-se explícito que corrupção e vida humana estavam divorciadas. Estabelecia-se ali qual era o conceito da massa de brasileiros que foi às ruas pedir o impeachment de Dilma Rousseff. Embora tenha sido a corrosão da vida que fez muitos balançarem bandeiras, a ideia de corrupção era exclusivamente financeira. O Brasil se mobilizava, mas os matáveis continuavam sendo matáveis. O Brasil se mobilizava, mas não se movia.

A democracia está longe de ser um sistema perfeito. Mas uma democracia fundada sobre cadáveres insepultos produzidos pelo Estado tem uma fragilidade estrutural. É um prédio com fraturas nos pilares de sustentação. Se funcionários públicos que torturavam e matavam cidadãos são aceitos e inclusive louvados como heróis, não há nada que não se possa aceitar.

A democracia construída no Brasil nas últimas décadas é deformada e aberta a mais deformações porque não produziu nem justiça nem memória. E esta é também parte da explicação para que um defensor da ditadura como Jair Bolsonaro tenha ganhado tanta popularidade entre jovens que nasceram depois do regime de exceção. Entre as tragédias brasileiras está o fato de que as primeiras gerações produzidas na redemocratização do país não têm conhecimento do passado porque viveram uma democracia de apagamentos. Tanto pelos assassinatos impunes da ditadura praticados pelo Estado como pelos crimes impunes que seguiram sendo cometidos pelo Estado na democracia, desta vez não contra presos políticos, mas contra o que se chama presos "comuns". A expressão — "comuns" — já denuncia a distorção de base da sociedade brasileira. A exceção seguiu se repetindo e, como desta vez se reproduzia na democracia, infiltrou-se nos dias como normalidade.

Nas últimas mais de três décadas, a democracia brasileira conviveu com o que uma democracia que mereça este nome não pode conviver sem perder algo de constitutivo. A ditadura acabou, e os generais saíram do Planalto, mas a tortura como método de investigação seguiu contra os presos "comuns". A população carcerária cresceu sete vezes, promovendo vingança em vez de justiça nas condições torturantes das prisões, que de tempos em tempos explodem em barbárie e cabeças decepadas, sem que nada mude de fato. Nas periferias das grandes cidades, assim como no campo e na floresta, o Estado não aparece para garantir direitos, mas para levar repressão e terror contra a população mais pobre e a mais desamparada, em geral negra ou indígena. A Polícia Militar responde por uma parcela significativa do alto índice de homicídios do país: 8,1% em 2017, segundo dados do anuário do Fórum Brasileiro de Segurança Pública. No estado do Rio de Janeiro, a participação das forças policiais no aumento da letalidade é escandalosa. De janeiro a julho de 2019, segundo dados do Instituto de Segurança Pública, a polícia foi responsável por 30,14% das mortes violentas. Foram 1.075 casos — cerca de 20% a mais do que no mesmo período do ano passado. E, finalmente, dois genocídios seguem seu curso imperturbável: o da juventude negra nas periferias urbanas e o dos povos indígenas na floresta amazônica e em outras regiões do país.

Quanto mais a crise se aprofunda, alcançando camadas até então inimagináveis, a deformação da democracia se acentua. Nas cidades, multiplicam-se ações de higienização promovidas por governantes que se pautam pelo uso da violência como solução para problemas sociais, recurso típico do autoritarismo.

Dois exemplos de 2017. Em São Paulo, o então prefeito João Doria consumou a façanha de derrubar um prédio com gente dentro em seus sucessivos ataques contra as pessoas que ocupam o que se chama — como forma de desumanizar quem lá vive — de

Cracolândia. Doria também tentou internar pessoas à força, trazendo de volta aquela que nunca nos deixou: a lógica dos manicômios. O que aconteceu com Doria? Em 2018, foi eleito governador.

Em Porto Alegre, a Brigada Militar, como é chamada a PM no Rio Grande do Sul, do então governador José Ivo Sartori (PMDB) promoveu uma ação de guerra contra mais de 70 famílias da Ocupação Lanceiros Negros, que há um ano e sete meses ocupavam um prédio público abandonado por mais de uma década. Escolheu fazer isso numa noite fria e com a cidade esvaziada por um feriado prolongado. A PM cumpria uma reintegração de posse da juíza Aline Santos Guaranha, na qual ela explicita em que condições o despejo das famílias deve ser feito: "o cumprimento da ordem aos feriados e finais de semana e fora do horário de expediente, se necessário, evitando ao máximo possível o transtorno ao trânsito de veículos e o funcionamento habitual da cidade".

Que a vida humana de adultos e crianças seja ameaçada e que sejam jogados nas ruas geladas durante a noite não é um problema. O que importa é o trânsito de carros continuar fluindo e "o funcionamento da cidade", que pertenceria apenas a alguns, não ser perturbado por gritos e desespero de meninos e meninas aterrorizados. O mais importante não é a integridade da vida humana, mas a reintegração de posse de um bem que o Estado deixou abandonado, sem nenhum uso social, por mais de uma década.

Se nas cidades multiplicam-se os casos de limpeza dos "limpáveis", no campo e na floresta cresce a morte dos "matáveis", como a chacina de Pau D'Arco, no Pará, demonstrou com tanta contundência no mesmo ano. Pelo menos dez trabalhadores rurais foram mortos pela Polícia Militar, com evidências de tortura, e o país não parou. O patrimônio material vale muito no Brasil. A vida humana vale pouco, quase nada. Mas não qualquer vida humana, porque nem no assassinato o país é igualitário. É a carne negra e a carne indígena que, preferencialmente, são mastigadas.

O Brasil passou a viver um cotidiano de exceção em meados da segunda década do século, que ganhou contornos ainda mais alarmantes com a eleição de um defensor da ditadura para a presidência.

O país não sairá deste estado sem enfrentar o fato de ter produzido uma democracia que deixou os mais pobres e os mais desamparados vivendo à margem dos direitos mais básicos mesmo depois do fim da ditadura militar. Uma democracia que não produz justiça e memória sobre a tirania terá sempre uma alma de exceção.

Refundar a democracia no Brasil exige muito mais do que superar a crise política e a crise econômica. E exige muito mais do que a investigação, o julgamento e a mudança promovidos pela Lava Jato sobre a cultura da corrupção financeira. Refundar a democracia exige responsabilidade coletiva. E exige algo que durante 500 anos o Brasil não foi capaz de fazer: dar valor à vida humana.

O retrato

Os grupos de direita que articularam o impeachment de Dilma Rousseff acreditaram que estava tudo resolvido. A velha ordem — branca, masculina e oligarca —, aliada à nova força evangélica, voltava ao poder sem nunca ter saído. O retrato oficial do primeiro ministério de Michel Temer é explícito. Poderia ter sido produzido um século antes, na República Velha. A única diferença seria uma pequena modificação no estilo das roupas.

De imediato, a fotografia produziu estranhamento. Como um retrato do presente que já surge amarelado, com pontos de mofo aqui e ali, clamando por uma naftalina para enfrentar as traças. Só brancos, só homens, só velhos. Nenhuma mulher. Nenhum negro. Nenhum indígena. Esse retrato era uma imagem poderosa porque não representava o Brasil de 2016. Era também uma mensagem poderosa. A "ponte para o futuro" — nome do projeto apresentado pelos grupos que apoiavam o impeachment — era uma ponte para o passado, ou nem isso. Talvez o mais exato a dizer é que era uma ponte que foi construída já quebrada, o rompimento incluído no projeto de engenharia, para que não houvesse como alcançar qualquer futuro que não fosse passado.

A mensagem gerada pela escolha do ministério reafirmava a ideia de que o Brasil voltava a uma espécie de ordem estabelecida. Houve setores que comemoraram esse feito, como se de fato se tratasse apenas de um retorno ao que sempre foi e jamais deveria ter deixado de ser. Para compreender essa fotografia, porém, é preciso entender que simplesmente voltar já não era possível.

Temer e as forças que protagonizaram esse momento podem até ter acreditado que daria para voltar ao passado que representam. Mas não daria para retornar ao Brasil pré-cotas raciais, ao Brasil antes da campanha #PrimeiroAssedio, ao Brasil antes do Bolsa Família e do protagonismo das mulheres chefes de família, ao Brasil em que os mais pobres aceitavam não ter acesso ao consumo, ao Brasil em que pobre não chegava à universidade, ao Brasil em que estudantes de escolas públicas não reagiam ao serem violados em seus direitos mais básicos. Essa ideia pode até ter sido acalentada por Temer e pelas forças que o colocaram no poder. Mas era desejo, não fato.

A ideia de que as elites podem escrever toda a história do país, e reescrever, e suprimir capítulos, e dizer qual é a narrativa que vai preponderar sobre todas as outras não se sustenta no Brasil do presente. Talvez não tenha se sustentado nunca, basta ver as tantas rebeliões que tiveram de ser sufocadas no passado pretérito. A própria sobrevivência de negros e indígenas, ambos vítimas de genocídios e de políticas de assimilação (até hoje), aponta a resistência. Às vezes silenciosa, persistente sempre.

No pacto de elites expresso no retrato do ministério de Temer havia muito do que é velho no Brasil. Pelo menos nove ministros dos 24 estavam com problemas com a Operação Lava Jato. Nos meses seguintes, o número de investigados e condenados multiplicaria-se rapidamente. E, após o final do mandato, o próprio presidente chegaria a ser preso.

Havia ainda Alexandre de Moraes (PSDB), um ministro da Justiça que condecorou policiais que espancaram estudantes adolescentes, e que mais tarde seria premiado com a indicação para ministro do Supremo Tribunal Federal (STF). Havia um ministro da Agricultura, Blairo Maggi, que mudou do PR para o PP para garantir seu nome para o ministério. Maggi, conhecido como "o rei da soja", já foi o vencedor do prêmio "Motosserra de Ouro", dado pelo Greenpeace, em reconhecimento à sua colaboração para a destruição do meio ambiente. Havia Osmar Terra (PMDB), defensor da política de "guerra às drogas", comprovadamente incompetente e superada em todos os países que conseguiram lidar com a questão com bons resultados. Havia vários que estiveram com Dilma Rousseff até a véspera, como Gilberto Kassab (PSD) e Leonardo Picciani (PMDB). E mesmo os mais jovens eram herdeiros de velhos clãs ligados ao PMDB, entre eles os Sarney, do Maranhão, e os Barbalho, do Pará. Os prometidos "notáveis" não havia. O que se viu foram notórios.

Há algo que parecia velho, porém, mas era novo. Porque não é novo apenas aquilo de que gostamos. Tratava-se do bispo licenciado da Igreja Universal do Reino de Deus Marcos Pereira (PRB). Ele foi o arquiteto que fez o PRB — partido ligado à Igreja Universal e à TV Record, duas frentes da mesma construção política — ganhar musculatura no Congresso. Desde os anos 80, quando as neopentecostais começaram a crescer e a se multiplicar, tornou-se impossível compreender o país sem compreender os projetos de poder dessas igrejas e também o que levava a elas tantos fiéis, a maioria deles ex-católicos. Vale a pena perceber também que a Igreja Católica, outrora tão ativa na política brasileira, teve pouca ressonância no desfecho que levou Temer ao poder.

O crescimento das igrejas evangélicas, em especial o das neopentecostais, e o quanto elas têm mudado o país nas últimas décadas é algo ainda pouco investigado no Brasil. Primeiro, costuma-se colocar todas na mesma caixa, e elas são bem diferentes entre si. O mundo evangélico é amplo, desde as mais barulhentas, que defendem abominações como a "cura gay", até aquelas criadas para acolher homossexuais e promover casamentos entre pessoas do mesmo sexo. Há ainda as protestantes tradicionais, cujos pastores se horrorizam com a vulgaridade dos novos colegas. A maioria das neopentecostais, entre elas a Igreja Universal do Reino de Deus, de Edir Macedo, e a Assembleia de Deus Vitória em Cristo, de Silas Malafaia, não representam apenas um projeto religioso para suas lideranças. O que representam é um projeto político para garantir um império econômico transnacional.

Há dois atos de Temer que têm grande força simbólica para a compreensão do pacto instalado no Planalto após o impeachment. No dia da votação do afastamento de Dilma Rousseff no Senado,

UMA DEMOCRACIA QUE NÃO PRODUZ JUSTIÇA E MEMÓRIA SOBRE A TIRANIA TERÁ SEMPRE UMA ALMA DE EXCEÇÃO.

11 de maio de 2016, Temer só deixou o Palácio do Jaburu, onde parlamentares vinham lhe beijar a mão, para beijar uma mão mais poderosa que a dele, a de José Sarney, esse personagem que atravessa a ditadura e a redemocratização. As digitais de Sarney estão por toda parte, em especial no setor elétrico do país. Isso é velho. E forte.

No dia seguinte, após a posse como presidente interino, Temer recebeu a bênção de Silas Malafaia, o mais truculento líder evangélico do país, e rezou com expoentes da bancada religiosa, como o pastor e deputado Marco Feliciano. Isso era novo. E forte. As escolhas — e as imagens produzidas por elas — mostraram que os evangélicos deixaram de ocupar a periferia do Planalto. O poder central, que por séculos beijou o anel dos bispos católicos, agora beijava a mão dos grandes pastores. O Brasil mudou de estética nos últimos 40 anos. E mudou rapidamente.

A imagem de um Lula alquebrado, quase distraído, ao lado de Dilma Rousseff, durante o discurso de despedida diante do Planalto, merece interpretações. Lula não disfarçava. Talvez porque não quisesse, talvez porque já não pudesse. Seu rosto estava devastado. Era um fim. Independentemente do que aconteceria com Dilma Rousseff e principalmente com ele e com o PT nos meses e anos que viriam, ali havia um fim.

Aquele fim melancólico, até mesmo terrível, poderia ter movido uma autocrítica do PT sobre suas escolhas no poder. O campo das esquerdas teria ganhado, o Brasil também. A única saída digna para o PT teria sido enfrentar as contradições e fazer autocrítica. Passar a limpo as escolhas feitas em nome da palavra mais enganadora do léxico político recente: "governabilidade".

Mais uma vez, porém, "não era a hora certa". Havia 2018 no horizonte. E o PT parecia nunca entender que contornar as contradições pode soar como uma boa ideia na ocasião, mas explode logo adiante. Quem briga com os fatos sempre acaba perdendo em algum momento.

O rosto devastado de Lula, ao lado de uma Dilma em seu derradeiro discurso, e a cena do ministério de Temer, com papagaios de pirata como Aécio Neves tentando se incluir e salvar a pele de playboy, evocavam também uma interrogação sobre quem são os profissionais do ramo. Parte das elites bajula Lula desde que ele era um líder sindical do ABC. Da campanha de 2002 em diante, quando desfilou pelos salões de São Paulo, Lula demonstrou gostar cada vez mais de ser "o cara". O mesmo vale para muitos protagonistas do PT, parte deles hoje na cadeia ou com tornozeleira eletrônica.

Em algum momento, os petistas acharam que eram os donos da bola desse jogo viciado, sem perceber que eram observados de perto — e com algum divertimento — por cartolas tão velhos quanto o diabo. Na política, no empresariado, na justiça. Lula parece ter acreditado que era mesmo um ungido, bastando abrir a boca para chamar as massas para si, enquanto cada vez mais se distanciava delas também na produção simbólica de imagens.

Tudo indica que Lula e o PT não compreenderam por completo a complexidade do jogo e a fragilidade do seu lugar nele. Escolheram jogar o jogo do adversário e abriram mão de questionar as regras, achando que podiam seguir ganhando. Dilma, por sua vez, provou-se um dos maiores equívocos de Lula, até então famoso por sua intuição política. Até (quase) o final, parte dos petistas acreditou que podia virar a partida decisiva. A ironia maior é o fato de que quem ficou ao lado de Lula, Dilma e o PT foi a torcida à qual tinham virado as costas ao rifar bandeiras históricas.

A face devastada de Lula contém muitos significados. Um deles pode ser decodificado como o rosto entre a surpresa e a mágoa do menino que achava que para sempre seria o dono da bola. Mas descobriu que nunca foi de fato o dono da bola. O sorriso de escárnio dos ministros de Temer e de seus apoiadores, a expressão de euforia mal contida do próprio Temer, pareciam dizer: "Amadores... Os profissionais agora vão cuidar de tudo". A imagem expressava a arrepiante volta dos que nunca foram.

Houve um momento em que o PT poderia ter mudado o jogo. E não mudou. Não há lastro em seguir acreditando que tudo o que aconteceu foi porque o PT mudou o jogo e desagradou as elites. O que tornou o impeachment viável foi exatamente o contrário: o fato de o PT não ter mudado o jogo no principal. Essa é a parte incontornável.

A história não está dada. O Brasil não é o que era. O passado pode não passar, mas também não volta. O lema positivista "Ordem e Progresso", que Temer pegou emprestado da bandeira, já era conservador quando proclamaram a República, no final do século 19. Em entrevista exclusiva ao *Fantástico*, programa da TV Globo, em 15 de maio de 2016, Temer respondeu que um dos legados que gostaria de deixar é "a pacificação do Brasil".

A "pacificação" proposta por Michel Temer era cada um voltar a ocupar seu lugar racial e social, como se essa fosse a ordem natural das coisas. A "pacificação" de Temer era paz apenas para alguns. Bastava acompanhar os discursos de Temer e de parte das elites econômicas e do que se chama "mercado", com sua narrativa de "volta à normalidade" e de "retomada do crescimento", para perceber que de fato acreditavam que estava tudo dominado. Naquele momento, porém, o buraco virava um abismo: num período de profunda crise da democracia, afirmava-se à população que seu voto não valia nada. Como algo tão grande ressoa num país já empapado de ódio?

Democracia sem povo

Desde que ficou evidente que Michel Temer era um presidente refém do Congresso, devido ao envolvimento explícito com a corrupção denunciado pelo grupo Globo, o ano de 2017 foi vivido no campo da política como se pudesse ser pulado. O debate girava ao redor de impasses da eleição do ano seguinte, 2018: se Lula seria candidato ou estaria preso, se o político de Facebook João Doria daria o bote decisivo no padrinho Geraldo Alckmin, se Jair Bolsonaro (naquele momento ainda PSC) conseguiria aumentar seu número de votos com o discurso de extrema-direita, se Marina Silva (Rede), a que não era mais novidade, estaria ou não além de qualquer recuperação. E, claro, como o PMDB e o DEM se articulariam para seguir no poder.

Temer tornara-se um presidente que dependia dos favores que pudesse prestar para não sofrer um processo de impeachment muito mais consistente do que o de Dilma Rousseff. O que acontecia no Brasil era mais insidioso do que ditaduras com tanques nas ruas.

O Brasil havia inventado a democracia sem povo. Não aquela das retóricas ou dos textos acadêmicos, mas aquela que é. O povo, para aqueles que detinham o poder no Brasil, não tinha mais a menor importância. O povo era um nada.

Em agosto de 2017, com 5% de aprovação, segundo o Ibope, a menor de um presidente desde a redemocratização do país, Michel Temer podia fazer — e fez — todas as maldades e concessões que precisou para continuar no Planalto. Não precisava dar qualquer satisfação à população, porque não tinha nenhuma expectativa de recuperar a popularidade que nunca teve — e que, depois das evidências de corrupção, não tinha nenhuma chance de conquistar.

Enquanto continuou presidente, Temer concentrou todos os esforços para evitar ser arrancado do poder sem poder e, então, ser despachado para a cadeia. Seu mandato dependia do Congresso — e da parcela mais fisiológica do Congresso. Havia uma conversa de conteúdo mais do que suspeito, fora da agenda, à noite, na residência do presidente, e uma mala de dinheiro nas mãos de um homem de confiança de Temer. Nem assim o impeachment apareceu no horizonte do Congresso. Como até superquadras de Brasília sabiam, a questão nunca foi a corrupção.

Desde o início do mandato roubado de Dilma Rousseff, a presidência do Brasil esteve nas mãos de um homem que não tinha nada a perder ao desagradar seus eleitores, porque sequer tinha eleitores. E sabia que dificilmente recuperaria qualquer capital eleitoral. Sua salvação estava em outro lugar. Sua salvação temporária estava nas mãos daqueles que podia afagar distribuindo os recursos públicos que faltavam para o que é essencial e tomando decisões que feriam profundamente o Brasil e que afetarão a vida dos brasileiros por décadas.

Temer gozava então da liberdade desesperada — e perigosa — dos que já têm pouco a perder. O que ele tinha a perder dependia do Congresso e não da população. Assim como dependia das forças econômicas promotoras do impeachment continuarem achando que ele ainda podia fazer o serviço sujo de implantar rapidamente um projeto não eleito, um projeto que provavelmente nunca seria eleito, tarefa que ele desempenhou com aplicação.

Um projeto não eleito, é preciso lembrar, para não perder a perspectiva do processo, que tinha começado a ser implantado com grande velocidade ainda no primeiro mandato de Dilma Rousseff. No governo do PT-PMDB, porém, estava sujeito a disputas, recuos e dissensos. No governo Temer, o povo saiu da equação. E o Brasil passou a viver cada dia mais um direito a menos.

O Congresso — ou pelo menos parte considerável dele — também deixou de temer perder eleitores. Nem mesmo simular qualquer probidade para seus eleitores. Esse nível havia sido ultrapassado. A reputação dos políticos e do Congresso tinha chegado a um ponto tão baixo que também restava pouco, quase nada, a perder. Esta poderia ter sido uma preocupação, a de como recuperar a imagem, nem que seja pensando nas próximas eleições. Mas o rumo tomado foi outro. A oportunidade de saquear a nação a favor dos grupos que os sustentavam e de sua própria locupletação foi irresistível diante de um presidente que sangrava por todos os poros. Para que se preocupar com o povo? Que se lixe o povo. A hora era aquela.

Uma parcela do Congresso buscou agradar àqueles a quem realmente servia, com ainda mais empenho que o usual. A bancada do boi era o exemplo mais bem-acabado deste momento do parlamento. Grande fiadora da permanência de Temer na presidência, com mais de 200 deputados e acima de 20 senadores em 2017, colecionou vitórias numa velocidade atordoante.

É importante sublinhar que, apesar de chamada de "bancada ruralista", não se trata ali de agricultores que botam comida na mesa da população nem do agronegócio moderno, capaz de entender que a preservação do meio ambiente é um ativo fundamental para o setor. Aqueles ruralistas representam, sim, o que há de mais arcaico no país, que são as oligarquias rurais que se confundem com a própria fundação do Brasil como nação. Aquelas que se formaram com a invasão de terra indígena, a posse do território pela força das armas, a exploração primeiro da mão de obra escrava, hoje do trabalho análogo à escravidão. Se formaram também com financiamento barato dos bancos públicos. Mesmo os novatos no ramo se integraram rapidamente a essa cartilha, reproduzindo a tradição.

Atualmente, associam-se a grupos transnacionais, como a poderosa indústria dos agrotóxicos. No Congresso, articulam-se com as bancadas da bala — a dos defensores de armas associados à indústria do armamento e da segurança privada, grande negócio num país com números alarmantes de violência urbana — e a bancada dos estelionatários da fé — composta por representantes dos diferentes projetos político-religiosos que disputam o mercado com o objetivo de ampliar o alcance e os lucros de seus empreendimentos.

Quem deu as cartas no Congresso (e no Governo) — e seguiria dona do jogo com Bolsonaro — é o que há de mais atrasado no setor agropecuário, um tipo que evoluiu muito pouco desde a República Velha. Essa espécie não se pauta por melhorar a produção pelo avanço tecnológico e pela recuperação das terras e pastos degradados, mas pelo que lhe parece mais fácil: avançando sobre as áreas públicas, como terras indígenas e unidades de conservação ambiental, em especial no Cerrado e na Amazônia. Parte dela não está nem interessada em produzir, mas sim em especular com a terra tomada pela grilagem e legalizá-la pelos conchavos no Congresso. O coronelismo parece já ter se infiltrado no DNA dos ruralistas, seja herdado ou imitado.

Para avançar sobre as terras públicas de usufruto dos povos indígenas, as com vegetação mais preservada do país, os "ruralistas" têm cometido todo o tipo de atrocidades. Desde a posse de Temer, a bancada do boi conseguiu suspender demarcações cujos processos já estavam concluídos e se esforçou para aprovar algo totalmente inconstitucional: o "marco temporal".

Por esse instrumento, só teriam direito às suas terras os povos indígenas que estavam sobre elas em 1988, quando a Constituição foi promulgada. Para ficar mais fácil de entender, é mais ou menos o seguinte: você foi expulso da sua casa por pistoleiros ou por projetos do Estado. Era, portanto, fugir ou morrer. Mas você perde o direito de voltar para a sua casa justamente porque não estava lá naquela data. Não é só estapafúrdio. É perverso. Para agradar aos amigos ruralistas, Temer assinou um parecer tornando o marco temporal vinculante em toda a administração federal.

Na lista de mercadorias da fatura ruralista para a manutenção de Temer no poder já haviam sido entregues em meados de 2017 — ou estavam em andamento — barbaridades de todo o tipo: a continuidade do desmonte da Funai iniciado no governo de Dilma Rousseff, e com Temer já nas mãos de um general; a regularização de terras griladas (roubadas do patrimônio público), ampliando uma primeira regularização realizada em 2009, ainda no governo Lula; o parcelamento de dívidas de proprietários rurais com a Previdência em até 176 vezes, com o mimo adicional da redução da alíquota sobre as novas contribuições; a tentativa de redução da proteção de centenas de milhares de hectares de unidades de conservação; a pressão por mudanças nas regras do licenciamento ambiental que, na prática, não só abririam a porteira para os empreendimentos dos coronéis da bancada e de seus financiadores, mas tornariam o licenciamento ambiental quase inexistente.

Não para por aí. Os coronéis do ruralismo queriam bem mais: mudar as regras sobre os agrotóxicos, o que no Brasil já era então uma farra com graves consequências para a saúde de trabalhadores e de toda a população. Com Bolsonaro, avançariam enormemente. Defendiam com chantagens no Congresso, com armas no campo e na floresta, sua maior ambição: botar a mão nas terras públicas de usufruto dos indígenas, mudando a Constituição para que passasse a permitir lucros privados. Enquanto a eleição de 2018 não chegava, os "ruralistas" transformaram o país numa ação entre amigos.

A democracia sem povo que estava instalada em 2017 matou silenciosamente aqueles condenados a ser apenas números. A fome e a miséria aumentaram, as chacinas no campo e na floresta também, os moradores de rua multiplicaram-se nas calçadas (e foram atacados, quando não incendiados), os semáforos voltaram a lotar de pessoas tentando desesperadamente sobreviver vendendo alguma coisa, e os direitos duramente conquistados por décadas continuaram a ser destruídos um a um. Quem vivia não da especulação financeira ou da espoliação do trabalho de outros sentia que perdia. E perdia rapidamente. Perdia objetivamente, perdia subjetivamente. Os abusos de poder estavam por toda parte. E a Polícia Militar assumiu sem disfarces a ideologia de defender os grupos no poder contra o povo violentado por estes grupos.

Quem tinha posição para influenciar os rumos do país acreditava em algo que pode ser assim resumido: "ok, por agora está tudo perdido mesmo, vamos tentar melhorar o xadrez para 2018". Um xadrez que, pelo menos para a esquerda, não estava nada fácil. E não estava nada fácil nem mesmo para qualquer coisa que se pudesse chamar de uma direita de fato.

Tratado como entretempos, o ano de 2017 foi decisivo para os saqueadores dos direitos dos brasileiros. Para estes estava sendo o melhor tempo. Poder usurpar de tal forma o poder e ainda chamar de democracia? A época do a cada dia mais um direito a menos se consumou ali.

Desde o início do processo de impeachment de Dilma Rousseff, o Brasil foi atingindo um outro nível de perversão cotidiana. Com Temer, chegou ao nível em que não era preciso mais sequer manter as aparências. Para o impeachment, havia multidões nas ruas. Pode se discordar da interpretação que essas pessoas faziam do momento do país, pode se suspeitar das reais intenções dos grupos que lideravam os protestos "anticorrupção", mais tarde desmoralizados pelo silêncio diante das evidências muito mais eloquentes contra Michel Temer, mas não se pode negar que havia milhões nas ruas. Havia aparência. Havia a aparência de que a voz de parte significativa da população estava sendo ouvida mesmo que as razões apontadas para o impeachment fossem claramente insuficientes para justificá-lo.

Em 2017, a população sequer estava nas ruas. Aqueles que detinham o poder chegaram à conclusão de que não precisavam nem mesmo convencer a população ou cortejar seus eleitores. Que podiam prescindir de fazer de conta. A população já havia cumprido a tarefa necessária ao projeto de poder em curso, ao ocupar as ruas para pedir o impeachment de Dilma Rousseff. Milhões o fizeram, vestidos de amarelo, sob a sombra do pato da Fiesp. E então se tornaram dispensáveis. E a parcela da esquerda que ainda podia fazer um barulho nas ruas pelo impeachment de Temer parecia ter também calculado que era melhor (para seu projeto eleitoral) deixar as coisas se esgarçarem ainda mais até 2018, o que supostamente aumentaria suas chances de voltar ao poder. Se houve algum barulho quando o Congresso decidiu rejeitar a denúncia contra Temer, ele foi sepultado por um silêncio de tumba.

Se Temer ainda no Planalto foi a materialização do cinismo vigente no país, o candidato a substituí-lo em caso de afastamento, Rodrigo Maia (DEM), presidente da Câmara e também investigado pela Lava Jato, era a troca para nada mudar, já devidamente acertada com os reais donos do poder. Mas ainda assim era preciso que isso tivesse acontecido, para que pelo menos algum limite existisse, ainda que fosse o limite explícito da mala de dinheiro. Algo como: "mala de dinheiro, aí também não, mala de dinheiro é *too much*". Como nada aconteceu, como até mesmo a mala de dinheiro foi absorvida, e Temer seguiria no Planalto até o último dia, o Brasil ampliou o assustador mundo do tudo é possível, no qual cada um deu um jeito de se mimetizar e sobreviver. Assim foi 2017.

A crise da palavra seguiu produzindo fantasmagorias. Como a "pacificação do país" de Michel Temer, em que a paz era só para ele e os que o mantiveram no poder. Ou como o argumento pornográfico de que é melhor não tirar Temer agora por conta da "estabilidade". Estabilidade para quem? Estabilidade para o quê?

No segundo mandato interrompido de Dilma Rousseff, a palavra mais obscena era "governabilidade". Em nome da "governabilidade", traições profundas foram cometidas. Com Temer, a obscenidade que enchia a boca de tantos e consumiu muita tinta nos jornais e bytes na internet foi "estabilidade". Havia também — sempre há — os tais "sinais da economia". Se há algo que atravessa a história do país, com especial ênfase a partir da ditadura militar, é a mística dos economistas, com seus jargões, fazendo com que pareça evidência científica o que seguidamente está mais próximo da astrologia.

Certa casta de economistas um dia terá uma categorização própria na história. Olhando com a necessária distância, é bem curioso o poder que exercem ao ocuparem largos espaços na mídia para legitimar o ilegitimável. Delfim Netto é talvez o personagem mais fascinante desta época. Signatário do AI-5 e ministro de vários governos da ditadura militar, inclusive liderando a pasta da Fazenda nos tempos de Emílio Garrastazu Médici (1905-1985), os mais brutais do regime, conseguiu a façanha de seguir opinando na imprensa de todos os espectros ideológicos, da direita à esquerda. Tornou-se um guru, sem que isso produza um mínimo de estranhamento ou perguntas incômodas sobre o fato de ter compactuado com uma ditadura que sequestrou, torturou e matou milhares de brasileiros. Segue bem refestelado no conforto da impunidade bajulada, ditando o que está certo e errado no país, chamado com deferência de "professor". Dando receitas para o momento como se estivesse num programa de culinária.

Os gritos nas redes sociais (quase) não produziam movimento. Serviam mais para ilusão de que se protestava e de que se agia. Uma espécie de descarga de energia que se exauria na própria bolha e nada provocava além de mais gritos e mais descargas de energia. Os gritos serviam, sim, para camuflar a paralisia. Nem mesmo a vergonha produzida pela imprensa estrangeira, ao chamar o Brasil de "república de bananas", teve qualquer efeito concreto. Poucos se lembram, apesar de tão recente, mas Temer causou vexame em cima de vexame no exterior e já não importava. Já não havia vergonha.

Em 2017 havia uma espécie de aceitação do destino, do pior destino. E havia uma desistência. E talvez algo ainda pior, que era a corrosão de qualquer sentimento de pertencer a uma comunidade. O imperativo era o de cuidar da própria vida enquanto desse. Mesmo sentindo que há muito já não estava dando.

Naquele ano, encerrei um artigo com essa afirmação: "2018 está longe, embora muitos digam que é logo ali. Sem contar que não há nenhuma garantia de que vai melhorar depois da eleição. Mas, agora, neste momento, pessoas estão morrendo mais do que antes, passando fome mais do que antes, sendo expulsas de suas casas mais do que antes, perdendo seus direitos mais do que antes. Nas periferias urbanas e rurais, aqueles que matam estão matando mais, seguidamente com a farda do Estado. A floresta amazônica está sendo mais uma vez entregue ao que há de mais arcaico na história do Brasil e está sendo destruída de forma acelerada, comprometendo qualquer futuro possível. E você, isso que se convencionou chamar de 'povo', não importa para mais nada".

O QUE ACONTECIA NO BRASIL ERA MAIS INSIDIOSO DO QUE DITADURAS COM TANQUES NAS RUAS.

O BRASIL HAVIA INVENTADO A **DEMOCRACIA SEM POVO.**

O Brasil não é para amadores, tampouco para profissionais

As ruas são o território do incontrolável. Quem achava que era o fim da história ainda não tinha compreendido que ela mal havia começado, como a eleição de Jair Bolsonaro mostraria. O "governo de salvação nacional", como foi nomeado por Temer, não conseguiu salvar nem a si mesmo. Uma parcela das elites — econômicas, políticas e intelectuais — que apostou no impeachment de Dilma Rousseff e, em 2018, numa alternativa de centro, ainda que se possa duvidar que nomes como Geraldo Alckmin (PSDB) possam ser considerados "centro" —, teve que escolher ou combater Bolsonaro ou aliar-se a ele, sujeitando-se ao risco de um presidente imprevisível e com pouca intimidade com os rituais "do andar de cima". Torcendo o tempo todo, claro, para que, mais uma vez, o vice assumisse. Neste caso, o general reformado Hamilton Mourão.

Não deixa de ser irônico o destino de Michel Temer. Quase trágico. Temer, o vice traidor, reconhecida raposa política, sonhava que poderia fazer tudo o que fez e ainda ser visto como estadista. Logo após o impeachment, era bem claro que Temer e seus apoiadores, no Congresso, no "mercado" e em setores da imprensa, acreditavam que estava tudo dominado e era só voltar ao que sempre foi. Temer tornou-se o recordista de impopularidade durante o seu mandato, com a pior avaliação negativa desde que há institutos de pesquisa para aferir a opinião da população.

O desespero dos liberais e neoliberais também sinalizou o quanto de ilusão aqueles que representam o "mercado" alimentam sobre si mesmos. Parte das elites econômicas, tendo como exemplo mais evidente a poderosa Federação das Indústrias do Estado de São Paulo (Fiesp), que atuou de forma explícita e decisiva para o impeachment da presidenta eleita, assim como vários porta-vozes do que se chama mercado, acreditavam que tudo andaria conforme sua receita avalizada por grandes escolas de economia. Botariam no Planalto alguém da sua confiança e pronto, fariam uma "ponte para o futuro" que manteria os privilégios do passado. Acreditavam que o povo nas ruas não passava de marionete, que o povo nas ruas era o verdadeiro pato da Fiesp.

De repente, Jair Bolsonaro, que deveria ser apenas um parceiro caricato na derrubada do governo do PT, alcançou o primeiro lugar nas pesquisas eleitorais para a presidência. Junto com ele, está Paulo Guedes, um economista ultraliberal que é radical demais até mesmo para os liberais. Não fosse a situação do Brasil ser tão trágica, seria delicioso ver uma revista de fato liberal como a britânica *The Economist*, que já decolou e aterrissou o Cristo Redentor nos tempos de Dilma Rousseff, lançar Jair Bolsonaro como "a mais recente ameaça da América Latina" na capa de 22 de setembro de 2018. A revista favorita do mercado manifestou-se de forma inequívoca contra o ultraliberalismo de Paulo Guedes, o golpismo de Hamilton Mourão e o autoritarismo de Jair Bolsonaro. Foi chamada por seguidores de Bolsonaro de "The Communist", sinal eloquente do estágio seguinte alcançado pela crise da palavra vivida pelo Brasil.

A eleição de 2018 foi tudo menos simples. Com possibilidades cada vez maiores de chegar ao segundo turno, o ex-prefeito de São Paulo Fernando Haddad (PT), o candidato de Lula, tornou o cenário ainda mais complexo. A tal da opção de "centro", que tantos encheram a boca para falar, a duas semanas da eleição de 2018 não mobilizaria os eleitores. De dentro da prisão, onde foi colocado por um processo rápido demais, com provas frágeis demais e juízes escancaradamente antipetistas, Lula seguiu influenciando os destinos do país. Mesmo tendo sido impedido pelo Judiciário de ser candidato, e isso quando estava em primeiro lugar nas pesquisas, ele foi — para o bem e para o mal — um dos principais protagonistas da eleição.

Se o Brasil não é para amadores, também não é para profissionais. Tudo pode sempre surpreender um pouco mais. Haddad e o PT costuraram apoio entre aliados que os traíram na batalha do impeachment, costuraram apoio inclusive entre políticos que participaram do governo Temer. Aliados que foram chamados de "golpistas" pela militância foram aliados de novo sem deixarem de ser "golpistas". No Brasil, a *realpolitik* é real demais. Mas quando o eleitor não vota conforme o esperado, é ele que é chamado de ignorante.

O roteiro que se desenhou em 2018 não foi o imaginado por muitos dos que conspiraram para desrespeitar o voto dos brasileiros. Também não era este o script que a parcela da grande imprensa que atuou decisivamente para o impeachment sonhava para o momento. A Globo descobriu logo cedo, ao fracassar em derrubar Michel Temer após as denúncias de corrupção, que seu imenso poder tinha limites. Jair Bolsonaro, aliás, não se cansou de lembrar ao vivo, nos estúdios da emissora, o quanto a Globo apoiou a ditadura militar que ele, Jair, enaltece com tanto entusiasmo.

O cenário que anunciava a vitória de Jair Bolsonaro dificilmente foi o esperado também pela maioria dos membros do Judiciário e do Ministério Público que decidiram personalizar a justiça, esquecendo-se de que eram funcionários públicos e acreditando ser heróis. Quem venceu — e segue vencendo — é esse poder que atravessa governos e que hoje é representado pela "bancada ruralista", grande parte dela conectada à escalada de violência no campo e na floresta contra camponeses e indígenas.

Essa escalada se acentua e se acelera a partir de 2015, quando Dilma já pouco manda, se acirra fortemente após o impeachment que colocou Temer na presidência, a partir de 2016, e se torna alarmante com a eleição de Bolsonaro, em 2018. Ao redor da bancada ruralista, mas também além dela a partir de 2019, estão as já mencionadas bancada da bala, que lucra com a violência, e a dos estelionatários da fé, que manipula os temas morais para conquistar poder e privilégios.

É este o mundo de Bolsonaro, que por isso tem assustado não só a esquerda, mas também a direita caviar e os liberais genuínos, estes que têm na *The Economist* o seu oráculo. É a parcela atrasada e violenta do Brasil rural, associada ao que há de mais moralmente corrupto nos fenômenos urbanos, que disputou a presidência do país — e ganhou. Bolsonaro representa o homem branco ultraconservador, mas bruto e sem lustro, que os ilustrados de direita e de esquerda não querem na sua sala de jantar.

Em breve vamos encarar os olhos erráticos do homem que come pão com leite condensado e bebe café em copos de plástico, tudo isso para alimentar a sanha por identificação dos eleitores. Antes, porém, há alguns outros fenômenos que o prenunciam que é preciso olhar mais de perto.

A arte de fabricar monstros

O fechamento da mostra *Queermuseu: cartografias da diferença na arte brasileira*, em setembro de 2017, apontou a crescente articulação entre setores da política tradicional e milícias como o MBL. Essa articulação teve significativa influência na eleição de 2018. Na coligação não formalizada, velhas táticas ganharam aparência de novidade pelo uso das redes sociais, com enorme eficiência de comunicação. Era velho e novo ao mesmo tempo. A vítima maior não foi a arte ou a liberdade de expressão, mas os mesmos de sempre: os mais frágeis, os primeiros a morrer.

A exposição era exibida desde 15 de agosto daquele ano, em Porto Alegre, no Santander Cultural. Contava com obras de artistas brasileiros de diversas gerações, como Candido Portinari, Alfredo Volpi, Lygia Clark, Leonilson e Adriana Varejão. É justamente de Varejão uma das obras mais atacadas: *Cenas do interior 2* tem quatro imagens de atos sexuais, incluindo sexo com um animal. Outra obra demonizada foi a de Bia Leite, que expôs desenhos baseados em frases e imagens do Tumblr "Criança Viada", que reúne fotos enviadas por internautas deles mesmos na infância. Pessoas começaram a ofender o público da mostra e a acusar os artistas de promover a "pedofilia", a "zoofilia" e a "sensualização precoce de crianças". As milícias também promoveram um boicote ao banco. O Santander recuou, e a exposição, que deveria ter se estendido até outubro, foi encerrada.

O MBL, uma das milícias que lideraram os ataques à exposição, foi um dos principais articuladores das manifestações contra o PT e pelo impeachment de Dilma Rousseff, que levaram às ruas milhões de brasileiros vestidos de amarelo. Na ocasião, sua bandeira era a luta contra a "corrupção". Também afirmavam propagar ideias "liberais". Como apontou o filósofo Pablo Ortellado, em sua coluna na *Folha de S.Paulo*, o MBL descobriu que "as chamadas 'guerras culturais' eram um ótimo instrumento de mobilização e que, por meio do discurso punitivista e contrário aos movimentos feminista, negro e LGBTQI, podiam atrair conservadores morais para a causa liberal". Passaram então a gritar contra as cotas raciais e a favor do aumento do encarceramento (num país em que a maioria dos presos é composta por negros), assim como defender um projeto que espertamente foi batizado de Escola Sem Partido.

Mas qual era o contexto e o que o MBL defendia? Se esse tipo de grupo se formou erguendo a bandeira da "anticorrupção" e não promoveu nenhuma manifestação nas ruas contra um presidente denunciado duas vezes e um dos governos mais corruptos da história do Brasil, o de Michel Temer, é possível levantar a hipótese bastante óbvia de que a "corrupção" nunca foi o alvo de sua atuação política.

Quando são citados na imprensa, MBL e assemelhados são tachados de "conservadores" e "liberais". Isso os coloca sempre num polo contra outro polo, o que é essencial para esse tipo de milícia sobreviver, se replicar e agir em rede. E dá a essas milícias uma consistência que não condiz com a realidade de seu conteúdo. Liberais de fato jamais tentariam fechar uma mostra de arte, para ficar apenas num exemplo. Diante desta obviedade, as milícias começaram a ser definidas como "liberais na economia, conservadoras nos costumes". Mas será que isso faz algum sentido? Será que podemos chamar de conservador alguém que finge não compreender o que é arte? Nunca me pareceu justo com os conservadores de fato, parte deles bastante inteligentes e necessários para também pensar o Brasil.

A dificuldade de nomear o que as milícias da internet são, especialmente o MBL, as favoreceu. Elas acabaram se beneficiando de rótulos aos quais lhes interessava estar associadas num momento ou outro e que lhes emprestavam um conteúdo que não possuíam, mas do qual sempre podiam escapar quando lhes convinha, como ao se reposicionarem como moderadas no início do governo de Jair Bolsonaro.

Apesar de exibirem como imagem um corpo compacto, essas milícias são fluidas. Embora ajam sobre os corpos, não há corpo algum. Isso facilitou que se movessem da luta anticorrupção, que lhes deu fama, seguidores e um lugar no tabuleiro, para as bandeiras morais, quando não mais lhes interessava derrubar o presidente. Também distraiu seus fiéis da evidência de que, diante de um presidente explicitamente corrupto, o MBL e outros tergiversaram. Para evitar barulho contra você, faça um barulho antes e muito maior. Os atores podem ter alguma novidade, mas o truque é velhíssimo.

O que se pode afirmar sobre milícias como o MBL é que elas têm um projeto de poder — ou têm um poder que pode servir a determinados projetos de poder. O poder dessas milícias estava em mostrar que são capazes de se comunicar com as massas e, portanto, de influenciar tanto eleitores quanto odiadores, num momento histórico em que essas duas identidades se confundem. E este é um enorme poder, que claramente foi colocado a serviço de políticos e de partidos tradicionais. Além de — e principalmente — em seu próprio benefício.

A descoberta de que temas "morais" são uma excelente moeda de barganha não é prerrogativa do MBL e de seus assemelhados. Essa moeda sempre esteve em circulação. No que se convencionou chamar de Nova República, que se seguiu à ditadura militar, ela esteve na primeira eleição presidencial da redemocratização. Fernando Collor de Mello, que depois se tornaria o primeiro presidente a sofrer impeachment, usou fartamente contra Lula o fato de que ele tinha uma filha de uma relação anterior ao seu casamento com Marisa Letícia e que teria sugerido um aborto à então namorada.

O marco fundador pode, porém, ser localizado bem mais tarde, na eleição de 2010, como já mencionado anteriormente. Naquele momento, ao perceber o potencial eleitoral do crescimento dos evangélicos no Brasil, e em especial dos neopentecostais, alguns oportunistas perceberam que jogar o tema do aborto no palanque poderia ser conveniente. Tanto para conquistar o voto religioso quanto para derrubar opositores. A superação desse limite ético marcou uma mudança no debate eleitoral dali em diante.

As milícias rapidamente compreenderam esse potencial. Seu trunfo era demonstrar serem capazes de levar as massas para onde quisessem, o que as tornou valiosas para políticos com grandes ambições eleitorais e valiosas para seus líderes com ambições eleitorais. Mas só podiam levá-las porque se comunicavam com eficiência com uma população que se sentia cada vez mais insegura e desamparada e que foi a primeira a sofrer com a crise econômica e a crescente dureza dos dias sem saúde, sem escola, sem serviços básicos, enquanto assistia a um noticiário que era quase todo ele sobre malas de dinheiro da corrupção. Uma população que há anos tem sido treinada por programas policialescos/sensacionalistas de TV que atribuem todas as dificuldades a facínoras à solta, adestrando essa população a ver as mazelas da vida cotidiana como culpa de alguém que pode e deve ser eliminado — e não a uma estrutura mais complexa que a mantém cimentada no lugar dos explorados e dos subalternos.

As milícias compreenderam o potencial desse medo e desse ódio. E souberam se comunicar com esse medo e esse ódio. Encontraram o botão, o ponto a ser tocado. Encontrado o botão de acionamento, o inimigo pode ser mudado conforme a conveniência. Se após o impeachment de Dilma não interessava derrubar o presidente denunciado por corrupção, há que se encontrar um outro alvo para canalizar esse ódio e esse medo e manter o número de seguidores cativos e, de preferência, crescendo, atingindo públicos mais amplos. E, principalmente, manter o valor de mercado das milícias em alta, em especial às vésperas de uma campanha eleitoral que se apresentava como imprevisível.

O que o episódio do *Queermuseu* demonstrou foi a potência da falsificação. O problema do Brasil já não era a desigualdade nem a pobreza que voltou a crescer. Nem mesmo o desemprego. Nem a crescente violência no campo e nas periferias, promovida em grande parte pelas próprias forças de segurança do Estado, a serviço de grupos no poder. Nem o desinvestimento na saúde e na educação. Nem a destruição da floresta amazônica. Nem o ataque aos povos indígenas e quilombolas pelos chamados "ruralistas". Nem projetos que atingem direitos conquistados nas áreas do trabalho e da Previdência sendo levados adiante sem debate por um governo corrupto. Não.

De repente, numa semana de setembro de 2017, o problema do Brasil tornou-se, para milhões de brasileiros, a certeza de que o país estava infestado de pedófilos e defensores do sexo com animais. De repente, eram os artistas que deveriam ser perseguidos, presos e até, como se viu em algumas manifestações nas redes sociais, mortos. E não só artistas, mas também quadros e peças de teatro. O problema do Brasil, a se acreditar nas massas que salivavam, era que pedófilos queriam corromper as crianças e transgêneros queriam destruir as famílias. Com esse truque de ilusionismo coletivo, todos os problemas reais que corroíam a vida cotidiana da maioria eram apagados, e com eles a necessidade de mudar algo muito mais estrutural em um dos países mais desiguais do mundo.

O prejuízo causado pelo ataque à exposição de arte foi menos a censura e o cerceamento da liberdade de expressão, como foi colocado por parte dos que reagiram contra o fechamento da mostra, e mais o apagamento que ataques como este ajudaram a produzir e a perpetuar. Como o número assombroso de homossexuais assassinados e de estupros de mulheres no país.

Segundo o Grupo Gay da Bahia, que documenta a violência produzida por homofobia, 445 pessoas tinham sido assassinadas por sua orientação sexual em 2017, um aumento de 30% em relação a 2016, quando ocorreram 343 homicídios. Esse massacre, este que é real, que se dava — e se dá — sobre os corpos de pessoas, não produziu nenhum protesto ou comoção dos defensores da moral e dos bons costumes.

Em 2017, sete mulheres por hora eram estupradas, conforme dados do Fórum Brasileiro da Segurança Pública. A estatística brutal dá conta apenas dos casos documentados. A estimativa, segundo estudo do Ipea, é de que apenas 10% dos estupros são registrados pela polícia. Assim, o número verdadeiro seria de mais de meio milhão de estupros por ano no Brasil. Este massacre, este que é real e que se dá sobre os corpos de pessoas, não produziu comoção no país.

Ao denunciar a arte e os artistas como "pedófilos", o que se produz é o apagamento de um fato bastante incômodo: o de que a maioria das crianças violadas é violada por pessoas conhecidas. Quase 40% dos casos têm familiares como autores. Ocorre, portanto, naquilo que a bancada dos estelionatários da fé tenta vender como a única família aceitável, formada por um homem e por uma mulher.

Essa estratégia é a mesma que faz com que a guerra contra as cotas raciais torne ainda mais invisível o horror concreto, aquele que mancha de sangue os dias: o genocídio da juventude negra e pobre. Da mesma forma, o projeto ideológico Escola Sem Partido desloca o problema real, que é o desinvestimento na escola pública, justamente a que abriga os mais pobres, para um falso problema, a suposta doutrinação política. E assim, com os males reais sendo invisibilizados e apagados, tudo continua como está. E aqueles que gritam seguem cimentados na mesma posição na pirâmide social.

O fato de que os ataques tiveram a cultura como alvo não é um dado aleatório. É também por movimentos culturais surgidos nas periferias do país e apoiados por programas públicos, especialmente nas gestões de Gilberto Gil e de Juca Ferreira, durante o governo Lula, que uma juventude politizada fortaleceu a sua atuação. É também nas artes e na literatura que se encontra a maior possibilidade de ampliação das subjetividades. E é a subjetividade que nos ajuda a compreender o mundo em que vivemos para além do que nos é dado a ver.

Mesmo que isso não seja óbvio para todos, é a arte que expande a nossa consciência mais do que qualquer outra experiência, justamente por deslocar o lugar do real. Ao fazer isso, ela amplia a nossa capacidade de enxergar além do óbvio. Não há nada mais perigoso para a manutenção dos privilégios e do controle de poucos sobre muitos do que a arte.

A arte é o além do mundo que, depois de nos tirar do lugar, nos devolve ao lugar além de nós mesmos. Somos, a partir de cada experiência, nós e além de nós. Esta é uma vivência transgressora e à prova de manipulações. E esta é uma vivência profundamente humana, como mostram as pinturas encontradas nas cavernas deixadas por nossos ancestrais pré-históricos. Por isso não é por acaso que regimes de opressão começaram com ataques contra a arte e os artistas.

Ao literalizar a arte, interpretando o que é representação como se fosse realidade factual, assassina-se a arte. Quando Salvador Dalí faz um relógio derretido em uma paisagem de sonho, ele não está afirmando que relógios derretidos existem daquela maneira nem paisagens como aquela podem ser vistas no mundo de fora, mas está invocando outras realidades que nos habitam e que vão provocar reflexões diferentes em cada pessoa. Literalizar a arte é uma monstruosidade que tem sido cometida contra obras e artistas no Brasil.

Mas não só. É uma monstruosidade contra o que há de humano em nós. É um libelo pela desumanização.

Para as milícias seguirem arregimentando eleitores e odiadores é preciso que a compreensão do mundo siga literalizada — ou seja, sem a possibilidade de recursos como metáforas, ironias e invenções de linguagem. Foi também isso que aconteceu com a massa de odiadores que se uniu aos gritos contra a arte e os artistas. Muitos olharam para a exposição e só literalizaram o que viram lá, bloqueados em qualquer outra possibilidade de entrar em contato com seus próprios sentidos e realidades inconscientes.

Os programas policialescos/sensacionalistas de TV desempenharam e desempenham um papel fundamental para a compreensão maniqueísta do Brasil e dos problemas do Brasil, ao eleger um "culpado" individualizado, sem tocar em questões de desigualdade racial e social, assim como em questões de acesso a direitos básicos como a própria justiça. Já as igrejas evangélicas neopentecostais cumpriram e cumprem o papel de literalizar a linguagem. Há gerações sendo formadas na interpretação literal da Bíblia, para muitos o único livro que leem. O que milícias como MBL perceberam é a possibilidade de manipular essa mesma matéria-prima, arregimentando massas já bem treinadas em enxergar inimigos e literalizar a linguagem.

Há um ponto nesse episódio que é revelador de onde milícias como o MBL querem chegar. É o ponto de encaixe. As milícias sempre vociferaram contra os "vândalos" e "desordeiros" que quebravam fachadas de bancos em protestos contrários à sua bandeira de ocasião. Desta vez, aparentemente investiram contra o Santander, um dos maiores bancos do mundo, ao pregar um boicote. Mas não era contra o Santander, e sim contra o fato de uma exposição que afirmaram ser de "apologia à pedofilia e à zoofilia" ter sido financiada por dinheiro de renúncia fiscal via Lei Rouanet. O verdadeiro alvo do ataque era o investimento de dinheiro público em cultura, como foi ficando cada vez mais claro nos anos que se seguiram. Se a Lei Rouanet tem problemas e pode ser aprimorada, ela significou um investimento crucial numa área sempre relegada, que sofreu enormemente no governo de Michel Temer e que seria atacada e desmontada no início do governo Bolsonaro.

BOLSONARO REPRESENTA O HOMEM BRANCO ULTRACONSERVADOR, MAS BRUTO E SEM LUSTRO, QUE OS ILUSTRADOS DE DIREITA E DE ESQUERDA NÃO QUEREM NA SUA SALA DE JANTAR.

Em 2017, alguns candidatos apoiavam e eram apoiados por milícias como o MBL. Em São Paulo, João Doria, o político cuja política é se dizer não político, era o favorito. Volta e meia eram postadas nos sites das milícias as fotos de Doria serelepando pelo Brasil em seu jatinho particular. Nesses posts, era enaltecido o fato de que ele não gastava dinheiro público para trabalhar "a serviço de São Paulo".

Os milhares que apertavam a tecla de "curtir" esse tipo de mensagem pareciam não perceber que se propagavam ali duas ideias que prejudicam a maioria da população: 1) que só ricos podem ser candidatos; 2) que o investimento de dinheiro público é ruim para o Brasil, quando justamente é fundamental, para combater a desigualdade e garantir o acesso a direitos básicos, que se invista em saúde, educação e transporte público, entre outros temas prioritários. A ideia de que todo investimento público é suspeito ou será desviado para a corrupção é conveniente para indivíduos e setores da política tradicional a serviço do mercado. Quanto menos o Estado atuar e investir em áreas estratégicas para a vida cotidiana da maioria, mais espaço haverá para negócios privados que só crescem pela ausência de investimento público.

Outro exemplo era o prefeito de Porto Alegre, Nelson Marchezan Jr., também do PSDB, notório apoiador e apoiado pelo MBL. A nota do Santander Brasil foi publicada na página oficial do prefeito, com a afirmação de que "a exposição mostrava imagens de pedofilia e zoofilia". Horas depois, foi apagada. A milícia tinha desempenhado um papel importante em sua vitória na eleição de 2016.

De nada adianta chamar as pessoas que se manifestaram contra a mostra de arte de "ignorantes", "fascistas" e "nazistas". É também preciso escutá-las para além do óbvio. E para além do que é dado a ver. Do contrário, aqueles que "entendem a arte" se colocam no melhor lugar para as milícias, o de um polo oposto que iguala a todos no patamar do rebaixamento e produz o apagamento das diferenças. Um grita: "Pedófilo!". O outro responde: "Nazista!". O que muda? Se estes são "os que entendem", há que usar esse entendimento para não fazer o jogo das milícias.

Também não adianta gritar que as pessoas não compreendem o que é arte. Se parte significativa da população não teve e não tem acesso à arte é também porque os privilégios se mantêm intactos no Brasil graças a muita gente que entende de arte. E nada, muito menos a arte, deve estar protegida do debate. O ataque é abusivo. O debate é necessário.

A crise, como vou repetir de novo e de novo, é também de palavra. Ou principalmente de palavra. A literalização da linguagem é apenas uma das faces da crise da palavra. Os brasileiros sempre tiveram uma linguagem riquíssima, complexa, de invenção, povoada por subjetividades. Guimarães Rosa (1908-1967), um dos maiores ícones da literatura brasileira, bebeu nesta fonte — e não o contrário. Alguns dos melhores momentos da música brasileira foram paridos por essa inventividade ousada. É o teatro quem tem melhor dado conta do atual momento do Brasil.

É nesta resistência que é preciso apostar. E para isso é preciso investir muito no fortalecimento dos movimentos culturais. E é preciso fazer a disputa também, ou principalmente, pela linguagem. Quando tantos gritaram "pedófilo" apenas ontem, e no ano seguinte passaram a berrar "comunista", é preciso escutar e responder de forma que o diálogo seja possível. Quem ganha com o esvaziamento das palavras já sabemos. Quem perde nem sempre percebe que perde.

Aqueles que investem no terror sabem apenas como começa. Mas como ignoram a história e apostam na desmemória, não aprenderam uma lição básica: quando se manipulam medos e ódios, o controle é apenas uma ilusão. Nunca se sabe até onde pode chegar nem como acaba.

Ao ver que seu ataque foi bem-sucedido, as milícias não deram trégua. Trataram de amplificar qualquer ato com potencial para ser convertido em falso escândalo moral. A próxima vítima seria o artista Wagner Schwartz. Em 26 de setembro de 2017, ele fez uma interpretação de *Bicho*, uma obra viva de Lygia Clark, no Museu de Arte Moderna de São Paulo (MAM). A obra é constituída por uma série de esculturas com dobradiças que permite que as pessoas saiam do lugar de espectadoras passivas e se tornem parte ativa do acontecimento que ali se produz. Nesta leitura de *Bicho*, que resultou em ataques de ódio, o coreógrafo, nu e vulnerável, podia ser tocado e colocado em qualquer posição pela plateia. Um vídeo divulgado pela internet mostrava uma criança tocando o performer. Apesar de a menina estar devidamente acompanhada por um adulto responsável, no caso sua mãe, foi o suficiente para protestos de ódio. O artista foi chamado de "pedófilo" — e o museu foi acusado de incentivar a pedofilia.

As milícias pareciam empenhadas em tirar o foco da corrupção e canalizar a sanha dos seguidores para outro inimigo, ainda que falso. Naquele momento, os brasileiros já perdiam direitos duramente conquistados numa velocidade estonteante, mas um contingente barulhento preferia acreditar que o problema da sua vida era a proliferação de pedófilos escondidos em museus.

A criação de monstros para manipular uma população assustada não é nenhuma novidade. Ela se repete ao longo da história, com resultados bem conhecidos. Como muitos lembraram durante os ataques à arte e aos artistas ocorridos no segundo semestre de 2017, a Alemanha nazista atacou primeiro exposições de arte. Os nazistas criaram o que se chamou de "arte degenerada" e destruíram uma parte do patrimônio cultural do mundo. Mais tarde, assassinariam seis milhões de judeus, ciganos, homossexuais e pessoas com algum tipo de deficiência.

Dê um monstro a uma população com medo, para que ela o despedace, e você está livre para fazer o que quiser. Neste século, porém, há uma diferença com relação a outras experiências ocorridas na história: a internet. A disseminação do medo e do ódio tornou-se muito mais rápida e eficiente, assim como a fabricação de monstros para serem destroçados.

A internet é uma novidade também em outro sentido, que está sendo esquecido pelos linchadores: as imagens nela disseminadas estarão circulando no mundo para sempre. A história não conheceu a maioria dos rostos dos cidadãos comuns que tornaram o nazismo e o Holocausto uma realidade possível, apenas para ficar no mesmo exemplo histórico. Eles se tornaram, para os registros, o "cidadão comum", o "alemão médio" que compactuou com o inominável. Ou mesmo que aderiu a ele.

Na segunda década do século 21, no caso do Brasil e de outros países que vivem situação semelhante, o "cidadão comum" que aponta monstros com o rosto distorcido pelo ódio não é mais anônimo e apagável. Ele está identificado. Seus netos e bisnetos o reconhecerão nas imagens. Seu esgar permanecerá para a posteridade.

Será interessante acompanhar como isso mudará o processo de um povo lidar com sua memória. Talvez o próprio conceito de memória mude. Tudo é tão instantâneo e imediato na internet, tão presente contínuo, uma imagem logo se sobrepondo à outra, que muitos parecem estar se esquecendo de que estão construindo memória sobre si mesmos. Memória que deverá ficar para sempre nos arquivos do mundo.

A escolha do "monstro" da vez é uma escolha política. A fabricação de monstros é uma forma de controle de um grupo sobre todos os outros. Em 2017, com o apoio de representantes dos partidos tradicionais, as milícias apostaram na criação de uma base eleitoral para 2018. Uma capaz de votar em alguém que prometesse controlar o descontrole, alguém que afirmasse ser capaz de "botar ordem na casa". Mas botar ordem na casa sem mudar a ordem da casa. Este era — e segue sendo — o ponto.

É assim que oprimidos votam em opressores, acreditando que se libertam. É assim que se faz uma democracia sem povo — uma impossibilidade lógica que se realizou no Brasil.

Primeiro, derrubou-se a presidenta eleita com a bandeira da anticorrupção. Mas aqueles com os quais esses movimentos se aliaram eram corruptos que tornaram a mala de dinheiro uma imagem ultrapassada, ao lançar o apartamento de dinheiro, caso dos mais de 51 milhões de reais encontrados num imóvel de Geddel Vieira de Lima (PMDB), ministro e aliado de primeira hora de Temer. Personagens desacreditados, políticos desacreditados, como então manter as oligarquias no poder para que nada mude, mas pareça mudar? Capturando o medo e o ódio da população mais influenciável e canalizando-os para outro alvo.

Enquanto a turba gritava diante de museus (museus!), e/ou nas redes sociais, às suas costas o butim seguiu sendo dividido entre poucos. Em 2017, as milícias rastrearam exposições culturais com potencial para factoides, o que é bem fácil, já que o nu faz parte da arte desde a pré-história, e alimentaram o ódio e os odiadores com monstros fictícios semana após semana. Aos poucos, a sensação de que o presente e o futuro estavam ameaçados, de que o Brasil havia se transformado numa versão de Sodoma e Gomorra, infiltrou-se no cérebro.

Em 2017, o ano da fabricação de monstros, o presente e o futuro estavam claramente ameaçados no Brasil, porque havia menos dinheiro para a saúde e a educação, porque a Amazônia estava sendo destruída e porque direitos profundamente ligados à existência de cada um estavam sendo exterminados por um Congresso formado em grande parte por corruptos. Mas a ameaça foi deslocada para outro lugar. Com o ódio canalizado contra falsos monstros, os homens que pregam e praticam monstruosidades aumentaram suas chances de serem eleitos. O resultado da ampliação da base eleitoral a partir da criação de monstros foi a eleição de uma criatura humana bem real chamada Jair Bolsonaro.

Bolsonaro deve parte de sua vitória eleitoral às milícias, e especialmente ao MBL, mesmo que a organização não tenha apoiado o candidato de extrema-direita explicitamente na eleição de 2018. Politicamente espertos, lideranças do MBL tiveram o cuidado de, ao mesmo tempo, reforçar o antipetismo sem se comprometer por completo com um candidato imprevisível como Bolsonaro. Segundo manifestações de seus líderes, nenhum dos dois candidatos era o de seus sonhos, mas, claro, a volta do PT era inaceitável. "Voto no Bolsonaro, mas é voto útil. Não é o cenário ideal, existem pessoas mais preparadas, mas infelizmente é o que a gente tem", disse Kim Kataguiri em entrevista ao portal UOL logo após o primeiro turno das eleições de 2018.

O MBL começava ali a reposicionar a marca para 2019. Eleito deputado federal pelo fisiológico DEM, Kim Kataguiri voltou a se concentrar nas bandeiras de fato liberais e a apostar na construção do personagem do conservador moderado, opondo-se aos bolsonaristas da linhagem de Olavo de Carvalho, barulhentos e explicitamente contra o Congresso do qual Kataguiri passou a fazer parte.

A milícia compreendeu que, com Bolsonaro à frente do governo, era necessário diferenciar as direitas para não se comprometer com o bolsonarismo, cujo futuro era incerto e o presente disputado por diferentes grupos numa guerra fratricida instalada logo após a vitória eleitoral. O DEM, partido de Kataguiri e de outros membros do MBL que se candidataram a cargos eletivos, iniciou 2019 liderando a Câmara e o Senado, o que soava muito mais promissor.

No início de 2019, o MBL era outro, como foi reconhecido por parte de seus seguidores em manifestações na internet. Tinham ficado para trás os tempos de chamar artistas de "pedófilos", destroçar reputações (e vidas) de opositores nas redes com informações falsificadas, chamar todos os que contrariavam seu projeto de poder de "comunistas". Pelo menos temporariamente — já que milícias como o MBL agem por conveniência e são capazes de realinhar suas táticas rapidamente se o momento exigir —, o MBL se dirigiu ao centro, como aconteceu com partidos como o DEM.

A guinada é previsível quando o governo é dominado por um extremo, caso de Bolsonaro e do bolsonarismo. É a primeira vez que isso acontece no Brasil da redemocratização, já que o PT no poder foi muito mais um partido de centro-esquerda do que de esquerda. E jamais chegou sequer perto de representar a extrema-esquerda.

O cinismo converteu-se então num modo de existência. Fernando Holiday, vereador de São Paulo pelo DEM, declarou que, desde que começou a cursar licenciatura em história na Mackenzie, passou a olhar os professores com melhores olhos. "A forma como eu defendia o projeto [Escola Sem Partido] estava absolutamente errada, que é transformar o professor em um dos maiores problemas da nossa educação", afirmou à *Folha de S.Paulo*, depois de invadir escolas públicas e incitar alunos a gravar aulas de professores que, segundo ele, pregavam ideologia. "Uma parte da direita realmente deu início à perseguição [aos professores]. A principal diferença no projeto está entre quem vê a maioria dos professores como doutrinadores e quem vê uma minoria como doutrinadores. A maior parte dos professores dá sua aula sem colocar sua opinião. Vi isso na minha vida escolar. Essa parte que enxerga a maioria dos professores como doutrinadores vê como problema grave, a ponto de querer o direito de filmar as aulas. É um grande equívoco."

Quando o MBL declarou que não apoiaria as manifestações a favor de Bolsonaro, ocorridas em 26 de maio de 2019, Holiday tuitou:

"A direita não é uma coisa uniforme, e isso é bom. Existem várias vertentes, e usar guerrilhas digitais contra quem pensa diferente não ajuda a convencer o outro. Não vamos às manifestações porque consideramos um erro estratégico. Mas isso não significa que ficaremos parados". Sim, o MBL estava acusando as "guerrilhas digitais" de atuarem contra quem pensa diferente.

Dias antes da manifestação de 26 de maio, em entrevista ao jornal *O Globo*, Kim Kataguiri mostrou-se abismado por estar sendo chamado de "comunista": "Estão me chamando de comunista. [...] Todo mundo que se posiciona contrário é comunista. Quem discorda do Bolsonaro é comunista. Essa é a definição histórica de comunismo, discordar do Bolsonaro. É um discurso do Olavo [de Carvalho] demonizar qualquer pessoa que discorde do discurso dele". Kataguiri também se revelou chocado com a "demonização" dos políticos e da política.

A ficção se tornou totalmente obsoleta no Brasil. Tudo é realidade.

Por que o "monstro" escolhido foi o pedófilo e não um outro?

Essa é uma pergunta que vale a pena ser feita. Há muitas respostas possíveis. Já se tentou — e ainda se tenta — monstrificar muita gente. O aborto foi a moeda eleitoral da eleição de 2010 e os defensores do direito de as mulheres interromperem uma gestação indesejada foram chamados de "assassinos de fetos". Gays, lésbicas, travestis, transexuais e transgêneros estão sempre na mira, como os episódios homofóbicos e o assassinato de LGBTQIs nos últimos anos mostraram. Feminismo e feministas, em algumas páginas do Facebook, viraram palavrões.

A tentativa foi novamente reeditada em novembro de 2017 com os protestos contra a palestra da filósofa americana Judith Butler, no Sesc, em São Paulo. Ela participou do ciclo de debates intitulado *Os fins da democracia*. Acusaram-na de "inventar a ideologia de gênero". É preciso observar, porém, que, se as tentativas de monstrificar pessoas são constantes, há grupos organizados para defender os direitos das mulheres sobre o seu corpo e também há grupos organizados da sociedade civil para denunciar a homofobia e a transfobia. Esses grupos não permitem mais a conversão de seus corpos em monstruosidades e de seus direitos em monstruosidades. Nestes campos, há resistência. E ela é forte, especialmente a partir da segunda década do século.

Qual é, então, o monstro mais monstro deste momento histórico, o monstro indefensável? O pedófilo, claro. Quem vai defender um adulto que abusa de crianças? Ninguém.

Mas há um problema. Os pedófilos não andam por aí nem são uma categoria. A maioria, aliás, como as estatísticas apontam, estão dentro de casa ou muito perto dela. Ao contrário de muitos que apontam o dedo diante de museus, eu já escutei vários pedófilos reais como repórter. E posso afirmar que são humanos e que a maioria sofre. E posso afirmar também que uma parte deles foi abusada na infância. Posso afirmar ainda que nem todos sofrem, mas todos precisam de ajuda. Ajuda que, aliás, eles (e elas) não têm.

Como então criar uma epidemia de pedofilia sem pedófilos disponíveis? Fabricando pedófilos. Espelhando-se em Hitler e criando uma "arte degenerada". Manipulando todos os temores ligados à sexualidade humana. E manipulando especialmente uma ideia de criança pura e de infância ameaçada.

A infância está, sim, ameaçada. Mas pela falta de investimentos em educação e em saúde, pela destruição da floresta amazônica e pela corrosão das fontes de água, pela contaminação dos alimentos por agrotóxicos, pela destruição dos direitos que não terão mais quando chegarem à vida adulta. São estas as maiores ameaças contra as crianças brasileiras de hoje — e não falsos pedófilos em museus.

As crianças e seu futuro, aliás, estão ameaçados porque existem menos museus do que deveria existir, menos centros culturais do que deveria existir e muito menos acesso aos que ainda existem do que seria necessário. Estas são as ameaças reais à infância no Brasil.

Nenhum dos artistas acusados de pedofilia ou de estimular a pedofilia é pedófilo. Mas quando provaram isso, caso dos que foram investigados, sua vida e a das pessoas próximas a eles já tinham sido destruídas. E quem foi responsabilizado pelo ataque a uma vida humana? Quem foi responsabilizado pelo ataque à cultura, já tão maltratada? Ninguém. Vidas humanas foram atacadas de fato. E as vidas atacadas pertenciam àqueles que foram acusados injustamente de serem o que a humanidade definiu como "monstros".

Vou insistir na pergunta, porque ela segue nos assombrando. E tudo indica que assombrará por muito mais tempo. Como fazer para criar uma base eleitoral que vote naqueles que acabaram de espoliá-la? Apele para a moralidade. Não há maneira mais eficiente de fazer isso que manipular os temores que envolvem a sexualidade. Os exemplos históricos são infinitos. Quem controla a sexualidade controla os corpos. Quem controla os corpos leva o voto para onde quiser. E também arregimenta apoio para projetos autoritários.

De repente, uma parcela de brasileiros, incitada pelas milícias de ódio, decidiu que a nudez humana é imoral. E fabricaram uma equação esdrúxula: corpo adulto nu + criança = pedofilia. Pela lógica, se esse pessoal fosse a Florença, na Itália, tentaria destruir a machadadas o Davi de Michelangelo, porque ele tem pinto.

Não há registro de que as milhões de crianças que tiveram o privilégio de ver a estátua ao vivo, levadas por pais ou por professores em visitas escolares, tenham se sentido sexualmente abusadas ou tenham vivido algum trauma. Mas há inúmeros registros de crianças traumatizadas na infância pela repressão à sexualidade inerente aos humanos.

Crianças têm pênis, crianças têm vagina, crianças têm sexualidade. É lidando de modo natural com essa dimensão da existência humana que se formam adultos capazes de respeitar a sexualidade, o desejo e a vida do outro. É conversando sobre isso e não reprimindo que se formam adultos capazes de respeitar os limites impostos pelo outro na experiência sexual compartilhada. É informando e não desinformando sobre essa dimensão da existência humana que se formam adultos que não se tornarão abusadores de crianças.

Em outubro de 2017, a decisão que o Museu de Arte de São Paulo (Masp) tomou (e depois voltou atrás) de proibir a exposição *Histórias da sexualidade* para menores de 18 anos foi uma afronta à arte — e uma afronta à cidadania. Significou compactuar com o oportunismo das milícias de ódio. E aceitar que nudez e pornografia são o mesmo. Significou também destruir a ideia do que é uma exposição de arte. E, principalmente, abdicar do dever ético de resistir ao obscurantismo. Assim como foi abjeta a decisão do Santander Cultural de encerrar a exposição *Queermuseu* depois dos ataques.

Que uma turba incitada por milícias de ódio ataque exposições de arte é lamentável. Mas que as instituições se dobrem a elas é ainda pior. A resistência é necessária justamente quando é mais difícil resistir. É pelas fissuras que se abrem, pelas concessões que são feitas, pelos recuos estratégicos que os oportunistas e seu projeto de poder vencem e o pior acontece. Também isso a história já mostrou.

Naquela ocasião escrevi que, quando o momento mais agudo da disputa passasse, haveria muitos mortos pelo caminho. Em especial os invisíveis, aqueles que passaram a ter medo de tocar nos próprios filhos, pelo temor de serem acusados de pedófilos, os professores que optaram por livros sem menções à sexualidade, para não correrem o risco de serem linchados por pais enlouquecidos e demitidos por diretores pusilânimes, as pessoas que cada vez mais têm medo de se contrapor à turba, os artistas que preferirão não fazer. E os que deixarão o Brasil por não suportarem os movimentos brasileiros livres de inteligência ou temerem por sua vida diante dos odiadores. As feridas invisíveis, que agem sobre o mais fundo de cada um, são as piores e as mais difíceis de serem superadas.

Quando a gente via no cinema as turbas enlouquecidas assistindo às execuções medievais como se estivessem num espetáculo, gritando por mais sangue, mais sofrimento, mais mortes, era possível pensar que algo assim já não seria possível depois de tantos séculos. Mas mesmo que as fogueiras (ainda) não tenham sido acesas, o que se viveu no Brasil de 2017 e se acirrou durante a campanha eleitoral de 2018 é muito semelhante.

Os pedófilos de 2017 foram as bruxas da Idade Média. E eram tão pedófilos quanto as bruxas eram bruxas. As fogueiras começaram na internet, mas se alastraram pela vida. Há muitas formas de destruir pessoas. A crueldade é sempre criativa. Milícias como o MBL deixaram um rastro de devastação. Valeu tudo para cumprir o propósito de limpar o campo político para 2018.

Para isso, contaram menos com a ala conservadora da Igreja Católica e mais com uma parcela das igrejas pentecostais e neopentecostais, com o fenômeno que se pode chamar de "fundamentalismo evangélico à brasileira" e sua crescente influência política e também partidária. Quem então acompanhava grupos de WhatsApp dos fiéis fundamentalistas recebeu, dia após dia, vídeos de pastores falando contra a arte e a pedofilia. A impressão era de que o Brasil tinha virado uma suruba de dimensões continentais e que um pedófilo saltaria sobre seu filho, neto ou sobrinho assim que abrisse a porta da casa. Grande parte destas pessoas — e isso não é culpa delas — jamais teve acesso a um museu ou a uma exposição de arte.

Vale a pena lembrar quem foram os dois presidenciáveis que se manifestaram por meio de vídeos divulgados na internet contra a performance do artista Wagner Schwartz: João Doria e Jair Bolsonaro. Doria, que gosta de posar como culto e cidadão do mundo, mostrou mais uma vez até onde pode chegar em sua luta pelo poder. Classificou a coreografia como "cena libidinosa". Afirmou que a performance "fere o Estatuto da Criança e do Adolescente e, ao ferir, ele está cometendo uma impropriedade, uma ilegalidade, e deve ser imediatamente retirado, além de condenado". E aplicou o bordão: "Tudo tem limites!".

Doria, o protetor das crianças brasileiras, dias antes havia anunciado (e depois das críticas recuado) que incluiria um "alimento" feito com produtos próximos do vencimento na merenda escolar das crianças de São Paulo. Jair Bolsonaro, então em segundo lugar nas pesquisas de intenção de voto para 2018, vociferou: "É a pedofilia!". E, em seguida: "Canalhas! Mil vez canalhas! A hora de vocês está chegando!". Justamente ele, que não se cansava de repetir que o coronel Carlos Alberto Brilhante Ustra, um dos assassinos da ditadura, é o seu herói. O mesmo Ustra que sequestrava crianças, filhos de perseguidos políticos, e as levava para ver os pais torturados.

Já em 2017, nenhuma distopia tinha sido capaz de prever o Brasil atual. Parte da explicação podia ser encontrada em um artigo de Flávio Rocha, presidente da Riachuelo, uma das principais empresas do setor têxtil do país, publicado na página de Opinião do principal jornal brasileiro, em 22 de outubro daquele ano. No texto, intitulado

"O comunista está nu", o empresário ressuscitava a ameaça do comunismo, discurso tão presente nos dias que antecederam o golpe militar de 1964, que mergulhou o Brasil numa ditadura que durou 21 anos. Rocha escreveu esse texto, vale lembrar, num Brasil tão à direita que até a esquerda tinha sido deslocada para o centro. Dizia este expoente da indústria nacional:

"O movimento comunista vem construindo um caminho que, embora sinuoso, leva ao mesmo destino: a ditadura do proletariado exaltada pelo marxismo. [...] Nas últimas semanas assistimos a mais um capítulo dessa revolução tão dissimulada e subliminar quanto insidiosa. Duas exposições de arte estiveram no centro das atenções da mídia ao promoverem o contato de crianças com quadros eróticos e a exibição de um corpo nu, tudo inadequado para a faixa etária. [...] São todos tópicos da mesma cartilha, que visa à hegemonia cultural como meio de chegar ao comunismo. Ante tal estratégia, Lênin e companhia parecem um tanto ingênuos. À imensa maioria dos brasileiros que não compactua com ditaduras de qualquer cor, resta zelar pelos valores de nossa sociedade."

A indigência intelectual de uma parcela da elite econômica brasileira só não é maior do que o seu oportunismo. É também parte da explicação para a face mais atrasada do Brasil. É ainda um constrangimento, talvez uma falha cognitiva. Naquele momento, certo tipo de empresário mostrou-se bem ativo, pontificando, como Flávio Rocha, em arena nobre. Sem esquecer jamais que a Fiesp de Paulo Skaf apoiou diretamente os movimentos que lideraram as manifestações pelo impeachment de Dilma Rousseff, tornando-se uma das principais responsáveis pelo governo corrupto de Michel Temer e pela ascensão do bolsonarismo.

Há algo interessante sobre Flávio Rocha, esse personagem amigo de João Doria e, como o governador de São Paulo, apoiado pelo MBL. Como mostrou reportagem da Repórter Brasil, uma das fontes sobre trabalho escravo mais respeitadas do país, a Riachuelo tem sido acusada nos últimos anos por abusos físicos e psicológicos de trabalhadores. Flávio Rocha, como já demonstrou, é um dos interessados em "flexibilizar" a legislação e a fiscalização. Para isso, contava com o apoio do

MBL, que chegou a convocar um protesto contra o Ministério Público do Trabalho em Natal, no Rio Grande do Norte.

Restringir o combate à escravidão contemporânea foi parte do pagamento de Michel Temer aos deputados que o absolveram e às oligarquias que esses mesmos deputados representam. Estes "liberais" parecem querer voltar a escravizar livremente. E estão conseguindo. Em 2017, afirmaram que o problema do Brasil eram os pedófilos em museus. E, como o presidente da Riachuelo teve a gentileza de alertar, a volta dos comunistas que comem criancinhas.

A invenção da infância sem corpo

Quando publiquei a entrevista com Wagner Schwartz, a primeira que ele deu depois de ser atacado como "pedófilo", acompanhei bem de perto os comentários de leitores. Um grande número de intervenções admitia que ele não era um pedófilo, mas afirmava ser inaceitável que um homem nu fosse tocado por uma criança, mesmo acompanhada da mãe, mesmo em público e mesmo no contexto artístico. O uso político e possivelmente planejado do episódio pelas milícias de ódio da internet já é bem conhecido. Mas por que milhões de pessoas aderiram ao linchamento digital de Wagner, mais de uma centena ameaçando-o de morte? O que perturbou tanto essas pessoas, homens e mulheres que encontramos o tempo todo no elevador ou no supermercado e que tudo indica não serem particularmente más?

Tornou-se claro que aquilo que os perturbava eram o corpo nu de um homem e o toque de uma criança. Não há justificativa para a violência. Os ataques são inaceitáveis e deixaram sequelas. Mas é importante compreender o que é tão insuportável para essas pessoas, as que não são robôs nem membros das milícias de ódio, a ponto de se transformarem em linchadoras, porque são elas que seguem atuando no Brasil atual.

Entre as várias reações à publicação da entrevista, uma chama a atenção: "Era só ter colocado uma bermuda!".

O que se resolveria ali, não no palco, mas na cabeça da pessoa que fez esse comentário, assim como na de tantas outras, com uma bermuda? Sim, a bermuda esconderia que um homem tem pinto. Ou esconderia o pinto do homem. E, para essas pessoas, um corpo de homem nu, portanto com um pinto, seria ameaçador para uma criança, mesmo que não existisse nada de ameaçador naquele contexto.

Mas o quê, de fato, o corpo nu de um homem, no mesmo espaço de uma criança, está ameaçando?

Talvez uma ideia de infância. Ou o conceito do que é uma criança hoje. Como é sabido, a infância não é algo que tenha existido desde sempre. Crianças sempre existiram, obviamente, mas o que entendemos por infância é um conceito recente em termos históricos. Basta lembrar que muitos de nós tiveram avós que trabalhavam na roça desde cedo e que se casavam aos 12, 13 anos. E só não se casavam antes porque o ato de se casar estava ligado ao ato de engravidar. Assim, era necessário esperar a primeira menstruação não da menina, mas da mulher.

É comum pessoas que visitam povos indígenas ou comunidades ribeirinhas da Amazônia se espantarem com a diferença do que é ser uma criança para esses povos e comunidades. O primeiro espanto costuma ser o fato de que meninos e meninas mexem com facas, em geral bem grandes, no cotidiano. Fazem quase tudo o que um adulto faz. Nadam sozinhas no rio, escalam árvores altas, sabem fazer fogo e cozinhar, caçam e pescam. Aprendem com os adultos e com as crianças mais velhas.

Não é que não se tenha cuidado com as crianças, mas o cuidado tem outras expressões e significados, obedece a outro entendimento da vida, variando de povo a povo. Enquanto uma parte do Brasil atacava "pedófilos" em museus, eu acolhia o espanto de um amigo que voltava de uma aldeia indígena no Médio Xingu. Ele tinha visto um menino bem pequeno, ligando um motor de barco e, de imediato, avisara ao pai que o filho estava mexendo com algo que poderia ser perigoso. O pai limitou-se a dizer, devolvendo o espanto: "Mas este é o motor dele".

É possível concluir que, nesta aldeia, para este povo, assim como para outras comunidades que vivem uma experiência diversa de ser e de estar no mundo, ser criança é outra coisa. O que quero sublinhar aqui é que nada é imutável no campo da cultura. Ou nada do que é humano pode ser compreendido fora do campo da cultura.

A infância foi inventada pela sociedade ocidental e continua sendo inventada dia após dia. Não existe nenhuma determinação acima da experiência de uma sociedade — e dos vários conflitos e interesses que determinam essa experiência — sobre o que é ser uma criança.

Nesta segunda década do século 21, pelo menos no Ocidente, a criança deve ser protegida de tudo. Mas não só. Há um esforço de apagamento do fato de que a criança tem um corpo. Não um corpo para o sexo. Mas um corpo erotizado, no sentido de que meninos e meninas têm prazer com seu próprio corpo, têm um corpo que se experimenta.

Esse apagamento do corpo da criança se entranha na vida cotidiana e também na linguagem. Eu mesma costumava escrever nos meus textos: "homens, mulheres e crianças fizeram tal coisa ou estão sofrendo tal coisa" ou qualquer outro verbo. Até que uma amiga me chamou a atenção de que crianças têm sexo, e eu as estava castrando no meu texto. Então, passei a escrever: "homens e mulheres, adultos e crianças...". Conto isso apenas para mostrar que rapidamente internalizamos uma percepção geral como se fosse um dado da natureza e, na medida que a assumimos como fato, paramos de questioná-la.

Quando os adultos tentam apagar o corpo das crianças, criam um grande problema para as crianças. E para si mesmos. É um fato que as crianças têm sexualidade. Não é uma escolha ideológica. Essa experiência é parte da nossa espécie e de várias outras. Qualquer pessoa que tenha filhos saudáveis ou acompanhe crianças pequenas próximas sabe que elas se tocam, se masturbam, fazem brincadeiras com os amigos, descobrem que seus pequenos corpos podem lhes dar prazer. E esta é uma experiência fundamental para uma vida adulta responsável e prazerosa no campo da sexualidade, que respeite o corpo e o desejo do outro, assim como o próprio corpo e o próprio desejo.

Qualquer adulto que não recalcou sua memória dessas experiências com o corpo vai lembrar delas se for honesto consigo mesmo. Quem tem corpo tem sexualidade. O que não pode ter é violência contra esses corpos.

Por que então o corpo nu do artista se tornou ameaçador não para a mãe e para a filha que o tocaram, não para vários outros participantes da performance, mas para quem apenas viu essa cena em um vídeo na internet e a identificou como uma violência — e não qualquer violência, mas aquela que é decodificada como a mais monstruosa de todas, que é a da pedofilia?

Poderíamos pensar no óbvio. A infância é idealizada. Os adultos de hoje parecem precisar manter a criança como um ideal de pureza, protegida dos males do mundo. Essa é uma construção que faz sentido, embora o tempo todo as crianças estejam lidando com filmes, séries e jogos com muita violência, e aqui não estou fazendo juízo de valor se isso é bom ou não. Apenas pontuando que parece não ser de tudo que os adultos entendem que a criança deve ser protegida. Elas podem ir para a escola em carros blindados, do muro do condomínio para o muro da escola, na atual vida entre muros. Mas, ao mesmo tempo, sem colocar seus corpos em risco, arriscar-se em jogos perigosos nos tablets e celulares. A questão, portanto, está na ordem dos corpos.

Aqui, vale apontar algo importante. Nem todas as crianças devem ser protegidas: apenas as crianças que são "nossas". As crianças dos "outros" podem, por exemplo, ficar no sinal pedindo esmola ou fazendo malabarismos com bolas sem que isso cause suficiente incômodo. Podemos lembrar de um episódio ocorrido em 2016 no Shopping Higienópolis, em São Paulo, no qual um homem branco com uma criança negra numa mesa de café foi abordado pela segurança, também negra: "Senhor, este menino está lhe incomodando?". Ela tinha ordens de não deixar "pedintes" perturbarem os clientes.

O menino era filho daquele homem, mas mesmo estando com o uniforme da escola, foi visto como a criança indesejada por conta da sua cor. Ou visto como a não criança, se pensarmos no modelo de idealização. Aquela criança poderia simplesmente ser posta na rua, no lado de fora do shopping, se estivesse incomodando o homem branco. E sempre penso nessa segurança, que também era negra, e em como deve ter sido duro para ela e para a criança que ela foi, assim como para a adulta que se tornou, pressionada a cumprir esse tipo de ordem contra si mesma.

Também penso no que aconteceria se fosse o oposto: um homem negro com uma criança branca com o uniforme de um dos colégios mais caros de São Paulo. Talvez a segurança fosse instada a pensar que o homem negro tinha sequestrado ou estava abusando do menino. E ainda precisamos pensar em como é possível achar legítimo que "pedintes" não possam dividir o espaço de um centro comercial. Como se o problema ocorrido no Shopping Higienópolis fosse apenas de engano, pelo fato de que aquele menino não era pedinte. Em resumo: o olhar sobre os corpos é determinado pela política dos corpos.

Há crianças que, por sua raça e classe, não são crianças para aqueles que detêm o poder e os privilégios. Para elas, a infância ainda não foi inventada. Ou só foi inventada em leis como o Estatuto da Criança e do Adolescente (ECA), que as bancadas da bala e dos estelionatários da fé do Congresso fazem um esforço persistente para derrubar, desde 2019 com o apoio explícito de Jair Bolsonaro. Há crianças, como os massacres no Rio de Janeiro são pródigos em demonstrar, que podem ter a cabeça explodida por uma bala "perdida" da polícia. Podemos concluir que, no senso comum, a infância não foi inventada para todas as crianças.

É evidente que a menina que, junto com sua mãe, participou da performance no museu, sabia que aquele corpo era de um homem nu. Se não soubesse, aí sim seria preciso se preocupar com a criança, porque ela estaria deixando de reconhecer a realidade do corpo do outro. Ao brincar com o corpo do artista, ali convertido num dos "bichos" da obra consagrada de Lygia Clark, a criança não temeu ser atacada por ele. Não só ela estava em segurança, como um corpo de homem nu não era sinônimo de violência ou de ameaça de estupro para ela. E não porque a menina era tão "pura" que não percebeu a nudez do homem — ou porque era tão "pura" que não tem vagina, mas porque ela não faz a sinapse maluca de que um corpo nu é sinônimo de violência. Sem contar que estava em público e acompanhada de sua mãe. Se para aquela menina o corpo nu de um homem fosse de imediato um alerta de que ela seria estuprada, então seria preciso se preocupar — e muito — com sua saúde mental.

Conheço crianças que teriam um sobressalto com o corpo nu de um homem. E conheço crianças que teriam um sobressalto também com o corpo nu de uma mulher. Ou que ficariam paralisadas. São crianças que foram abusadas e violentadas por adultos. Em geral seus pais, tios e padrastos, mas também mães e tias.

A menina que participou da performance com sua mãe não sofreu violência sexual. A violência que sofreu foi a de ter sido exposta na internet como vítima de pedofilia. Esta possivelmente a marcará de alguma forma. Assim como marcou o artista e a mãe da menina. Há uma outra pergunta, também bastante óbvia, mas nem por isso menos importante. As pessoas que se chocaram e, em seguida, atacaram o artista, acham que elas mesmas, caso estejam nuas com uma criança, são capazes de violar essa criança? É isso que temem? É o medo do que ronda nos seus interiores que as transforma em linchadoras? É de si mesmas que querem proteger as crianças?

É necessário perceber o quanto é absurda — ou mesmo violenta — a ideia de que um corpo nu de homem seja sinônimo de violência sexual. Bastaria então um homem estar nu para de imediato atacar a criança que estiver perto dele, como se esta fosse a condição de todo homem? Caso isso fosse verdade, seria uma bermuda ou qualquer outra roupa que impediria a violência? Não são justamente as roupas um grande objeto de fetiche sexual na sociedade de consumo?

Todas estas me parecem perguntas importantes, que exigem respostas honestas e investigativas. Mas há algo mais. A psicanalista Ilana Katz, que tem uma larga experiência clínica com crianças, fez uma reflexão muito precisa no programa Café Filosófico, da TV Cultura, gravado em 30 de junho de 2017. Ela apontou que podemos estar num momento de transformação da ideia de infância. A famosa frase de Freud — "Sua majestade, o bebê" — pode já não dar conta de uma transformação mais recente. A frase do criador da psicanálise expressa a ideia do filho como centro do investimento da família, o que vai prender a criança na posição de objeto de realização do desejo do pai e da mãe. Algo do tipo: "Meu filho vai ser tudo o que eu não sou".

Nesta posição, a criança determina todo o investimento emocional e financeiro da família, o que a coloca num lugar bastante insuportável, porque pesado demais: o de bancar o desejo dos pais ou a realização dos pais. É muito não só para um pequeno corpo, mas para qualquer corpo. E, assim, as crianças sofrem bastante, a começar pelo peso de uma agenda cheia de aulas para que tenham habilidades que as tornem melhores do que as outras — ou as tornem o que seus pais não puderam ser. Ou, melhor dito, se tornem o impossível. Algo expresso numa frase seguidamente ouvida da boca de muitos pais: "Só quero que meu filho seja feliz".

Só?

Com a mudança trazida pela internet e por todos os brinquedos tecnológicos que se seguiram a ela, porém, uma nova relação se estabelece. Não é que a criança como objeto narcísico tenha deixado de existir, pelo contrário. Basta olhar ao redor para compreender que ela é uma ideia ainda bastante ativa. Mas há outra relação que se colocou em movimento com o avanço da tecnologia.

É frequente que pai ou mãe estejam no mesmo espaço físico que a criança, cada um brincando com seu tablet ou celular ou qualquer outra coisa. Ali, só que falando com outras pessoas. "Transmitimos algo a nossas crianças quando estamos de corpo presente e cabeça ausente ao seu lado. Estamos ali, mas gozamos em outro lugar", diz Ilana.

Neste lugar, o das conversas digitais, estão também pessoas que valorizamos. Mas nem nós estamos lá com nossos corpos, nem elas estão lá com seus corpos. "A ideia de que estejamos ali, do lado de nossas criancinhas, de corpo presente e gozando em outro lugar vai tecendo uma maneira de estar com o outro para cada um de nós e para a criança também", assinala a psicanalista. "O que a gente transmite sobre estar com o outro para essa criança quando dizemos algo como: vai vendo seu filminho enquanto eu estou aqui fazendo de conta que converso sobre ele com você e respondo aos oito e-mails que sobraram de meu dia de trabalho? O que, neste contexto, será para ela estar com o outro? Qual é o lugar do corpo?".

A partir dessa observação, passei a me perguntar o que aconteceu no museu e fora do museu. Aquela mãe e aquela filha estavam lá com seus corpos. Elas compartilhavam uma experiência, a de participar de uma performance artística. Havia lá um outro corpo, o do artista, que também estava presente. É isso, afinal, uma performance. Algo que acontece com os corpos presentes.

A pessoa que lançou o vídeo na internet me escreveu afirmando que compartilhou a imagem em suas redes porque tinha achado a cena bonita. Como imagem, porém, o que foi já não era. O recorte já não era uma experiência de corpo presente, uma experiência de compartilhamento do espaço. Era uma imagem de corpos, mas sem os corpos.

O que as pessoas que atacaram o coreógrafo estariam "denunciando"? O que as horrorizou tanto? Talvez o fato de que ainda é possível estar com nossos corpos presentes e compartilhar uma experiência, sem que essa experiência seja uma violência. Ou talvez a descoberta de que, sim, há corpos. Parece ter sido preciso destruir o corpo que teve a ousadia de se dar ao outro como objeto lúdico. Era preciso destruir o artista e também culpar a mãe por acreditar que é possível ter uma experiência de corpo presente. Assim como tornar vítima uma criança que não era vítima.

Diante do espanto com a possibilidade dos corpos presentes sem violência, parece ter sido necessário converter o acontecimento em violência, fazendo a denúncia de uma violência que nunca houve. E então, sim, violentar os corpos.

Esta é uma parte. Há outras. Talvez a mais interessante seja a de que começamos a ter uma dificuldade de outra ordem com nossos corpos e, portanto, também com a sexualidade e com o erotismo, que nos leva ao contato com o outro. É claro que podemos contar a história da humanidade também como uma história da sexualidade ou como uma história do controle exercido sobre os corpos das minorias. Há algo novo, porém, que é a possibilidade de estar com o corpo num lugar e a cabeça no outro.

No mundo dos sem corpos (ou da ilusão de que é possível viver sem corpo), no mundo em que se goza cada vez mais sem a experiência do compartilhamento com os corpos, o corpo do outro talvez tenha se tornado uma ameaça. O corpo do outro nos ameaça com o toque, que não é o do aviso de mensagem no WhatsApp. E, assim, qualquer possibilidade de encontro entre corpos não é encontro, mas violência. E então, como aconteceu no episódio do museu, colocamos nossos corpos na rua, mas só para destruir os outros corpos. Os corpos como um contra, não um junto.

Nessa deformação, há um esforço também para eliminar pênis e vaginas da representação dos corpos nos livros didáticos e também em qualquer representação da infância. Como se as possibilidades tecnológicas que permitem manipular e retocar as imagens servissem também para isso. No campo da educação, o projeto ideológico da Escola Sem Partido deveria assumir o nome muito mais preciso de Escola Sem Pinto. Nesta mesma época, em diferentes colégios do Brasil, pais tentaram censurar livros didáticos com figuras humanas em que os órgãos genitais estavam presentes, naqueles desenhos esquemáticos habituais dos livros de ciências.

Também como representação, temos testemunhado a amputação e a mutilação dos corpos humanos. E logo as crianças terão talvez apenas fantasmagorias para dizer de si. Não é por acaso que tantas crianças e adolescentes se sentem sem contornos, a experiência de ter corpo como algo insuportável. E insustentável.

São duas categorias. Uma é dada pelas relações de prazer das crianças com seus corpos durante a infância. Outra, inteiramente distinta, é fazer da criança um objeto sexual para adultos. Parece que muitos confundem uma coisa com outra, tomando o diferente como o mesmo. Deletar da concepção de infância o corpo das crianças parece ser uma nova modalidade de violência.

Aqueles que violentaram a performance do museu sabem que as crianças têm corpo. E que os corpos infantis sentem prazer também erótico. E isso é natural. Cabe aos adultos encontrar limites diante dessa realidade.

O que deve nos preocupar é outro fato: o de que os adultos atuais se sentem tão frágeis, tão incapazes de colocar limites em si mesmos, que precisam eliminar a dimensão erótica do corpo das crianças para que não se sintam compelidos a atacá-las. Neste sentido, a possibilidade tecnológica de viver uma vida sem corpos com nossos brinquedos digitais acirrou um nó que é bem mais enraizado. Exatamente porque a vida humana sem corpo é só uma fantasia. E uma fantasia bastante desesperada, como o acontecimento do museu demonstra.

É também por isso, por causa do medo dos corpos, que o debate está interditado. Ensinar a ter medo do corpo do outro, ensinar que a experiência com o corpo do outro é sempre uma violência, ensinar a punir quem tenta romper o muro entre os corpos, são as lições que temos dado às crianças. E com a desculpa de protegê-las.

Ao inventar uma infância sem corpo, ou com medo do corpo, os adultos deste momento histórico não criam futuros, mas tragédias.

Gênero, raça e classe: as tensões que marcaram a eleição de 2018

A apresentadora Fernanda Lima foi linchada nas redes sociais logo após a eleição de Jair Bolsonaro. Parece ser um episódio pequeno. Não é. E não é — também — porque a violência, desta vez, atingiu uma mulher branca, totalmente padrão *mainstream*, na rede *mainstream* de comunicação.

Fernanda Lima encerrou a edição do seu programa *Amor & Sexo*, de 6 de novembro, na TV Globo, com as seguintes palavras:

"Chamam de louca a mulher que desafia as regras e não se conforma. Chamam de louca a mulher cheia de erotismo, de vida e de tesão. Chamam de louca a mulher que resiste e não desiste. Chamam de louca a mulher que diz sim e a mulher que diz não. Não importa o que façamos nos chamam de louca. Se levamos a fama, vamos sim deitar na cama. Vamos sabotar as engrenagens desse sistema de opressão. Vamos sabotar as engrenagens desse sistema homofóbico, racista, patriarcal, machista e misógino. Vamos jogar na fogueira as camisas de força da submissão, da tirania e da repressão. Vamos libertar todas nós e todos vocês. Nossa luta está apenas começando. Prepare-se porque essa revolução não tem volta. Bora sabotar tudo isso?"

O programa havia sido gravado em julho de 2018, mas de imediato uma horda de seguidores de Jair Bolsonaro interpretou a fala da apresentadora como um manifesto contra a vitória eleitoral de seu "mito". Como é possível? É bastante possível, é mesmo até previsível. Se a apresentadora conclamou as mulheres a lutar contra a homofobia, o racismo, o patriarcado, o machismo e a misoginia (ódio às mulheres), e os eleitores de Bolsonaro se ofenderam e revidaram por considerar um ataque pessoal ao seu líder, é porque compreendem que o presidente que acabara de ser eleito defende e proclama a homofobia, o racismo, o patriarcado, o machismo e a misoginia. Entenderam tudo muito bem.

Se Fernanda Lima invocou o público a combater a submissão, a tirania e a repressão, e os eleitores de Bolsonaro se ofenderam, é porque entendem que Bolsonaro — e também eles — defendem a submissão (das mulheres, dos LGBTQI e dos negros), a tirania e a repressão. Nenhuma novidade. Quem denunciou o projeto autoritário de Bolsonaro já sabia disso. Ao contrário de parte do eleitorado de Bolsonaro, quem a ele se opôs acreditou na violência que Bolsonaro propagou publicamente durante quase 30 anos como deputado profissional. Acreditou no que ele disse. Exatamente por acreditar, milhões de pessoas lutaram contra a sua candidatura.

Um dos mais raivosos com a luta de Fernanda Lima contra o machismo respondeu com a elegância habitual dos seguidores de Bolsonaro, feitos à imagem e semelhança do "mito". Assim, o cantor Eduardo Costa expressou a si mesmo: "Mais de 60 [sic] milhões de brasileiros e brasileiras votaram no Bolsonaro e agora essa imbecil com esse discurso de esquerdista! Ela pode ter certeza de uma coisa, a mamata vai acabar, a corda sempre arrebenta pro lado mais fraco, e o lado mais fraco hoje é o que ela está. Será que essa senhora só faz programa pra maconheiro, pra bandido, pra esquerdista derrotado, e pra esses projetos de artista assim como ela?".

O deputado Marco Feliciano se manifestou na imprensa gospel com a certeza de que seu público só leria o que ele disse, não o que Fernanda efetivamente falou. E seu público não costuma decepcioná-lo. Então mentiu: "Em uma das últimas apresentações, ela [Fernanda Lima] vociferou críticas ferozes e mentirosas ao presidente eleito Jair Bolsonaro. Sua fala denotava um ódio escancarado e uma falta de respeito à maioria do povo brasileiro, entre eles muitos de seus espectadores, numa linguagem de revolucionário clandestino, como se estivesse falando de alguma caverna do Afeganistão".

A fala de Feliciano, um pastor que já foi acusado de tentativa de estupro e já afirmou que os negros descendem de um "ancestral amaldiçoado por Noé", não surpreende. O que surpreende é ele "denunciar" que alguém é contra a opressão das mulheres e o racismo. O evangelismo dele seria a favor? Feliciano pode ser o que ele é e responder pelo que diz e faz na justiça, mas não pode tratar seu comportamento como se fosse a forma correta de se mover numa sociedade. Esta, porém, era a insanidade vigente no período eleitoral e pós-eleitoral. Tratar comportamentos antiéticos e imorais, alguns deles previstos no Código Penal como crime, como a forma correta de agir — ou como se a eleição de Bolsonaro tivesse bastado para rasgar a Constituição e defecar no Código Penal.

Dias depois do ataque a Fernanda Lima, duas manifestações de homens brancos e mais velhos aumentaram o esclarecimento sobre o cenário brasileiro. Os dois homens têm voz com poder de ecoar longe, um deles tem também microfone e concessão de TV. Ambos, porém, têm trajetórias bastante diferentes. Ainda assim, naquele momento de tantas velhas novidades, aproximaram-se na forma de pensar.

O primeiro é Silvio Santos. Ao vivo, na TV, o apresentador e dono do SBT, ao receber a cantora Claudia Leitte, afirmou que não a abraçaria. "Esse negócio de ficar dando abraço me excita, e eu não gosto de ficar excitado", disse o apresentador. Surpreendida pelo desrespeito, Claudia retrucou: "No sentido feliz da palavra, né? De alegria, euforia, excitação...". Silvio perdeu a chance de se redimir em público: "Não, não é euforia, não. É excitação mesmo". E a câmera focou nas pernas da cantora, para deixar claro para os milhões que assistiam ao programa o que deixava o patrão tão sexualmente excitado.

Silvio Santos é notório por pelo menos duas características: bajular todos os governos, ditatoriais ou não, ao ponto do constrangimento, e acreditar que assediar e ofender mulheres é um direito adquirido que não pode ser barrado pelo "politicamente correto". A expressão, a propósito, é a mais odiada por pessoas como ele, já que acham injusto refrear seus instintos em nome da convivência em comunidade e do respeito ao outro. Em julho de 2018, o dono do SBT fez o seguinte comentário a respeito de Fernanda Lima: "Com essas pernas finas e essa cara de gripe, ela não teria nem amor nem sexo".

Em entrevista à Band, Fernanda rebateu: "Silvio, por que não te calas?". Ele disse que não se calaria. Fernanda usou então suas redes sociais: "O corpo da mulher não é território público onde se pode meter a mão, avaliar, invadir, usar, agredir. Sigamos firmes e juntas construindo um grande abrigo de proteção para todas as mulheres contra qualquer violência machista". O embate entre a apresentadora do *Amor & Sexo* e os machos alfas da TV não é novo. Uma mulher falar de sexo e amor para milhões de telespectadores parece afetar algumas masculinidades.

No programa *Teleton*, em 2017, depois da apresentação de um grupo de bailarinas *plus size*, Silvio chamou uma delas para entrevistar. Saiu-se com essa: "Você é muito graciosa. Embora seja a única negra entre as brancas, é bonita. É bonita de verdade!". É possível que ele acredite que reconhecer a beleza de uma negra, mesmo com tantas brancas ao redor, seja um elogio. É inaceitável, mas tragicamente comum num país racista como o Brasil. Silvio, porém, é exímio em tornar tudo ainda pior: "Quem casar contigo vai ter dois prazeres: um na hora do bem-bom e outro na hora em que você sai de cima".

Silvio Santos já deveria ter respondido pelas violações da lei que cometeu ao vivo, diante de milhões, em horário nobre, há muito. Mas cresce o número daqueles que o acham apenas "engraçado". E dos que acreditam que tudo isso é apenas "normal". O que essas pessoas que normalizam o que jamais poderia ser considerado normal não percebem é o quanto esses exemplos — e sua impunidade — repercutem nos atos cotidianos e se entranham nas relações sociais, estimulando crimes também contra o corpo. Ou percebem. E é por isso que o apoiam.

A manifestação mais surpreendente veio do ator Carlos Vereza. Durante a ditadura militar, ele era visto como um dos artistas mais atuantes e engajados contra a opressão. Vereza é também considerado um dos mais brilhantes atores da sua geração. Eleitor de Bolsonaro, ele fez a seguinte afirmação, em entrevista à *Folha de S.Paulo*: "Uma coisa que eu não entendo é por que, em todo ato de protesto, precisa ficar nu. E são corpos muito feios. [...] São mulheres feias, com cabelo embaixo do braço, barriga. Protesto tem que ser com calça jeans e uma camisa Lacoste. Não é nu".

A declaração é violenta. Para ele, apenas mulheres com determinado padrão de beleza têm o direito de exibir o corpo em público. Ao mesmo tempo, ecoa uma mentira que foi amplamente disseminada no WhatsApp após o #EleNao, ocorrido em 29 de setembro de 2018. O #EleNao foi a maior manifestação organizada por mulheres na história do Brasil e o maior protesto contra a candidatura de Bolsonaro em 2018.

Não houve nudez naquele protesto. Mas, no WhatsApp, partidários de Bolsonaro difundiram imagens de protestos diferentes, alguns deles nem ocorridos no Brasil. Como as TVs desistiram do jornalismo na ocasião, mal cobrindo as manifestações, virou "verdade". Havia inclusive imagens de mulheres quebrando símbolos religiosos, o que nunca aconteceu no #EleNao.

Carlos Vereza não se refere nominalmente ao #EleNao, mas podemos suspeitar que, como eleitor de Bolsonaro, pudesse estar se referindo a ele. Ainda que não seja a este protesto que ele se refira, e ainda que o #EleNao tivesse de fato envolvido a nudez de mulheres, por que o corpo feminino usado como expressão política seria tão ofensivo? Será que, para Vereza, a nudez feminina só é legítima se servir ao gozo do homem, como foi por tantos séculos (e ainda é em muitos espaços)? Será que seria preciso passar por uma seleção coordenada por Vereza para que ele diga quais corpos são bons o suficiente para serem expostos sem que ofendam sua sensibilidade? Por que essa necessidade de atacar as mulheres desqualificando seu corpo?

E, então, a frase mais elitista: "protesto tem que ser com calça jeans e uma camisa Lacoste". Para quem não sabe, Lacoste é uma marca francesa, cara, cujo produto mais famoso são as camisas polo. É aquela que tem um jacarezinho, amplamente pirateada pelos camelôs. O que Vereza está dizendo é que protesto é para homens, usuários mais habituais de camisas polo do que mulheres, gente vestida com roupas de grife, brasileiros capazes de pagar por isso. Protesto, portanto, não seria para pobres, na opinião do ator que já foi um símbolo de resistência contra o autoritarismo.

Essa coincidência de vozes não é apenas mais um dos ataques que as mulheres sofrem há tanto. A eleição de Bolsonaro, cujas frases desqualificando as mulheres já são bem conhecidas, destampou o ódio — e também o medo — de certo tipo de homem que sofre por perder seus privilégios. Inclusive o privilégio de poder assediar uma mulher sem ser reprimido por isso. E não destampou apenas entre seus eleitores. Destampou no geral.

A dificuldade de perder privilégios de gênero marca a direita. E marca também a esquerda, parte dela também machista, misógina e homofóbica. Atravessa as diversas classes sociais — e atravessa também as raças. Às vezes o único "privilégio" que um homem pobre tem é o de se sentir superior à mulher e poder assediar todas as que quiser livremente. Só que, se isso é entendido como privilégio, naquele momento as mulheres diziam claramente que era preciso compreender que não é um privilégio. É desigualdade e é violência. É inaceitável.

Esse limite foi riscado pela luta histórica das feministas e, mais recentemente, por movimentos como #PrimeiroAssedio, no Brasil, e #MeToo, nos Estados Unidos, assim como pelo "Nenhuma a menos", que se espalhou pela América Latina. Os avanços recentes das mulheres, com a emergência de jovens feministas e o nascimento de novos feminismos, com uma marca forte do crescente protagonismo das mulheres negras, assinalam este momento. Nenhum outro movimento se mostrou tão forte e fez tantas conquistas nos últimos anos quanto o das mulheres.

Bolsonaro reage também a isso. "Eu tenho cinco filhos. Foram quatro homens, a quinta eu dei uma fraquejada e veio uma mulher", disse ele, ainda na pré-campanha. Bolsonaro dificilmente admitirá, mas ele e seus seguidores temem as "fraquejadas". Bolsonaro é o macho destampado, que mascara a ignorância como "sinceridade" e "autenticidade", que se orgulha de poder dizer qualquer barbarismo simplesmente porque é homem e porque é branco. É um macho em defesa feroz do seu lugar no topo da cadeia alimentar. O presidente eleito majoritariamente por homens, mas também por muitas mulheres, representa bastante gente, até quem não confessa que, neste quesito, sente-se secretamente vingado por ele.

Na eleição de 2018, a ofensiva contra as mulheres não é algo colateral ou secundário. É central. Gênero, raça e classe atravessaram a disputa. Um levantamento do jornal *El País* mostrou que, no primeiro turno, Bolsonaro venceu nas dez cidades mais ricas do Brasil e Fernando Haddad ganhou em nove das dez cidades mais pobres (considerados os municípios com mais de cem mil habitantes). Como é sabido, no Brasil a maioria dos mais pobres é negra e a maioria dos mais ricos é branca. De acordo com pesquisa do Ibope, encomendada pela TV Globo e pelo jornal *O Estado de S. Paulo*, Bolsonaro ganhava por muito entre os homens (54% a 37%) e perdia por pouco entre as mulheres (41%, contra 44% de Haddad). O levantamento foi realizado nos dias 26 e 27 de outubro, véspera do segundo turno.

O candidato de extrema-direita ganhava por muito entre os mais escolarizados (53% a 35%) e perdia por muito entre os menos escolarizados (36%, contra 54% de Haddad); perdia por muito entre os que vivem com até um salário-mínimo (32%, contra 56% de Haddad) e ganhava por muito entre os que recebem mais de cinco salários-mínimos (63% a 29%); ganhava por muito entre os brancos (58% a 31%) e perdia por pouco entre os negros (41%, contra os 47% de Haddad).

Estas são as diferenças que revelam o momento do país e expõem o peso das lutas identitárias na eleição de 2018. A religião, como já havia ficado claro, também foi uma variável fundamental. Segundo a mesma pesquisa do Ibope, se entre os católicos houve empate técnico dos candidatos, entre os evangélicos Bolsonaro disparou, com quase o dobro das intenções de voto de Haddad (58%, contra 31%).

A potência do #EleNao

A grande oposição a Bolsonaro — e também a mais visível — foi feita por mulheres na eleição de 2018. As mulheres, porém, não são um genérico. Bolsonaro perdeu mais votos entre as negras do que entre as brancas, entre as nordestinas mais do que entre as do Sul e Sudeste. A divisão regional, que já havia ficado clara na eleição de 2014, é outro indicador importante da partição histórica do Brasil.

O #EleNao, hashtag que se tornou o maior movimento de oposição a tudo o que Bolsonaro representa, colocou centenas de milhares de pessoas nas ruas em 29 de setembro de 2018. E começou numa página de Facebook — "Mulheres Unidas Contra Bolsonaro" — criada por Ludmilla Teixeira, uma mulher nordestina da Bahia, de origem periférica e negra. Em alguns dias, o grupo já reunia um milhão de mulheres de todos os pontos do Brasil. No dia da manifestação, tinha mais de três milhões de integrantes.

Negar a centralidade deste movimento de mulheres na oposição a Bolsonaro e ao autoritarismo que ele representa, na eleição mais complexa da democracia brasileira, obedece à mesma lógica sexista, machista e patriarcal que o presidente eleito representa. Parte da esquerda foi rápida em "culpar" o movimento #EleNao pelo aumento das intenções de voto em Bolsonaro revelado pelas primeiras pesquisas publicadas após a manifestação. Intelectuais supostamente esclarecidos fizeram questão de esquecer de outras variáveis — e também que política não é instante, mas processo.

Excluído o #EleNao, haveria muito pouco para a parcela dos brasileiros que rejeitou Bolsonaro poder contar ao mundo, assim como afirmar que fez oposição consistente ao projeto autoritário de poder. O #EleNao foi o principal movimento de resistência a Bolsonaro e, num momento tão polarizado, conseguiu unir pessoas que até então nem se falavam, para muito além dos partidos políticos. Provou algo transgressor em um momento tão precário: é possível conviver com as diferenças e lutar por aquilo que é comum.

De Dilma a Amélia, de Marcela a Fernanda

Como Fernanda Lima entra nesta história? Ela, tão sulista, tão branca, tão loira, um modelo de beleza tão padrão que talvez fosse aprovado até mesmo pelos rigorosos critérios de seleção de Carlos Vereza, o que não quer ver "corpos feios" nas ruas? Quando *Amor & Sexo* começou, em 2009, possivelmente muitos esperavam apenas a excitação (no sentido Silvio Santos) de uma mulher jovem e bonita falando de sexo com pouca roupa. Fernanda mostrou que é possível discutir sexo com inteligência e franqueza sem nem se tornar um clichê de revista feminina nem uma Barbie para consumo masculino. Com boa direção e equipe de redatores, *Amor & Sexo* é um programa que foi se tornando cada vez mais interessante, acompanhando o frescor e o estilo pé na porta dos novos feminismos.

As últimas temporadas do programa refletiram o momento político das lutas identitárias. A partir de 2014, essas questões foram ganhando espaço progressivo no palco. E não apenas na boca de Fernanda. A apresentadora branca e heterossexual soube compreender seu "lugar de fala", conceito que marcou o debate da segunda década. Fernanda compartilhou o microfone, e o programa tornou-se um espaço para ecoar várias identidades de gênero e de raça. E fez isso num momento em que outras vozes, em especial a de pastores evangélicos neopentecostais e a de sua bancada no Congresso, negociavam poder e recursos públicos a partir de ideias como a de que "só existe um tipo de família, a do homem com a mulher", e a de que homossexualidade pode ser "curada", como se doença fosse.

De objeto do desejo de homens pelo país, a Fernanda que não se deixou objetificar passou a ser odiada por uma parcela dos machos nacionais — e nacionalistas. Ela não só falava de sexo sem ser para o gozo dos homens como repudiava publicamente o assédio sexual. Ao compartilhar o microfone com outras identidades de gênero e raciais, a apresentadora tornou-se, para esta parcela da população, uma traidora de seu gênero e raça, num país marcado pelo racismo e pela homofobia, que passaria a ter também um presidente declaradamente racista e homofóbico.

Fernanda Lima poderia ocupar apenas o lugar de mãe bem-sucedida daquela que alguns consideram a "família perfeita". Tem um marido igualmente branco, loiro e bonito, tem gêmeos igualmente brancos, loiros e bonitos. Estão prontos para posar para as revistas de celebridades, o que também fazem. Mas Fernanda recusou o que para muitos era seu melhor papel, ou o único, e usou o espaço que conquistou para debater as outras possibilidades de existir neste mundo. É chamada de "imbecil" pelo eleitor de Bolsonaro exatamente por não ser a "imbecil" que esperavam que ela fosse. Se fosse "imbecil", o clichê da "loira burra", o bolsomacho estaria coçando a barriga satisfeito, porque acreditaria que tudo tinha voltado ao seu lugar.

Fernanda é exatamente aquela que não se tornou "bela, recatada e do lar", como foi descrita a mulher de Michel Temer, em perfil da revista *Veja*. O alvoroço causado pela jovem e loira esposa de Michel

Temer ainda precisa ser mais bem estudado: Marcela não foi um apêndice do governo Temer, mas a própria expressão do governo Temer. Marcela foi vendida como uma personagem de propaganda de geladeira dos anos 60. Muitos de seus admiradores, porém, inclusive na imprensa, ao falar sobre ela, soavam como personagens de folhetim de Nelson Rodrigues, o escritor que melhor compreendeu a psicologia e o comportamento da tradicional família brasileira, em todas as suas pulsões sexuais e na intersecção da vida pública com a privada. Quem Marcela é, de fato, o público não sabe.

Michel Temer traiu a companheira de chapa, Dilma Rousseff, a primeira mulher presidenta da história do Brasil, que tomou posse ao lado da filha e não de um marido. Temer, o vice conspirador, estreou como presidente, por força de um impeachment, com um ministério totalmente branco e masculino, como se o Brasil ainda estivesse na República Velha. Marcela não aparecia neste retrato, mas era onipresente. Ela não era apresentada como a grande mulher atrás do grande homem, mas como um bibelô de longas pernas, a ex-miss Paulínia décadas mais jovem cuja principal missão era assegurar a potência do presidente do Brasil, levando-a da alcova (e a palavra arcaica é proposital) para o espaço público.

Como numa crônica de Nelson Rodrigues, Temer sofreu durante a maior parte do governo de problemas com a próstata e teve que conviver com uma sonda na uretra. Um dia aparecerá alguém com talento suficiente para fazer um folhetim de ficção dessa crônica palaciana de poder e de sexo, com personagens desequilibrando-se entre potência e impotência. Pessoalmente, nunca senti tanta falta de Nelson Rodrigues como naqueles dias.

O deslocamento do lugar da mulher, da primeira presidenta, o papel de máximo protagonismo de um país, para o de primeira-dama clássica, o bibelô por trás do (pequeno) grande homem, é decisivo. O roteiro do impeachment tem muitas faces, uma delas é a da primeira mulher que assumiu o poder no Brasil sendo expulsa pela traição ética de um homem que ocupava um lugar subalterno — e pela imoralidade pornográfica de um Congresso composto majoritariamente por homens. A tragédia culminou, como já mencionado, com a declaração do então deputado Jair Bolsonaro ao votar pelo impeachment: "Em memória de Carlos Alberto Brilhante Ustra, o pavor de Dilma Rousseff...".

Vou repetir. Naquele momento ninguém afirmaria que, apenas dois anos depois, Bolsonaro seria eleito presidente. Mas sua corrida rumo à vitória começou ali, com a intersecção da tortura sofrida durante a ditadura por uma mulher, a presidenta que seu voto ajudava a expulsar do posto para o qual foi eleita, e a apologia ao torturador. Quando nada aconteceu após a fala criminosa e sádica de Bolsonaro, quando o impeachment sem justificativa consistente foi consumado, a sociedade brasileira ultrapassou um limite para o qual já não sabemos se há retorno. Naquele momento, o impeachment deixou de ser um instrumento previsto na Constituição. Bolsonaro o converteu em um novo episódio de tortura para Dilma Rousseff. As instituições compactuaram com o crime, e/ou se omitiram, mostrando-se aquém da democracia.

Durante o processo eleitoral, outra vítima de tortura foi atacada pelos seguidores de Bolsonaro. De novo, uma mulher. E, de novo, não acredito que sexo e gênero sejam coincidências. De Amélia Teles, o herói de Bolsonaro primeiro mandou que lhe arrancassem a roupa. Depois, aplicaram choques em seus seios, na vagina, no ânus, no umbigo, nos ouvidos e dentro da boca. Em outra sala de tortura estava seu marido, também sendo torturado. Ele entraria em coma pelos golpes infligidos em seu corpo. Quando Amelinha já estava urinada e vomitada, o militar mandou chamar seus dois filhos: uma menina de cinco anos, um menino de quatro. O menino não reconheceu a mãe, pelo tanto que a tortura a tinha desfigurado. "Só reconheci você pela voz", ele lembraria muito mais tarde. A menina perguntou: "Mãe, por que você está azul?". Só então Amelinha percebeu que os hematomas tinham deixado seu corpo inteiramente azul.

No segundo turno da campanha eleitoral de 2018, a pedido da equipe do candidato Fernando Haddad, Amélia e sua filha gravaram um depoimento para o programa político na TV, testemunhando o que viveram. Na sequência, seguidores de Bolsonaro promoveram um linchamento nas redes sociais: inventaram que ela tinha esquartejado dois militares quando fazia a resistência à ditadura. Criaram uma ficção em que a vítima seria a torturadora e assassina. Inverteram e subverteram a realidade. E a ameaçaram de morte. Então com 74 anos, foi como se Amélia estivesse sendo torturada mais uma vez.

O Judiciário, que nada fez com relação à apologia ao torturador, cometida por Bolsonaro, desta vez censurou a voz de Amelinha, ao proibir o programa. A liminar que a calou foi concedida pelo ministro Luis Felipe Salomão, do Tribunal Superior Eleitoral, com a justificativa de que o programa promovia uma "distopia simulada".

Os depoimentos das torturadas na ditadura revelam que havia um sadismo particular no ato de infligir sofrimento às mulheres. Primeiro, muitas delas foram estupradas. Baratas e ratos enfiados em suas vaginas era outra "técnica" habitual. Ao dar seu depoimento sobre a tortura que sofreu no regime de opressão, a jornalista Míriam Leitão relatou que os torturadores botaram uma jiboia viva em sua cela, apagaram a luz e a deixaram lá. O presidente eleito, Jair Bolsonaro, comentou na ocasião: "Coitada da cobra!".

Choques nos seios, no ânus e na vagina eram habituais. Muitas mulheres, como Crimeia Schmidt, foram torturadas mesmo estando grávidas. Irmã de Amelinha, Crimeia foi espancada diretamente por Ustra. Ela estava com sete meses de gestação. Ustra a tirou da cela pelos cabelos e começou dando tapas em seu rosto. Ela foi sendo arrastada pelo corredor, sempre apanhando. Desmaiou e, quando recuperou a consciência, já estava na sala de tortura, toda urinada. Era só o primeiro dia. Nos seguintes, Crimeia foi torturada pela equipe do coronel. Ustra só entrava na sala de tortura para dar uns tapas e ia embora. Este é o homem que inspira Bolsonaro e cujo rosto foi estampado em camisetas exibidas por seus filhos e seguidores durante a campanha eleitoral, sem que o Judiciário achasse que fosse um problema.

O ódio das mulheres que ousam sair do lugar destinado a elas emergiu com toda a força no processo eleitoral de 2018, depois de ser reprimido nos últimos anos pelo "politicamente correto" que Bolsonaro e seus seguidores tanto abominam.

Quem mandou matar Marielle? E por quê?

Quando começa um estado de opressão? Quando a exceção se instala? Em *The handmaid's tale* (*O conto da aia*), a excelente série de TV baseada num livro de Margareth Atwood, há um diálogo que ilumina essa questão. "Mas quando isso começou?", pergunta a personagem. E a resposta: "Estava acontecendo aos poucos e não percebemos".

Para quem não viu, *The handmaid's tale* é a obra que mais refletiu a segunda década no Brasil — e em parte do mundo. *Submissão* (Alfaguara), o tão comentado livro do francês Michel Houellebecq, é outra obra que amplificou seus ecos nos últimos anos. Tanto a série quanto o livro têm na opressão das mulheres a base do regime comandado por homens. O poder é exercido a partir do (re)controle dos corpos femininos, do sexo e da reprodução. A boa ficção só vai melhorando com o tempo, porque foi capaz de ecoar o que apenas se balbuciava nos cantos da realidade.

Retomo então a pergunta: quando começou para nós, brasileiros? Se buscarmos uma data, o início é 14 de março de 2018, dia da execução de Marielle Franco.

Quando soube que Marielle Franco havia sido assassinada, eu tinha acabado de chegar de Anapu, a cidade que recebeu o sangue de Dorothy Stang. Quatro tiros tinham arrebentado a cabeça bonita de Marielle e também aquele sorriso que fazia com que mesmo eu, que nunca a conheci, tivesse vontade de rir com ela. Ainda hoje tenho quando vejo a sua fotografia. E rio com Marielle. E então lembro o horror da destruição literal do seu sorriso. E então eu não choro. Eu escrevo.

Quando a notícia chegou, eu ainda estava na Amazônia, mas me preparava para pegar um avião para São Paulo. Eu carregava no meu corpo o horror de ter constatado que a violência contra os pequenos agricultores no Pará era, naquele momento, pior do que em 2005, ano do assassinato de Dorothy. Havia, então, em Anapu, uma trilha vermelho-sangue de 16 execuções de trabalhadores rurais ocorridas desde 2015, pessoas que não tinham cidadania americana para chamar a atenção da imprensa.

Ainda na estrada de Anapu, eu havia sido alcançada pela notícia do assassinato de Paulo Sérgio Almeida Nascimento, diretor da Associação dos Caboclos, Indígenas e Quilombolas da Amazônia (Cainquiama). Paulo recebia ameaças por sua atuação e fez repetidos pedidos de proteção policial. Ele cobrava providências dos governos federal e do Pará, além da prefeitura de Barcarena, sobre a atuação da mineradora norueguesa Hydro Alunorte, que comprovadamente contaminou a água dos rios da região, ameaçando a vida da população e o meio ambiente. Paulo foi assassinado dois dias antes de Marielle.

Em Anapu, eu tinha escutado padre Amaro Lopes afirmar que sabia "que estavam armando" para ele, que inventariam algo para interromper sua luta. Ele era considerado o sucessor de Dorothy Stang na proteção dos direitos dos trabalhadores rurais e da floresta amazônica na região. Para mim era claro que as reais sucessoras de Dorothy eram as freiras que dividiam a casa com ela e que seguiam seu trabalho sem escorregar em vaidades pessoais. O trabalho de Amaro Lopes, porém, era importante o suficiente para ser interrompido pela violência. Duas semanas mais tarde, como o padre havia previsto, ele foi preso numa operação cinematográfica pela polícia do Pará e acusado de quase tudo. O objetivo era assassinar a sua reputação e neutralizá-lo. Naquele momento, foi alcançado.

Quando soube da execução de Marielle, era este o mapa de mortes ao redor de mim, apenas no pequeno círculo que era eu. Essas mortes, ainda que não diretamente, estavam conectadas. Elas expressavam um novo momento do país, um em que a vida valia ainda menos, e a justiça era ainda mais ausente, quando não conivente.

Desde 2015, a tensão no campo e nas periferias urbanas crescia no Brasil. Era o resultado direto da fragilização da democracia pelo processo de impeachment, que sempre se faz sentir primeiro nos espaços mais distantes dos centros de poder e menos alcançados por políticas públicas. Mesmo antes de ser afastada, Dilma Rousseff já estava concedendo o que não se pode conceder, no desespero de barrar o processo que a arrancaria do cargo para o qual fora eleita. Na Amazônia, esses recados são interpretados como autorização.

Essas mortes expressavam também como o Brasil arcaico, aquele que ganhou uma imagem eloquente no retrato oficial do primeiro ministério de Michel Temer, esmagava o Brasil insurgente que tinha avançado nos últimos anos, aquele que deslocava os lugares dos centros e das periferias, confrontava o apartheid racial não oficial, rompia com os binarismos de gênero, enfrentava o patriarcado com cartazes e seios nus.

Era o Brasil insurgente que se buscava ferir de morte. Aquele que se levantou por Amarildo de Souza, o pedreiro torturado e assassinado dentro da Unidade de Polícia Pacificadora (UPP) da Rocinha, no Rio, em 2013. "Onde está Amarildo?" foi o grito precursor de todos os gritos. O Brasil insurgente que ocupou os prédios abandonados em nome da especulação imobiliária do centro de São Paulo e de outras cidades para viver e fazer viver em um dos movimentos mais potentes da segunda década deste século, o dos Sem Teto. O Brasil insurgente que denunciou que Rafael Braga foi o principal preso político dos protestos de 2013, porque era o pobre e era o negro que estava passando. Suas armas: um frasco de desinfetante Pinho Sol e outro de água sanitária da marca Barra. Era este o Brasil que se buscava assassinar ao acertar a cabeça bonita de Marielle: o Brasil capaz de desafiar a paz que só é para alguns, o Brasil capaz de criar vida a partir das ruínas. Era este que tentavam parar, mas que já não há como parar. Não apenas o Brasil que resiste nem o que (re)existe. Mas o Brasil que reXiste. E seguirá rexistindo.

Eu descia a escada da casa que alugava. Ao chegar ao último degrau, tive a sensação de que o Brasil tinha sido rasgado. Comecei a descer a escada em um país e terminei em outro. No meio, a notícia do assassinato de Marielle Franco. O corpo flagelado de Marielle era o rasgo.

Quando viajava para São Paulo, num percurso longo de três voos, em que podia checar as informações apenas nas escalas, percebi que esse sentimento não era só meu. Uma parte do Brasil se levantava, ocupava as ruas, se retorcia e gritava.

Matar uma vereadora eleita a tiros era um passo além na violência extrema de um país que convive com o genocídio dos jovens negros, que convive com o genocídio dos indígenas, como se fosse possível conviver com genocídios sem corromper além do possível aquilo que chamamos alma. O assassinato de Marielle era um passo além, um passo já sobre o vão do abismo. Até mesmo para o Brasil.

Desde 2014 eu comecei a escrever uma palavra em vários dos meus artigos. Esgarçado, esgarçamento. Demorei a reconhecer o padrão. Às vezes uma palavra se impõe pelos caminhos do inconsciente que percebe o mundo a partir de outros percursos. Esgarçada, a carne do país agora se rasgava, como se os corpos furados a bala, os corpos negros, os corpos indígenas, ao se tornarem numerosos demais, tivessem tornado impossível sustentar qualquer remendo. Mesmo uma costureira amadora sabe que não é possível cerzir um pano rasgado demais, onde a pele juntada com agulha e linha de imediato se abre. Já não havia integridade possível no tecido social do Brasil porque se matou demais. Marielle Franco era o além do demais.

Entendi então que também era um Brasil que morria com Marielle. E que daquele dia em diante entraríamos numa outra fase de nossas ruínas continentais.

Acredito que estava certa. Mas acredito também que estava errada.

Estava certa porque Marielle Franco acolhe em seu corpo todas as minorias esmagadas durante 500 anos de Brasil. Seu corpo era um mostruário, uma instalação viva, da emergência dos Brasis historicamente silenciados.

Marielle carregava múltiplas identidades: negra, como é a maioria dos que morrem; da favela (da Maré), de onde vêm os que têm menos tudo; mulher preta, a porção mais frágil e sujeita à violência da população brasileira; lésbica, o que a lança em outro grupo flagelado pela homofobia.

Carregando tudo o que era — e será sempre —, Marielle elegeu-se vereadora do Rio pelo PSOL. E fez de suas identidades criminalizadas uma explosão de potência. Ela era a encarnação de um movimento que vinha tanto dos interiores quanto dos estertores do Brasil. Marielle encarnava um levante que não morreu com ela, mas que vem sendo massacrado nos últimos anos. Um levante criador e criativo que sonhava com outro Brasil, que almejava atravessar as oligarquias alegremente com seus pés descalços como o fez no Carnaval de 2019 — rumo a um outro jeito de ser Brasis, no plural.

Marielle tinha todo esse desaforo no corpo e ainda ousava rir, e ria muito, como fazem as mulheres que sabem que rir é um ato de transgressão, já que chorar é o que se espera de nós.

Ao mesmo tempo, porém, eu estava errada. O Brasil pós-redemocratização, o país onde eu tinha vivido a minha vida adulta, não tinha morrido em 14 de março de 2018. Mas sim quase dois anos antes, em 17 de abril de 2016, como escrevi anteriormente. Naquele momento, porém, quando parte de nós foi atingida pelas balas que mataram Marielle, eu ainda não sabia.

Uma parte dos brasileiros percebeu que algo terrivelmente definitivo tinha acontecido naquele domingo em que os deputados votaram pela abertura do impeachment de Dilma Rousseff. Mesmo os que eram favoráveis à deposição se chocaram com as tripas à mostra dos parlamentares, a votar em nome de Deus e da família contra uma presidenta que não havia cometido crime de responsabilidade. A vergonha atingiu quase todos nós. Ou pelo menos muitos. Muitos pela ética, a maioria apenas pela estética.

O Brasil que existira durante 31 anos, do fim da ditadura militar à votação do impeachment de Dilma Rousseff, de 1985 a 2016, morreu com o voto de Jair Bolsonaro. Naquelas mais de três décadas o Brasil avançou e retrocedeu, convulsionou-se, desvelou-se, povoou-se de esperanças, conviveu com o impossível de seus genocídios e protegeu agentes de Estado que cometeram crimes contra a humanidade durante o regime de exceção.

É da gestação dessa democracia deformada que nasce o Brasil que vivemos hoje. Mas até 2016 tivemos um país em ebulição, onde o presente era ferozmente disputado por diferentes grupos. Naquele país, o levante do qual Marielle Franco é um dos símbolos avançava pelas brechas, e avançava rápido, porque tinha séculos de atraso às suas costas.

O voto de Jair Bolsonaro interrompeu esse processo — e encerrou uma das fases mais ricas de possibilidades do Brasil. Seu voto consumava também a ligação entre os dois momentos do país, saltando sobre o período democrático. Ao invocar o torturador e apontar o pavor da torturada, Bolsonaro uniu o passado ao futuro, como se ambos houvessem sido o mesmo.

O dia seguinte decidiria o futuro do Brasil. Se a lei fosse cumprida e Bolsonaro denunciado, julgado e condenado, as instituições teriam mostrado que eram capazes não só de fazer a lei valer, mas também capazes de proteger a democracia e os princípios democráticos. A serviço de forças muito além de sua família, Bolsonaro era aquele soldado raso despachado para a frente de batalha para descobrir se explode ou se a tropa mais gabaritada pode avançar com relativa segurança. Como ele ameaçou uma presidenta e homenageou um torturador e continuou tocando a vida porque a lei era palavra morta, o Brasil afundou ali. Menos de um mês depois, em 12 de maio de 2016, dia do afastamento de Dilma Rousseff da presidência do país, Bolsonaro mergulhou nas águas do Rio Jordão, em Israel, para ser batizado pelo pastor Everaldo Dias Pereira, líder do PSC.

Foi também naquele voto que Bolsonaro virou presidente da República, ou alguém com muitas chances de se tornar presidente da República. De personagem bufão do baixo clero do Congresso, ele foi promovido a representante das forças mais arcaicas: tanto as que queriam garantir a ampliação do seu poder no Planalto, como os ruralistas, quanto as que queriam alcançar o poder central, caso dos evangélicos.

Naquele momento, também os setores das Forças Armadas (profundamente) incomodados com a Comissão da Verdade e a pressão pela revisão da Lei da Anistia viram uma oportunidade. Arriscada, mas ainda assim uma oportunidade. O capitão reformado, que era conhecido como oportunista, instável e insubordinado, poderia ser útil para barrar a produção de memória sobre o regime de exceção e reescrever a história. Poderia ser útil também para garantir a volta dos generais ao Planalto sem o trauma de um golpe clássico, como ocorreu em 1964.

Acreditaram poder controlá-lo. Deveriam ter ouvido um general mais experiente antes de se meter na perigosa aventura bolsonarista. Em 1993, em entrevista aos pesquisadores Maria Celina D'Araújo e Celso Castro, o general Ernesto Geisel (1907-1996), quarto militar a presidir o Brasil durante a ditadura, afirmou: "Não contemos o Bolsonaro, porque o Bolsonaro é um caso completamente fora do normal, inclusive um mau militar".

Marielle Franco foi morta neste novo Brasil — e por este novo Brasil escancarado pelo crime de Bolsonaro ao votar pelo impeachment. Este novo Brasil que é velho. Já o novo que vem das raízes, representado por Marielle, o que vem da insurreição dos negros aquilombados, da resistência quase transcendental dos povos indígenas, das mulheres que amam suas bucetas, daqueles que não se encaixam na normatização dos corpos, é este que está sendo esmagado.

Também por isso é imperativo saber: quem mandou matar Marielle? E por quê?

Seja qual for a resposta objetiva, concreta, Marielle também foi morta por carregar no seu corpo o levante dos Brasis periféricos que nos últimos anos vêm reivindicando o lugar de centro. Ela era a expressão cheia de curvas de tudo aquilo que aqueles que só conseguem conviver com ângulos retos sentem compulsão por exterminar. Não apenas porque são incapazes de lidar com outras formas geométricas, mas porque quando os excluídos do Brasil ocupam as tribunas pelo voto, aqueles que acham que o poder é parte do seu destino hereditário temem por seus privilégios.

Desde que a primeira mulher presidenta foi arrancada do Planalto por um impeachment descabeçado, a violência na floresta, no campo e nas cidades recrudesceu. A percepção era de que algo represado, contido com muito esforço, se liberava. E de fato se liberava. Todo o desejo de destruição recalcado pelo que chamam de "politicamente correto", mas que é outra coisa, emergiu. E da forma violenta como costuma irromper o que é controlado com esforço, o que é empurrado para o fundo, sem trabalho de elaboração tanto na esfera pública quanto na privada.

Ainda assim, as Marielles seguiram.

É de desejo de destruição que falamos. E é majoritariamente um desejo de destruição dos corpos das mulheres e dos LGBTQI, dos corpos que se recusam a ser normatizados, como Jair Bolsonaro e seus seguidores deixaram claro na campanha de 2018. Acrescentaria ainda nesta lista os corpos dos que praticam as religiões de origem africana, que, por serem os corpos que barram um crescimento ainda maior das evangélicas neopentecostais, são corpos a ser demonizados.

MARIELLE FRANCO ACOLHE EM SEU CORPO TODAS AS **MINORIAS ESMAGADAS** DURANTE 500 ANOS DE BRASIL.

Quando Bolsonaro invoca a tortura do corpo da presidenta ao votar pelo impeachment, é a vontade de destruição do corpo de Dilma que reafirma. Como em 2014 já havia feito a apologia do estupro ao agredir a deputada federal Maria do Rosário (PT).

Os atuais donos do poder deflagraram uma guerra pelo controle dos corpos, aquilo que Jair Bolsonaro pregou como o fim das minorias, que devem "se curvar diante da maioria". O "menino veste azul, menina veste rosa" proclamado pela ministra da Mulher, da Família e dos Direitos Humanos, a evangélica Damares Alves, não é uma distração ou um factoide — e sim o enunciado de uma feroz disputa de poder.

É necessário prestar atenção em quem foi obrigado — no início do governo Bolsonaro — a deixar o país para salvar a sua vida: publicamente, um gay assumido e duas feministas conhecidas. Mas há mais gente. A violência não é sobre quaisquer corpos, mas sobre corpos específicos. O que se disputa, vale repetir, é o controle sobre os corpos que se insurgiram — o das mulheres, o dos negros, o dos indígenas, o dos LGBTQI. Também não foi qualquer imagem que Bolsonaro escolheu lançar no Twitter para tentar desqualificar o Carnaval de 2019, mas sim uma relação sexual entre dois homens. Bolsonaro se descontrolou um pouco mais porque o Carnaval mostrou, ao responder à violência do seu governo com sátira, alegria e ocupação do espaço público, que o levante continua vivo. E muito vivo.

O Brasil experimenta um cotidiano de exceção. Desde o voto *de* Bolsonaro. E ruma para um Estado de Exceção, desde o voto *em* Bolsonaro. A destruição do corpo de Marielle Franco, o corpo político que se recusava a ser subjugado, é a sua mais exata tradução. Desde 14 de março de 2018 sabíamos que não se tratava apenas da elucidação de um crime, mas da exposição das entranhas de um país.

Marielle Presente. Hoje. Sempre.

A boçalidade do mal

É necessário fazer um parêntese para pensar sobre o impacto da internet na quebra dos limites de convivência ocorrida nos últimos anos. Peço uma espécie de licença poética à filósofa Hannah Arendt para brincar com o conceito complexo que ela criou e chamar esse degrau a mais de "boçalidade do mal". Não banalidade, mas boçalidade mesmo. Arendt, para quem não lembra, alcançou "a banalidade do mal" ao testemunhar o julgamento do nazista Adolf Eichmann, em Jerusalém, e perceber que ele não era um monstro com um cérebro deformado, nem demonstrava um ódio pessoal e profundo pelos judeus, nem tampouco se dilacerava em questões de bem e de mal. Eichmann era um homem decepcionantemente comezinho que acreditava apenas ter seguido as regras do Estado e obedecido à lei vigente ao desempenhar seu papel no assassinato de milhões de seres humanos. Eichmann seria só mais um burocrata cumprindo ordens que não lhe ocorreu questionar.

A banalidade do mal se instala na ausência do pensamento. A boçalidade do mal, uma das explicações possíveis para o atual momento, é um fenômeno gerado pela experiência da internet. Ou, pelo menos, ligado a ela. Desde que as redes sociais abriram a possibilidade de que cada um expressasse livremente o seu "eu mais profundo", a sua "verdade mais intrínseca", descobrimos a extensão da cloaca humana. Quebrou-se ali um pilar fundamental da convivência, um que Nelson Rodrigues alertava em uma de suas frases mais agudas: "Se cada um soubesse o que o outro faz dentro de quatro paredes, ninguém se cumprimentava". O que se passou foi que descobrimos não apenas o que cada um faz entre quatro paredes, mas também o que acontece entre suas duas orelhas. Descobrimos o que cada um de fato pensa sem nenhuma mediação ou freio. E descobrimos que a barbárie íntima e cotidiana sempre esteve lá, aqui, para além do que poderíamos supor, em dimensões da realidade que só a ficção tinha dado conta até então.

Descobrimos, por exemplo, que aquele vizinho simpático com quem trocávamos amenidades bem-educadas no elevador defende o linchamento de homossexuais. E que mesmo os mais comedidos são capazes de exercer sua crueldade e disfarçá-la como "liberdade de expressão". Nas postagens e comentários das redes sociais, seus autores deixam claro o orgulho do seu ódio e muitas vezes também da sua ignorância. Com frequência reivindicam uma condição de "cidadãos de bem" como justificativa para cometer todo o tipo de maldade, assim como para exercer com desenvoltura seu racismo, sua coleção de preconceitos e sua abissal intolerância com qualquer diferença.

Foi como um encanto às avessas — ou um desencanto. A imagem devolvida por esse espelho é obscena para além da imaginação. Ao libertar o indivíduo de suas amarras sociais, o que apareceu era muito pior do que a mais pessimista investigação da alma humana. Como qualquer um que acompanha comentários em sites e postagens nas redes sociais sabe bem, é aterrador o que as pessoas são capazes de dizer para um outro, e, ao fazê-lo, é ainda mais aterrador o que dizem de si. Como o Eichmann de Hannah Arendt, nenhum desses tantos é um tipo de monstro, o que facilitaria tudo, mas apenas ordinariamente humano.

Ainda temos muito a investigar sobre como a internet, uma das poucas coisas que de fato merecem ser chamadas de revolucionárias, transformou a nossa vida, o nosso modo de pensar e a forma como nos enxergamos. Suspeito, porém, que o efeito daquilo que a internet arrancou da humanidade, ao permitir que cada indivíduo se mostrasse sem máscaras, é subestimado. E o que é? A ilusão sobre si mesma. Essa ilusão era cara, e cumpria uma função — ou muitas — tanto na expressão individual quanto na coletiva, naquilo que é chamado de pacto civilizatório. Escavou-se um buraco mais fundo que é preciso desvendar melhor.

Como aprendi na experiência de escrever na era digital que não custa repetir o óbvio, de forma nenhuma estou dizendo que a internet, um sonho tão fabuloso que nem os melhores escritores de ficção científica foram capazes de sonhá-lo, é algo nocivo em si. A mesma possibilidade de se mostrar, que nos revelou o ódio, gerou também experiências maravilhosas, inclusive de negação do ódio e de solidariedade. Do mesmo modo, a internet ampliou a denúncia de atrocidades e a transformação de realidades injustas, tanto quanto tornou o embate no campo da política mais democrático.

Quero aqui chamar a atenção para um aspecto que me parece muito profundo e definidor de nossas relações atuais. A sociedade brasileira, assim como outras, mas da sua forma particular, sempre foi atravessada pela violência. Fundada na eliminação do outro, primeiro dos povos indígenas, depois dos negros escravizados, sua base foi o esvaziamento do diferente, e seus ecos continuam fortes. A internet trouxe um novo elemento a esse contexto: indivíduos se apropriaram das possibilidades abertas pela revolução digital para exercer seu ódio e essa experiência alterou nosso cotidiano para muito além da rede.

É difícil saber qual foi a primeira baixa. Talvez tenha sido a do pudor. Primeiro, porque cada um que passou a expressar em público ideias que até então eram confinadas dentro de casa ou dentro de si descobriu, para seu júbilo, que havia vários outros que pensavam do mesmo jeito. Mesmo que esse pensamento fosse incitação ao crime, discriminação racial, homofobia, defesa do linchamento. Agora era possível chamar uma mulher de "vagabunda" ou um negro de "macaco", defender o "assassinato em massa de gays", "exterminar esse bando de índios que só atrapalham" ou "acabar com a raça desses nordestinos safados". Pensamentos que antes rastejavam pelas sombras passaram a ganhar palco e amealhar seguidores. Os que não ousavam proclamar seu ódio cara a cara sentiram-se fortalecidos ao descobrirem-se legião. Finalmente podiam "dizer tudo". E dizer tudo passou a ser confundido com autenticidade, com liberdade e — a perversão maior — com "verdade".

Muitos, como eu, defendem que o conhecimento transmitido pela oralidade, caso de vários povos tradicionais e de várias camadas da população brasileira com riquíssima produção oral, tenha o mesmo reconhecimento na construção da memória que os documentos escritos. Na experiência da internet, aconteceu um fenômeno inverso: a escrita, que até então era uma expressão na qual se pesava mais cada palavra, por acreditar-se mais permanente, ganhou uma ligeireza que historicamente esteve ligada à palavra falada nas camadas letradas da população. As implicações são muitas, algumas bem interessantes, como a apropriação da escrita por segmentos que antes não se sentiam à vontade com ela. Outras mostram as distorções já apontadas.

Compartilhado nas redes, o ódio deixou o lugar dos sentimentos que deveriam ser reprimidos em público e elaborados no privado. A ignorância deixou de ser um estado a ser ocultado e superado. Tanto ódio quanto ignorância passaram a ser ostentados — e ostentados orgulhosamente.

Sempre se culpa o anonimato permitido pela rede pelas brutalidades ali cometidas. É verdade que o anonimato é uma realidade. Há "robôs" e manipulação para falsificar reações negativas ou positivas a determinados textos e opiniões, seja por grupos organizados, seja por equipes de gerenciamento de crise de clientes públicos e privados. E existem as campanhas de desqualificação fabricadas como "espontâneas", nas quais mentiras ou boatos são disseminados como fatos comprovados, causando enormes estragos em vidas e causas.

Suspeito, porém, que a notícia — boa ou má — é que o anonimato foi em grande medida um primeiro estágio superado. Uma espécie de ensaio para ver o que acontece, antes de se arriscar com o próprio RG. Não tenho pesquisa, só observação cotidiana. Testemunho dia a dia o quanto gente com nome e sobrenome reais é capaz de difundir ódio, ofensas, boatos, preconceitos, discriminação e incitação ao crime sem nenhum pudor ou cuidado com o efeito de suas palavras na destruição da reputação e da vida de pessoas também reais. A preocupação de magoar ou entristecer alguém, então, essa nem é levada em conta. Ao contrário, o cuidado que aparece é o de garantir que a pessoa atacada leia o que está sendo escrito sobre ela, o cuidado que se toma é o da certeza de ferir o outro. O outro, se não for um clone, só existe como inimigo.

Seria improvável que a experiência vivida na internet não mudasse o comportamento quando se está cara a cara, quando se está em carne e osso e ódio, nos espaços concretos do cotidiano. Seria no mínimo estranho que a experiência poderosa de se manifestar sem freios, de se mostrar "por inteiro", de eliminar qualquer recalque individual ou trava social e de "dizer tudo" — e assim ser "autêntico", "livre" e "verdadeiro" — não influenciasse a vida para além da rede. Seria impossível que, sob determinadas condições e circunstâncias, os comportamentos não se misturassem. Seria inevitável que essa "autorização" para "dizer tudo" não alterasse os que dela se apropriaram e se expandisse para outras realidades da vida. E a legitimidade ganhada lá não se transferisse para outros campos. Seria pouco lógico acreditar que a facilidade do "deletar" e do "bloquear" da internet, um dedo leve e só aparentemente indolor sobre uma tecla, não transcendesse de alguma forma. Não se trata, afinal, de dois mundos, mas do mesmo mundo — e do mesmo indivíduo.

Ao ser usada como um espaço de "autorização" para "dizer tudo", a internet revelou não apenas a "banalidade do mal" em pessoas comuns, mas também a boçalidade do mal.

O homem mediano chega ao poder

Em 1º de janeiro de 2019, o Brasil passou a ter como presidente um personagem que jamais havia ocupado o poder pelo voto. Jair Bolsonaro é o homem que não pertence às elites políticas, econômicas ou intelectuais nem fez nada de excepcional. Esse homem mediano representa uma ampla camada de brasileiros. É necessário aceitar o desafio de entender o que ele faz ali. E com que segmentos da sociedade brasileira se aliou para desenhar um governo que une forças distintas que vão disputar a hegemonia. Embora existam várias propostas e símbolos do passado na eleição de Bolsonaro, a configuração encarnada por ele é inédita.

Neste sentido, Bolsonaro é uma novidade. Ainda que, para a maioria dos brasileiros, que não votou nele, seja uma difícil de engolir. Bolsonaro encarna também o primeiro presidente de extrema-direita da democracia brasileira. O homem ordinário chegou ao poder. O que significa?

Não é fácil dizer o que Bolsonaro é, em seu significado mais amplo, este que o fez ascender ao poder. Em 4 de janeiro de 2019, quando foi publicado meu artigo com as ideias que passo a desenvolver agora, eu afirmava que o homem "mediano" chegava ao poder pela primeira vez. Me decidi por essa palavra depois de flertar por algum tempo com a palavra "comum" — o homem "comum" chega ao poder. "Comum" é uma palavra cara ao jornalismo que eu faço. Tenho um livro sobre "a extraordinária vida comum". Associar "comum" a Bolsonaro me era penoso e parecia incorreto. Além disso, representar o homem comum é o sonho de muitos políticos e poderia soar como uma síntese elogiosa. "Médio" também me parecia impreciso, por ser demasiado neutro, referindo-se apenas ao que está no meio.

Optei por "mediano" por acrescentar um ou dois tons pejorativos a "médio", mas sem chegar ao "medíocre".

Quando Lula chegou ao Palácio do Planalto pela primeira vez, em 2002, depois de três derrotas consecutivas, foi um marco histórico. Quem testemunhou o comício da vitória na Avenida Paulista, tendo votado ou não em Lula, compreendeu que naquele momento se riscava o chão do Brasil. Não haveria volta. Pela primeira vez um operário, um líder sindical, um homem que fez com a família a peregrinação clássica do sertão seco do Nordeste para a industrializada São Paulo de concreto, alcançava o poder. Alguém com o "DNA do Brasil", como diria sua biógrafa, a historiadora Denise Paraná.

O Lula que conquistou o poder pelo voto tinha um sentido de excepcionalidade. "Homem do povo", sem dúvida, mas excepcional. Os eleitores que representavam a maioria da população se identificavam com Lula, o reconheciam como alguém como eles, o que os aproximava. Ao mesmo tempo, o reconheciam como alguém melhor que eles, o que fazia com que Lula merecesse seu voto. Lula era igual e diferente, igual e melhor. E por isso poderia liderar. Este tornou-se o seu trunfo junto às camadas populares.

Mesmo a imprensa mais conservadora o reconheceu na campanha de 2002 como um líder brilhante, que comandou as greves do ABC Paulista no final da ditadura militar e se tornou a figura central do novo Partido dos Trabalhadores criado para disputar a democracia que retornava depois de 21 anos de ditadura. Independentemente da opinião que cada um possa ter dele hoje, é preciso aceitar os fatos: quantos homens com a trajetória de Lula se tornaram Lula?

Lula era o melhor entre os seus, o melhor entre aqueles que os brancos do sul discriminavam com a pecha de "cabeça chata" e, mais tarde, Jair Bolsonaro reproduziria como "paraíba", ao atacar os governadores do Nordeste. Se a origem e o percurso de Lula levavam uma enorme novidade ao poder central de um dos países mais desiguais do mundo, a ideia de que aquele que é considerado o melhor deve ser o escolhido para governar atravessa a política e o conceito de democracia.

Não se escolhe qualquer um para comandar o país, mas aquele ou aquela em quem se enxergam qualidades que o tornam capaz de realizar os anseios da maioria. Neste sentido, não havia novidade. Quando parte das elites se sentiu pressionada a dividir o poder (para manter o poder), e depois da Carta ao Povo Brasileiro assinada por Lula, garantindo a continuidade da política econômica, era o excepcional que chegava ao Planalto pelo voto.

O que a chegada de Lula ao poder fez pelo Brasil e como influenciou o imaginário e a mentalidade dos brasileiros é algo que merece todos os esforços de pesquisa e análise para que se alcance a justa dimensão. Mas grande parte já foi assimilada por quem viveu — e por quem cresceu — nesses tempos. Os efeitos do que Lula representou apenas por chegar lá sequer são percebidos por muitos porque já foram incorporados. Já estão.

Marina Silva, derrotada nas últimas três eleições consecutivas, seria outra representante inédita de uma parcela da população que nunca ocupou a cadeira mais importante da República. Diferentemente de Lula, Marina encarnaria outro segmento de brasileiros, muito mais invisível, representado pelos povos da floresta. Ela carrega no corpo alquebrado por contaminações, e também por doenças que já não deveriam existir no Brasil, uma experiência de vida totalmente diversa de alguém como Lula e outros pobres urbanos. Mas este é o passado de Marina.

A mulher negra, que se alfabetizou aos 16 anos e trabalhou como empregada doméstica depois de deixar o seringal na floresta amazônica, empreendeu uma busca pelo conhecimento acadêmico e hoje fala mais como uma intelectual da universidade do que como uma intelectual da floresta. Também deixou a Igreja Católica ligada à Teologia da Libertação para se converter numa evangélica que demonstrou relutar em instrumentalizar a religião nas eleições, o que foi feito sem nenhum prurido por vários pastores neopentecostais e mesmo por quem nunca foi religioso.

Em minhas andanças pelas Amazônias, ficou bastante claro que os povos da floresta pouco se identificam com Marina Silva. Há algo que já não se completa. Mesmo tendo sido afetada às vezes dramaticamente pela política do PT para a Amazônia, a maioria parece se sentir mais próxima de Lula do que de Marina. Empurrava para Dilma Rousseff toda a culpa por obras como a hidrelétrica de Belo Monte e por outras arbitrariedades cometidas bem antes da sua presidência para justificar a intenção de votar em Lula, caso ele pudesse ter sido candidato em 2018. Dilma era culpada de tudo de ruim que havia acontecido na Amazônia, Lula só era culpado de tê-la escolhido.

Se Marina tivesse conseguido chegar ao poder, ela representaria toda essa complexa trajetória, mas também encarnaria uma excepcionalidade entre os seus. Quantas mulheres com o percurso de Marina se tornaram Marina?

Jair Bolsonaro, filho de um protético do interior paulista, oriundo de uma família que poderia ser definida como de classe média baixa, não é representante apenas de um estrato social. Ele representa mais uma visão de mundo. Não há nada de excepcional nele. Cada um de nós conheceu vários Jair Bolsonaro na vida. Ou tem um Jair Bolsonaro na família.

Durante as várias fases republicanas do Brasil, a candidatura e os candidatos foram acertos das elites que disputavam o poder — ou resultado de uma disputa entre elas. O mais popular presidente do Brasil do século 20, Getúlio Vargas, que em parte de sua trajetória política foi também um ditador, era um estancieiro, filho da elite gaúcha. Os presidentes apenas medianos durante a República eram por regra homens oriundos de algum tipo de elite e alicerçados por ela. Os privilégios e interesses de classe eram então impostos sobre qualquer outra razão.

Lula foi exceção. E Bolsonaro é exceção. Nenhum deles pertence a nenhuma elite. Ambos, porém, são opostos. Não apenas por um ser de centro-esquerda e outro de extrema-direita. Mas porque Bolsonaro rompe com a ideia da excepcionalidade. Em vez de votar naquele que reconhecem como detentor de qualidades superiores, que o tornariam apto a governar, como aconteceu com Lula, quase 58 milhões de brasileiros escolheram um homem parecido com seu tio ou primo. Ou consigo mesmos.

Essa disposição foi bastante explorada pela bem-sucedida campanha eleitoral de Bolsonaro, que apostou na vida "comum", falseando o cotidiano prosaico, o improviso e a gambiarra nas comunicações do candidato com seus eleitores pelas redes sociais. Bolsonaro não deveria parecer melhor, mas apenas igual. Não deveria parecer excepcional, mas "comum".

A mesma estratégia foi mantida depois de eleito, como a mesa cuidadosamente bagunçada de café da manhã com que recebeu John Bolton, o conselheiro de Segurança Nacional do presidente americano Donald Trump. Neste sentido, Bolsonaro jamais pode ser considerado o "Trump brasileiro". Trump, além pertencer a uma parcela muito particular das elites americanas, tem uma trajetória de destaque. Bolsonaro não. Como militar, ele só se notabilizou por quebrar as regras ao dar uma entrevista para a revista *Veja* reclamando do valor dos soldos. Depois, foi empurrado para a reserva porque, junto com outros celerados, tinha um plano para colocar bombas nos quartéis. Só não foi condenado porque a justiça militar protege os seus. Como parlamentar por quase três décadas, Bolsonaro conseguiu aprovar apenas dois projetos de lei. Era mais conhecido como personagem burlesco e criador de caso.

Quando Tiririca foi eleito em 2010, por exemplo, sua grande votação foi interpretada como a prova de que era necessária uma reforma política urgente. Mas Tiririca foi um grande palhaço. Num mundo difícil para a profissão desde a decadência dos circos, Tiririca conseguiu encontrar um caminho na TV, fazer seu nome e ganhar a vida. Não é pouco.

Bolsonaro não. O grande achado foi se eleger deputado e conseguir continuar se elegendo deputado. Em seguida, colocar três filhos — homens — no caminho dessa profissão altamente rentável e com muitos privilégios. A "família" Bolsonaro é um clã de políticos profissionais que, nesta eleição, conseguiu um número assombroso de votos. Mas não pela excepcionalidade de seus projetos e ideias.

O novo presidente do Brasil passou quase três décadas como um político daquilo que no Congresso brasileiro se chama "baixo clero", grupo que faz volume, razão pela qual tem força, mas não detém influência nem arquiteta as grandes decisões. A alcunha é uma alusão injusta ao clero religioso que faz o trabalho miúdo, de base, o mais difícil e persistente, seguidamente perigoso, no mundo das igrejas. O próprio Bolsonaro já comentou que não tinha prestígio. Quando disputou a presidência da Câmara, em 2017, apenas um ano antes de se eleger presidente do país, só obteve quatro votos dos mais de 500 possíveis. Em 2011, chegou a afirmar, em discurso no plenário: "Eu não sou ninguém aqui".

Os deputados do "baixo clero" descobriram a sua força nos últimos anos e também como podem se locupletar unindo-se e fazendo número a favor dos interesses que lhes beneficiam. Ou simplesmente chantageando com o seu voto. Bolsonaro é dessa estirpe. Um ano antes da sua eleição poucos acreditavam que ele poderia se tornar presidente. Parecia impossível que alguém que dizia as barbaridades que ele dizia poderia se eleger para o cargo máximo do país.

O que se deixou de perceber é que quase todos tinham um tio ou um primo exatamente como Bolsonaro. Já em 2014 essa evidência se tornou explícita nos almoços de domingo ou nas datas festivas da família. Mas ainda assim parecia apenas uma continuação do que as redes sociais já tinham antecipado, ao revelar o que realmente pensavam pessoas que até então pareciam razoáveis. Deixou-se de enxergar, talvez por negação, o quanto esse contingente de pessoas era numeroso. Os preconceitos e os ressentimentos recalcados em nome da convivência eram agora liberados e fortalecidos pelo comportamento de grupo das bolhas da internet. As redes sociais permitiram "desrecalcar" os recalcados, fenômeno que tanto beneficiou Bolsonaro. Falar de política tornou-se um esporte mais popular do que o futebol, este cada vez mais elitista.

Os gritos das pessoas que ocuparam o gramado da Esplanada dos Ministérios, em Brasília, foram a parte mais reveladora da posse de Bolsonaro, em 10 de janeiro de 2019. Eufórica, a massa berrava: "WhatsApp! WhatsApp! Facebook! Facebook!". Quem quiser compreender esse momento histórico terá que passar anos dedicado a analisar a profundidade contida no fato de eleitores berrarem o nome de um aplicativo e de uma rede social da internet, ambos do bilionário americano Mark Zuckerberg, na posse de um presidente que as elegeu como um canal direto com a população e deu a isso o nome de democracia.

Bolsonaro representa, e muito, um tipo de brasileiro que se sentia acuado há bastante tempo. E particularmente nos últimos anos. E que estava dentro de cada família, quando não era a família inteira. Todas as famílias gostam de se pensar como diferentes — ou, pelo menos, melhores (ou piores, conforme o ponto de vista) que as outras. A experiência de um confronto político determinado pelos afetos — ódio, amor, etc. — nestas eleições deixou marcas profundas.

Não engendrasse tantas possibilidades destruidoras para o país, o fenômeno Bolsonaro seria bastante fascinante quando olhado como objeto de estudo. Sugiro algumas hipóteses para compreender como o mediano entre os medianos se tornou presidente do Brasil. As pesquisas de intenção de voto mostraram que Bolsonaro era o preferido especialmente entre os homens e especialmente entre os brancos e especialmente entre os que ganhavam mais. Isso não significa que não tenha tido uma votação significativa entre as mulheres, os negros e os que ganham menos. Se não tivesse, Bolsonaro não conseguiria se eleger. Mesmo no Nordeste, a única região do Brasil em que perdeu para Fernando Haddad, no segundo turno das eleições, Bolsonaro recebeu uma votação significativa.

Jair Bolsonaro representa, principalmente, o brasileiro que nos últimos anos sentiu que perdeu privilégios. Nem sempre os privilégios são bem entendidos. Não se trata apenas de poder de compra, o que é determinante numa eleição, mas daquilo que dá chão a uma experiência de existir, aquilo que faz com que aquele que caminha se sinta em terra mais ou menos firme, conheça as placas de sinalização e entenda como se mover para chegar aonde precisa.

Várias irrupções perturbaram esse sentimento de caminhar em território conhecido, em especial para o homem branco e heterossexual. As mulheres disseram a eles com uma ênfase inédita que não seria mais possível fazer gracinhas nas ruas, nem assediá-las no trabalho ou em qualquer lugar. A violência sexual foi exposta e reprimida. A violência doméstica, tão comum que era cantada em prosa e verso ("um tapinha não dói"), foi confrontada pela Lei Maria da Penha. Afirmar que uma "mulher era mal comida" se tornou comentário inaceitável de um neandertal.

Na mesma direção, os LGBTQI se fizeram mais visíveis na exigência dos seus direitos, entre eles o de existir, e passaram a denunciar a homofobia e a transfobia. Figuras públicas como a genial cartunista Laerte Coutinho anunciaram-se como mulher sem fazer cirurgia para tirar o pênis. O que há entre as pernas já não define ninguém. A posição de homem heterossexual no topo da hierarquia nunca foi tão questionada como nos últimos anos.

Tanto que, como reação, surgiram propostas para criar o "Dia do Orgulho Heterossexual", o "Dia do Homem" e até o "Dia do Branco". Não faz sentido inventar datas para quem tem todos os privilégios, mas as proposições mostram que a perda destes privilégios em particular parece ter balançado o mundo de quem sempre teve a coleção completa de vantagens como direito inalienável.

O que a maioria dos homens entendia que era seu direito — dizer o que bem entendesse, especialmente para uma mulher — já não era possível. "Não dá para falar mais nada" se tornou uma frase popular em suas bocas. As já tradicionais piadas de "viado", um tema clássico de fortalecimento da identidade de macho, tornaram-se inaceitáveis. O "politicamente correto", que Bolsonaro e seus seguidores tanto atacaram nesta eleição, foi interpretado como agressão direta a privilégios que eram considerados direitos. Por isso reagiram com tanta violência assim que se sentiram autorizados a sair do armário. Ou da gaiola, como gostam de afirmar.

Para um homem pobre, seja ele branco ou negro, tripudiar sobre gays e/ou mulheres na vida cotidiana pode ser a única prova de "superioridade" enquanto enfrenta o massacre diário de uma jornada extenuante e mal paga. Bolsonaro compreendeu isso muito bem. Em seu discurso para a população aglomerada na Praça dos Três Poderes para a sua posse, o novo presidente colocou o combate ao "politicamente correto" como uma das prioridades do seu governo. Não a assombrosa desigualdade social, que até mesmo presidentes conservadores achavam de bom tom citar, mas a necessidade de "libertar" a nação do jugo do "politicamente correto".

Logo no início do discurso, Bolsonaro afirmou: "É com humildade e honra que me dirijo a todos vocês como presidente do Brasil e me coloco diante de toda a nação neste dia como um dia em que o povo começou a se libertar do socialismo, se libertar da inversão de valores, do gigantismo estatal e do politicamente correto".

É esse brasileiro "acorrentado" que votou para retomar seus privilégios, incluindo o de ofender as minorias, como seu representante fez durante toda a carreira política e também na campanha eleitoral. Para muitos, era apenas o privilégio de voltar a ter assunto na mesa de bar — ou o de não ser reprimido pela sobrinha "empoderada" e feminista no almoço de domingo.

Somado a isso, as cotas raciais nas universidades, assim como o Estatuto da Igualdade Racial, conquistas dos movimentos negros reconhecidas pelos governos do PT, atingiram fundo os privilégios de raça. Estes tão enraizados quanto os privilégios de classe e de gênero no Brasil, possivelmente mais, como já foi abordado anteriormente.

Os direitos de gênero, classe e raça estão conectados e tiveram grande impacto no resultado eleitoral e também no antipetismo. O ódio dos bolsonaristas se expressa não na ação, mas na reação: a de quem se defende do que acredita ser um ataque. Também por isso sentem ser legítimo lançar as piores e mais violentas palavras contra o outro. Acreditavam — e ainda acreditam — estar apenas se defendendo, o que na sua visão de mundo justificaria qualquer violência. Também por isso o outro é inimigo — e não opositor.

Mas qual é o ataque que acreditam estar sofrendo? A suspensão de privilégios que consideravam direitos, acirrada pelo desamparo que uma crise econômica e a ameaça de desemprego provocam. Era gente — principalmente homens, heterossexuais e brancos — que nos últimos anos via o chão desaparecer debaixo dos seus pés. Excluídos das elites intelectuais, pressionados a ser "politicamente corretos" porque outros saberiam mais do que eles, ridicularizados na sua macheza fora de época, assombrados por mulheres até mesmo dentro de casa, reagem. Como se sentem fracos, reagem com força desproporcional.

Esses brasileiros não querem um homem melhor do que eles na presidência. O que querem é um homem igual a eles no governo. Numa época em que até as metáforas se literalizaram, Bolsonaro lhes devolve — literalmente — aquilo que sentem que lhes foi tirado. Ao assumir o poder, Bolsonaro mostra que a ordem do mundo volta ao "normal". Com Bolsonaro, eles voltam também ao governo de suas próprias vidas, sem serem questionados nem precisarem ser questionados sobre temas tão espinhosos como, por exemplo, a sexualidade e seu lugar na família e na sociedade.

São principalmente homens, mas também são mulheres que sentem que a opressão é um preço baixo a pagar para voltar a um território que, mesmo asfixiante, é conhecido e supostamente mais seguro num mundo movediço. São brasileiros que pertencem a diferentes religiões, mas a votação mais expressiva recebida por Bolsonaro foi entre os evangélicos. As igrejas evangélicas, como já ficou claro, encarnaram uma das mais importantes mudanças culturais — e políticas — do Brasil.

Como disse Bolsonaro em seu discurso às massas, logo após ser ungido com a faixa presidencial: "Não podemos deixar que ideologias nefastas venham a dividir os brasileiros. Ideologias que destroem nossos valores e tradições, destroem nossas famílias, alicerce da nossa sociedade. Podemos, eu, você e as nossas famílias, todos juntos, reestabelecer padrões éticos e morais que transformarão nosso Brasil".

Como se sentiam burros diante da intelectualidade acadêmica que sempre lhes torceu o nariz pontudo, os bolsonaristas adotaram seus próprios intelectuais. E também foram adotados por eles, como fez Olavo de Carvalho, autor best-seller que passou a exercer seu autoproclamado "anarquismo" de forma bastante interessante.

Bolsonaro torna-se então aquele que "não tem medo de dizer o que pensa" ou "aquele que diz a verdade". Bolsonaro se torna herói porque enfrenta o "politicamente correto" e liberta os sentimentos reprimidos de seus iguais. Eles, que começam a se sentir uns coisos diante de mulheres cada vez mais assertivas e de negros que não aceitam mais um lugar subalterno, podem então voltar a mentir sobre privilégios serem direitos — e afirmar que esta é "a verdade". Bolsonaro prega "transformação", mas só se elegeu porque sua proposta de "mudança" trabalha com a ilusão do retorno. Essa "nova direita" compreende muito bem os anseios de uma parcela dos homens desesperados desse tempo.

Na tentativa de volta ao passado que já não pode ser, mesmo com Bolsonaro no poder, os privilégios perdidos foram tachados de "ideologia". Aqueles que ideologizam tudo, até mesmo as relações sexuais e a religião alheias, culpam a ideologia por tudo. Se não gostam dos fatos, como o aquecimento global, convertem-nos em "ideologia marxista". Transformam "politicamente correto" num palavrão. Qualquer limite se torna uma afronta à liberdade, em especial a liberdade de ser violento. Chamam todos aqueles que apontam a necessidade de limites de "comunistas" ou "esquerdistas", como se ambas as palavras significassem uma espécie de pecado capital.

Sentindo-se oprimidos por conceitos que não compreendiam, os bolsonaristas descobriram que poderiam dar às palavras o significado que lhes conviesse porque o grupo os respaldaria. E, graças às redes sociais, o grupo os respalda. O significado das palavras é conferido pelo número de "curtir" nas redes sociais. Esvaziadas de conteúdo, história e consenso, esvaziadas até mesmo das contradições e das disputas, as palavras se tornaram gritos, força bruta.

É assim que um homem como Bolsonaro vira "mito". Ameaçados de perder a diferença que lhes garante privilégios que já não podem ter, Bolsonaro e seus seguidores corrompem a realidade e afirmam sua mediocridade como valor. Macho. Branco. Sujeito Homem.

É este o brasileiro que chega ao poder com Bolsonaro? Em parte, sim. Em parte, não. É este o enredo a que assistiremos a partir de agora e que desenvolverei nas próximas páginas.

Tornar-se adulto não é apenas uma condição biológica. É, no sentido cultural mais amplo, reconhecer seus limites e responsabilizar-se pelas próprias escolhas. Bolsonaro, claramente, é um garoto voluntarioso e mal-educado que precisa da aprovação dos maiores.

Ao vislumbrar que Bolsonaro poderia ganhar a eleição, diferentes grupos das elites se aproximaram e respaldaram sua candidatura. Cada um com seu projeto próprio. Como o garoto Bolsonaro lidaria com a disputa de gente grande? Como o menino mimado se haveria com a realidade, agora que a campanha acabou? Como seria quando a corrosão dos dias começasse a ameaçar a paixão das massas? E, no lado oposto, como os adultos da sala lidariam com a criança cheia de vontades quando ela não pudesse ser manipulada — ou quando estivesse sendo manipulada pelo grupo adversário — e então ameaçasse seu projeto próprio de poder? Como se daria essa negociação? E quais seriam os riscos?

Como todo medíocre, Jair Bolsonaro arrota ignorância como se fosse sabedoria. Mas, também como todo medíocre, no fundo, bem no fundo, ele suspeita que é medíocre. E busca desesperadamente a aprovação dos adultos.

No início do governo, Bolsonaro estava encantado por ter um intelectual ligado à Escola de Chicago dizendo a ele o quanto é especial. Um herói da Operação Lava Jato lhe tecendo elogios. E, principalmente, generais batendo continência ao capitão. Mas a realidade é sempre implacável com as ilusões.

Para acirrar a possibilidade de conflitos, havia ainda a família de Bolsonaro, com seu trio de principezinhos, desta vez mimados pelo pai, que ainda chama marmanjos sem limites de "garotos". Extasiados com o poder, eles desde a campanha já demonstravam seu apreço pelo palco e a atração por provocar ruído. Como pai típico deste momento histórico, Bolsonaro protege seus meninos. Neste caso, da própria mediocridade. Os Bolsojuniores parecem ter certeza de que são excepcionais e de que a realidade vai sempre se dobrar à sua vontade. Se não se dobra, sempre podem chamar "um cabo e um soldado" para fazer o serviço.

A experiência de Brasil que se iniciou em 2019 é fascinante. Mas só se vivêssemos em Marte e se a maior floresta tropical do planeta não estivesse ameaçada. Em algum momento, Jair Bolsonaro se olhará no espelho e verá apenas Fabrício Queiroz, o ex-PM e ex-assessor do filho mais velho que não pode explicar de onde vem o dinheiro que depositou na conta da primeira-dama. Em algum momento, Jair Bolsonaro poderá se olhar no espelho e ver apenas a imagem mais exata de si mesmo. Assombrado pela verdade que não poderá chamar de *fake news*, ele correrá para as ruas para ouvir os Queiroz gritarem: "Mito! Mito! Mito!". Mas o grito poderá ter sido engolido pela realidade dos dias. Saberemos então, em toda a sua magnitude, o que significa Bolsonaro no poder.

Enquanto isso, cabe fazer as primeiras considerações sobre o coiso que agora constrói as ruínas do Brasil.

A coisa do "coiso"

A chegada de Jair Bolsonaro ao poder, com 57,7 milhões de votos, é processo, não ruptura. Ainda que, para muitos, entre os quais me incluo, tenha sido difícil acreditar que o personagem mais bruto — e brutal — da política brasileira se tornasse presidente do Brasil, os sinais já estavam dados. O bolsonarismo é um fenômeno da democracia brasileira, de como ela foi fundada e de como se desenrolou, e é um fenômeno que ganha força pelo modo como o PT se tornou governo, no que fez de bom e no que fez de ruim. Sem lulismo, palavra e conceito construídos pelo cientista político André Singer, é provável que não houvesse bolsonarismo.

Minha hipótese, que pode ou não se comprovar nos próximos anos, é que não é possível lulismo sem Lula. Mas é possível bolsonarismo sem Bolsonaro. A pessoa e o personagem Jair Bolsonaro deram nome e forma a este fenômeno que testemunhamos nascer e conquistar poder no Brasil. Suspeito, porém, que, pelo seu próprio conteúdo, o bolsonarismo vai muito além de Bolsonaro e, em determinadas condições, pode prescindir dele.

Era necessário um Bolsonaro para encarnar o bolsonarismo, mas o espírito que o mantém em movimento vai muito além do personagem. Já Lula é a carne e o espírito do lulismo — fenômeno que vai muito além do petismo. Tanto que as pesquisas de opinião indicavam que Lula poderia vencer a eleição, caso não tivesse sido impedido de ser candidato. Ao mesmo tempo, Bolsonaro se elegeu em grande parte pelo forte antipetismo que move uma fatia importante da sociedade brasileira.

O petismo existiu — e foi forte — nos anos que precederam a vitória de Lula, quando as ruas do Brasil se cobriam de bandeiras vermelhas do partido, tremulando nas mãos de militantes espontâneos que nada recebiam para lutar pelo PT. Testemunhamos esse fenômeno desde o final dos anos 80, durante toda a década de 90 e até o início dos 2000. Com Lula no poder, a partir de 2003, o petismo foi perdendo força, engolido pelo lulismo. Ressurgiu com toda força pelo seu avesso, o antipetismo, fenômeno onde foram colocados todos os erros do PT, os reais e os inventados. Parte dos eleitores só conseguiria seguir dando seu voto a Lula exatamente porque fez esse deslocamento, aderindo a um e negando o outro.

O que acontecerá com esses três fenômenos entrelaçados — lulismo, petismo e bolsonarismo —, os próximos anos mostrarão. O que é possível apontar no momento em que escrevo este livro é o processo, já demonstrado nas páginas anteriores, e as primeiras percepções sobre o que é o bolsonarismo e sobre como ele se apresentou em seus primeiros cem dias no poder.

Limito-me aqui a abordar o que considero uma contribuição própria para pensar sobre essa nova força que disputa o momento. Essa reflexão, como a maior parte deste livro, foi elaborada ao longo dos meus artigos de opinião — e meus artigos de opinião foram elaborados a partir de meus projetos de reportagem de longo prazo.

Bolsonaro e a autoverdade

A pós-verdade* se tornou, nos últimos anos, um conceito importante para compreender o mundo atual. Talvez, porém, seja necessário pensar também no que podemos chamar de "autoverdade". Algo que pode ser entendido como a valorização de uma verdade pessoal e autoproclamada, uma verdade do indivíduo, uma verdade determinada pelo sentimento disseminado na internet de se sentir autorizado a dizer "tudo". E que é expressa nas redes sociais pela palavra "lacrou".

O bolsonarismo se estrutura a partir do que nomeio aqui como autoverdade. O valor dessa verdade não está na sua ligação com os fatos. Nem o apagamento dela está na produção de mentiras ou notícias falsas (*fake news*). No mundo da autoverdade, essa relação já não opera. O valor da autoverdade está em outro lugar e obedece a uma lógica distinta. O valor não está na verdade em si, como também não estaria na mentira em si. O valor não está no que é dito. Ou, pelo menos, está muito menos no que é dito.

---

* Pós-verdade (*post-truth*) foi o termo escolhido como "palavra do ano" da língua inglesa em 2016 pelo prestigioso Dicionário Oxford. A palavra define circunstâncias nas quais "fatos objetivos têm menos influência em moldar o debate público do que apelos à emoção ou a crenças pessoais".

O valor da autoverdade está muito mais no fato de dizer. "Dizer tudo" é o único fato que importa. Ou, pelo menos, é o fato que mais importa. É esse deslocamento de onde está o valor, do conteúdo do que é dito para o ato de dizer, que também pode nos ajudar a compreender a ressonância de personagens como Jair Bolsonaro e, claro (sempre), Donald Trump. E como não são eles e outros assemelhados o problema, e sim o fenômeno que vai muito além deles e do qual são apenas os exemplos mais mal-acabados.

Em 2018, a professora da Universidade Federal de São Paulo Esther Solano entrevistou pessoas na capital paulista para compreender o crescimento das "novas direitas" e especialmente da extrema-direita mais antidemocrática, representada por Jair Bolsonaro. Os selecionados cobrem um amplo espectro de posição econômica, de emprego, de idade e de gênero. Em um dos trechos, a pesquisadora relata:

"No começo da roda de conversa com os alunos de São Miguel Paulista, assistimos a um vídeo com as frases mais polêmicas de Bolsonaro. No final do vídeo, muitos alunos estavam rindo e aplaudindo. Por quê? *Porque ele é legal, porque ele é um mito, porque ele é engraçado, porque ele fala o que pensa e não está nem aí*. Com mais de cinco milhões de seguidores no Facebook, o fato é que Bolsonaro representa uma direita que se comunica com os jovens, uma direita que alguns jovens identificam como rebelde, como contraponto ao sistema, como uma proposta diferente e que tem *coragem de peitar os caras de Brasília e dizer o que tem de ser dito. Ele é foda.*

"O uso das redes sociais, a utilização de vídeos curtos e apelativos, o meme como ferramenta de comunicação, a figura heroica e juvenil do 'mito' Bolsonaro, falas irreverentes e até ridículas, falas fortes, destrutivas, contra todos, são aspectos que atraem os jovens. Se, nos anos 70, ser rebelde era ser de esquerda, agora, para muitos destes jovens, é votar nesta nova direita que se apresenta de uma forma *cool*, disfarçando seu discurso de ódio em formas de memes e de vídeos divertidos: *O Bolsomito é divertido, o resto dos políticos não.*"

Na roda de conversa na escola de São Miguel Paulista, na Zona Leste, a mais precarizada de São Paulo, os alunos negavam que Bolsonaro fizesse a difusão de um discurso de ódio. Valorizavam, porém, a sua coragem de dizer coisas fortes. Um garoto de 16 anos resumiu: "Ele não tem discurso de ódio. Tá só expondo a opinião dele, falando a verdade".

A opinião de Bolsonaro, ou a "verdade" de Bolsonaro, que circula em vídeos de "lacração" do "Bolsomito", é chamar uma deputada de "vagabunda" e dizer que não a estupraria porque ela não merece, por considerá-la "muito feia"; é também a afirmação de que sua filha, caçula de cinco homens, é resultado de uma "fraquejada"; é ainda a declaração de que seus filhos não namorariam uma negra ou virariam gays porque foram "muito bem educados". Sobram ainda declarações racistas de Bolsonaro contra indígenas e quilombolas. Além de sua defesa de torturadores e assassinos da ditadura.

Uma das entrevistadas por Esther Solano assim justifica as falas de seu escolhido: "É que ele tem esse jeito tosco, bruto de falar, militar mesmo. Mas ele não quis dizer essas coisas. Às vezes exagera, não pensa porque vai no impulso, porque é muito honesto, muito sincero e não mede as palavras, como outros políticos, sempre pensando no politicamente correto, no que a imprensa vai falar. Ele não está nem aí com o politicamente correto, diz o que pensa e ponto, mas não é homofóbico. Ele gosta dos gays. É o jeitão dele".

Em minha escuta de pessoas nas periferias de São Paulo e na região do Xingu, no Pará, em diferentes classes sociais e faixas etárias, ouvi seguidamente uma variação destas frases: "Ele é honesto porque ele diz o que pensa" ou "Ele não tem medo de dizer a verdade". Quando questionava o conteúdo do que Bolsonaro pensa, a "verdade" de Bolsonaro, em geral surgia um sorriso divertido, meio carinhoso, meio cúmplice: "Ele é meio exagerado, mas porque é um sincerão".

Assim, Bolsonaro não seria homofóbico ou misógino ou mesmo racista para aqueles que aderiram a ele, mas um "homem de bem" exercendo a "liberdade de expressão". Estes são os adjetivos que, em 2018, apareciam com frequência colados ao candidato de extrema-direita: "sincero", "verdadeiro", "autêntico", "honesto" e "politicamente incorreto" (este último também como um elogio).

Embora o conteúdo do que Bolsonaro diz obviamente influencie no apoio do seu eleitorado, me parece que ele foi mais beneficiado pelo fenômeno que aqui estou chamando de autoverdade. O ato de ser capaz de dizer "tudo" e o como diz o que diz parece ser mais importante do que o conteúdo. Por isso também é possível desconectar-se do conteúdo real de suas falas, como fazem tantos de seus eleitores. E por isso é tão difícil que a sua desconstrução, por meio do conteúdo, tenha efeito sobre esses eleitores.

Quando parte da imprensa mostrava que Bolsonaro era um deputado medíocre, que ganhou seu salário e benefícios fazendo quase nada no Congresso, quando mostrava que ele nada tem de novo, mas sim é um político tão tradicional como outros ou até mais tradicional do que muitos, quando mostrava a falta de consistência do seu discurso, assim como a ausência de um projeto que justificasse seu pleito à presidência, havia pouco ou nenhum efeito sobre os seus eleitores.

Por quê? Porque o conteúdo pouco importava. As agências de checagem são um bom instrumento para enfrentar a pós-verdade, ao combater as notícias e as declarações falsas de candidatos. Elas têm, porém, pouca eficácia para combater a autoverdade.

A lógica em que a imprensa opera, quando faz jornalismo sério, que é a do conteúdo, não atinge Bolsonaro, porque seu eleitorado opera em lógica diversa. Esse é um dado bastante trágico, na medida em que os instrumentos disponíveis para expor verdades que mereçam esse nome, para iluminar fatos que de fato existem, passam a girar em falso.

O bolsonarismo perverte o conceito de liberdade de expressão ao transformar liberdade de expressão em performance. O conteúdo do que Bolsonaro dizia e diz não move responsabilização. É o ato de dizer tudo que move adesão. Quando a estética é confundida com ética, uma tomada pela outra, a verdade abandona sua ancoragem nos fatos. A verdade não tem mais lastro na realidade. A verdade passa a ser uma escolha pessoal, uma escolha do indivíduo.

A verdade ao mesmo tempo se autonomiza, já que, ao se deslocar da realidade, ela não precisa mais dos fatos para ser verdade. E, ao mesmo tempo, a verdade se individualiza, porque é o indivíduo, é cada um, que vai decidir o que é a verdade.

A autoverdade e "o povo de deus"

Este não é um fenômeno exclusivamente brasileiro. No Brasil, porém, há uma particularidade que acredito impactar de forma decisiva a autoverdade: o crescimento das igrejas evangélicas neopentecostais e sua narrativa do mundo a partir de uma leitura (propositalmente) literal da Bíblia. A retórica do bem contra o mal atravessa — ou mesmo define — fenômenos como a "religiosização" da política.

Embora os pastores fundamentalistas exaltem a perseguição do "povo de Deus", a prática mostra exatamente o contrário. São eles que perseguem os LGBTQIs, são eles que perseguem as mulheres e, em alguns casos de racismo, são eles que perseguem os negros. Mas a prática são os fatos, e os fatos, como acabamos de constatar, não importam. O que importa é a retórica e a performance. A autoverdade atravessa o discurso fundamentalista como conceito e como estética. O milagre da transmutação aqui é justamente fazer com que a estética seja convertida em ética. Neste caso, ética "religiosa".

Formados na narrativa maniqueísta da Bíblia, pelo menos duas gerações de brasileiros são capazes de ler ou de assistir a uma reportagem da imprensa mostrando verdades que Bolsonaro gostaria que não subissem à superfície e apenas interpretar que ele está sendo perseguido. O conteúdo não importa quando quem questiona o inquestionável é automaticamente um inimigo, capaz de usar qualquer "mentira" para atacar um "homem de bem". Bolsonaro tornou-se o "perseguido" na luta do bem contra o mal, o que faz todo o sentido para quem é bombardeado por uma visão maniqueísta do mundo. A lógica da eterna perseguição foi levada da campanha para o governo, como os primeiros cem dias de Bolsonaro no poder apontaram.

Produtos de entretenimento como as novelas e os filmes supostamente bíblicos de uma rede de TV como a Record colaboram para formatar um determinado olhar sobre a dinâmica da vida. Se alguém só vê o mundo de um mesmo modo, não consegue mais ver de outro. Não há mais interpretação, a decodificação passa a ser automática, por reflexo.

Este é o mecanismo que tem se alastrado no Brasil. E que é imensamente beneficiado pela tragédia educacional brasileira. Não é por acaso que a escola pública, já tão desvalorizada e desprestigiada, tenha sofrido o brutal ataque representado pelo movimento político e ideológico chamado Escola Sem Partido. O pensamento múltiplo e o debate das ideias são os principais instrumentos para devolver importância aos fatos e ao conteúdo, assim como para recolocar a questão da verdade. Também por isso foram as universidades tanto o alvo do bolsonarismo, logo nos primeiros meses, como a principal resistência a ele.

Debate e pensamento complexo são riscos que o bolsonarismo não quer correr. No jogo das aparências, o truque é sempre o mesmo: fazer um movimento ideológico afirmando que é para combater a ideologia, agir politicamente, mas afirmar-se antipolítico. Esse mascaramento só funciona se aquele a quem a mensagem se destina abdicar do pensamento em favor da fé. A retórica supostamente bíblica está educando aqueles que não estão sendo educados. Eleitores estão sendo formados na adesão à política pela fé. Essa foi a grande sacada dos atuais protagonistas da articulação bolsonarista.

Não há nada mais perigoso numa eleição do que o eleitor que acredita ser "um instrumento de Deus", absolvido previamente por todos os seus atos, mesmo que eles sejam sórdidos ou até criminosos. Como a lei que vale não é a terrena, laica, mas ditada diretamente do alto e, com frequência, diretamente ao indivíduo, tudo é permitido quando supostamente "Deus estaria agindo". A "religiosização" da política tem como primeiro efeito a política da antipolítica.

Na campanha eleitoral, Bolsonaro se beneficiou da crise econômica, do crescimento da violência e da produção de medo, sim. Mas sua força veio de uma população treinada para aderir pela fé ao que não diz respeito à fé. Por isso é possível até mesmo fazer política e se dizer apolítico. Se o imperativo é crer, a adesão já está garantida, não importa o conteúdo do discurso. Desde, porém, que a dramaturgia garanta entretenimento, espetáculo.

Depois de ocupar a periferia do poder por vários mandatos, as lideranças evangélicas neopentecostais chegaram ao centro, ao palácio, pela primeira vez com Bolsonaro. Foi também Bolsonaro o primeiro presidente a participar da Marcha para Jesus, evento que reúne milhões de evangélicos nas ruas de São Paulo no mês de junho.

Bolsonaro fez o já clássico gesto de arminha com os dedos. A mensagem é clara. Em nome de Deus, a violência não só parece ser permitida, como estimulada — e, principalmente, abençoada.

Ninguém se iluda, porém. O fenômeno da "religiosização" da política vai muito além da população afiliada a uma denominação. Embora pareça desacreditar de quase tudo em suas manifestações na internet, uma parte significativa do eleitorado brasileiro do final da segunda década do século é formada por crentes. É nessa realidade que o bolsonarismo se move e é com a adesão à política como crentes que lidaremos.

Se o crescimento do evangelismo neopentecostal como projeto político, cultural e econômico determinou esse fenômeno, ao mesmo tempo suas ramificações e impactos vão muito além dele. Como mencionado anteriormente, mesmo ateus hoje aderem à política como crentes — e se movimentam no mundo como crentes. A adesão à política pela fé é um fenômeno ainda maior do que o crescimento e o aumento de poder do evangelismo neopentecostal. Compreender isso é fundamental para compreender o bolsonarismo — e também o lulismo.

A autoverdade e a perversão da linguagem

Se não existe uma base comum de fatos a partir da qual se pode conversar, a linguagem torna-se uma impossibilidade. A linguagem não se realiza. Um exemplo. Nas últimas décadas, religiosos fundamentalistas têm defendido que a Teoria da Evolução, de Charles Darwin, deveria ser ensinada nas escolas junto com o "criacionismo", crença pela qual tudo foi criado por Deus. Segundo esses religiosos, elas se equivalem e, portanto, os alunos deveriam conhecer as duas versões e decidir qual é a sua preferida. Isso mostra que Bolsonaro encarna o fenômeno da verdade como escolha pessoal, mas não o inventou.

A questão é que igualar a Teoria da Evolução ao criacionismo — e vice-versa — equivale a dizer que uma cadeira e uma laranja são o mesmo. Como sabemos, não são. A Evolução é uma teoria científica, o criacionismo é uma crença religiosa. A primeira foi preciso provar pelo método da ciência. Mesmo se você não acreditar nela, os processos que a Teoria da Evolução descreve continuarão existindo e agindo na natureza e também sobre você. Pegando algo mais próximo de todos: não importa se você acredita ou não na Teoria da Gravidade. Mesmo que você afirme não acreditar, vai continuar preso ao chão e não vagando por aí como nos filmes de astronautas.

Já o criacionismo, a crença de que Deus criou o mundo e todos os seres que há nele, você pode nele acreditar ou não. Jamais uma crença religiosa poderá ser provada pelo método científico. Nem faz qualquer sentido tentar. Ciência e religião não se misturam nem se comparam. Misturá-las faria com que deixássemos de compreender uma parte da ciência que faz esse mundo funcionar — e faria também com que a dimensão mítica dos textos religiosos se perdesse naquilo que têm de mais poético. Misturar ciência e religião desrespeita os princípios de ambas.

O mesmo vale para a emergência climática provocada por ação humana. Não é uma questão de crença ou de fé. Está provado pelos melhores cientistas do mundo que a espécie humana alterou o clima do planeta, em especial pelo uso massivo de combustíveis fósseis a partir da Revolução Industrial. O colapso climático provocado por essa mudança é tão evidente que a maioria já pode perceber mesmo numa investigação empírica, na sua própria experiência cotidiana, na constatação de que o clima da sua infância não é o mesmo, que São Paulo deixou de ser a terra da garoa, e, claro, que o Ártico está derretendo.

Também já entendemos que o Brasil deixou de ser imune a catástrofes naturais. Ainda que as catástrofes provocadas por mineradoras como a Vale, por empresários sem escrúpulos, por funcionários privados negligentes, por servidores públicos corruptos e por legisladores e governantes criminosos ainda sejam muito maiores e mais terríveis, o Brasil já tem sua cota de soluços da natureza.

O bolsonarismo levou a perversão da linguagem, iniciada muito antes, a níveis jamais alcançados até então. Como escrevi anteriormente, o primeiro grande personagem foi nosso melhor vilão do Batman, Eduardo Cunha, ao provar que era possível ocupar a presidência do Congresso e liderar com sucesso um processo de impeachment dizendo qualquer coisa, mesmo contra todas as evidências e também contra os fatos. No momento seguinte, o MBL, em sua fase de milícia, esticou os limites da perversão, ao tentar destruir opositores e arregimentar seguidores criando *fake news*. E alargou os limites principalmente convertendo arte em pornografia, a maior e a mais violenta perversão que lideraram.

O bolsonarismo não inventou a perversão da linguagem, mas usou-a de forma inédita. Primeiro, estruturou a campanha eleitoral com ela. Depois, converteu-a em instrumento para manter o país em campanha permanente, mesmo com Bolsonaro e o bolsonarismo no poder, ocupando o governo pelo voto. Voltarei a este ponto mais adiante.

A autoverdade a serviço da (re)falsificação do Brasil

Entre os protagonistas desse movimento que não apenas faz uso, mas instrumentaliza a perversão da linguagem, está o chanceler Ernesto Araújo. No início do governo, ele buscou tornar-se o intelectual do bolsonarismo. Olavo de Carvalho, apontado como o guru de Bolsonaro e das "novas direitas brasileiras", tem seu próprio "ismo". Nada que não tenha seu próprio nome pairando acima lhe interessa. Já Ernesto Araújo, indicado por ele, era um diplomata obscuro, com alguma fama de erudição.

O vazio de conteúdo de Bolsonaro e do bolsonarismo é menos uma fraqueza e mais uma força do fenômeno. Mas todo vazio é sempre uma fonte de atração — e tentação. Ernesto Araújo parece ter vislumbrado ali uma possibilidade de conquistar suas próprias penas coloridas. Lançou-se então como o artífice intelectual de um movimento — ou, como ele mesmo diz, de algo muito mais ambicioso: uma "nova era".

Se integrantes mais preparados do governo concordam com seu pleito, há dúvidas robustas para suspeitar que não. Araújo, porém, mostrou-se firme em seu propósito ao estrear como chanceler. Seu discurso de posse no Itamaraty tinha a pretensão de cumprir o papel para o bolsonarismo que a carta de Pero Vaz de Caminha assumiu (e não porque essa era a pretensão do seu autor) para a posterior fundação do que seria chamado Brasil.

O discurso de posse de Araújo como ministro de Relações Exteriores é uma falsificação da história, com o objetivo de justificar o presente e o futuro próximo a que aspiram. Para fazer parecer que a estrutura parava em pé, o chanceler usou seu grego, seu latim e até mesmo seu tupi. Também abusou do recurso do *name-dropping* — ótima expressão em língua inglesa para aqueles que desfiam nomes e citações para impressionar o interlocutor. Foi dos clássicos à cultura pop. Todos já bem mortos, para que nenhum deles pudesse contestar a citação. Nenhuma de suas escolhas é um acaso. Cada frase tem ali um objetivo.

Me detenho em uma delas, que chamou particular atenção e foi reproduzida várias vezes na imprensa e nas redes sociais: "Vamos ler menos *The New York Times* e mais José de Alencar e Gonçalves Dias". Por quê?

Não faz nenhum sentido contrapor um dos mais importantes jornais do mundo, com edição diária e publicado em inglês, e dois escritores do romantismo brasileiro do século 19. A não ser que o objetivo seja exacerbar um nacionalismo que se ajoelha diante de Donald Trump, mas despreza a independência do *New York Times*; idolatra o WhatsApp e o Facebook de Mark Zuckerberg, mas achincalha a imprensa brasileira.

O chanceler mostrava querer menos denúncias bem apuradas e checadas contra Bolsonaro e contra os abusos do seu governo, documentadas pelo *Times* e pelos principais jornais do mundo. Menos imprensa, convertida declaradamente em "inimiga pública", por Bolsonaro e seus papagaios. Menos imprensa e mais monólogo direto com seus seguidores pelas redes sociais. Do contrário, teriam que responder perguntas difíceis e explicar escândalos que se iniciavam naquele momento, como os depósitos suspeitos na conta da primeira-dama, a evangélica Michelle Bolsonaro, por Fabrício Queiroz.

Para não terem que responder ao público por suas ações no governo, o clã Bolsonaro e seus apoiadores buscaram destruir a credibilidade da imprensa desde a posse, quando os jornalistas receberam tratamento humilhante. A vantagem de um tuíte ou "live" no Facebook é a de dizer apenas o que quer, sem correr o risco de ser contestado com fatos, provas e contradições. Perfeito para governantes que não querem prestar contas ao público, mas que precisam simular uma relação direta, valorizando o "sem intermediários". São justamente os "intermediários", no caso a imprensa, que podem contestá-los.

O que de fato Bolsonaro busca interditar é a fiscalização do governo. A estratégia já foi usada antes por estados totalitários, em diferentes países do mundo. A diferença neste começo de século é o papel que a internet pode desempenhar quando instrumentalizada a serviço do autoritarismo e da destruição dos fatos.

A imprensa só faz sentido se fiscalizar o governo, qualquer governo. A frase do senador americano Daniel Patrick Moynihan (1927-2003) já se tornou clichê, mas ela é precisa: "Você tem direito a suas próprias opiniões, mas não a seus próprios fatos". A luta dos bolsonaristas, desde a campanha eleitoral de 2018, é para inventar seus próprios fatos, de modo que a realidade não importe nem atrapalhe seu projeto de poder.

Mas por que o chanceler Ernesto Araújo escolheu, para seu discurso de posse, valorizar José de Alencar (1829-1877) e Gonçalves Dias (1823-1864), dois escritores do Brasil do século 19, que escreveram no Brasil imperial, durante o reinado de Dom Pedro II?

Essa escolha é capciosa, como todas as outras. E se refere a uma suposta identidade nacional. Alencar e Dias são expoentes do romantismo na literatura brasileira — um na prosa, o outro na poesia. Eles viveram e escreveram sua obra num momento muito particular do Brasil. O país se tornara independente de Portugal, o que significava que deixava de ser colônia dos portugueses.

Na visão dos homens daquela época, era necessário criar uma identidade nacional. Para isso, seria preciso marcar essa identidade também no campo da cultura. O Brasil deveria ter, ao mesmo tempo, uma literatura que o colocasse no mesmo patamar da Europa, que vivia a fase do romantismo, e ser ele próprio um novo que emergia após os séculos de domínio português. Gonçalves Dias e José de Alencar entregaram-se a essa tarefa. Não foram os únicos, mas tornaram-se referências do romantismo que inaugurava o que se chamou de literatura brasileira.

A escolha não foi aleatória. Araújo acredita — ou quer que acreditemos — que o governo Bolsonaro está promovendo "o renascimento político e espiritual" do Brasil, como ele chegou a escrever em um artigo. Ou, como afirmou em seu discurso de posse: "Reconquistar o Brasil e devolver o Brasil aos brasileiros". Araújo buscou convencer que tudo o que aconteceu entre a independência do Brasil, a de 1822, e a nova independência do Brasil, a que ele acredita estar sendo liderada pelo seu chefe, a partir de 2019, não existiu.

O ideólogo do bolsonarismo parece sugerir que esse hiato de quase dois séculos foi um tempo de perdição do Brasil de si mesmo. "O presidente Bolsonaro disse que nós estamos vivendo o momento de uma nova Independência. É isso que os brasileiros profundamente sentimos", afirma Araújo. Bolsonaro seria então uma versão contemporânea de Dom Pedro I, com sua espada em riste para libertar o Brasil. Não mais diante do riacho Ipiranga, e sim do espelho d'água do Planalto.

Em nenhum momento os indígenas foram citados nominalmente no discurso de posse do ideólogo do governo de extrema-direita, escolha que já revela bastante. Mas uma das línguas indígenas, o tupi, se faz presente. De que modo, porém? Na ave-maria em tupi do padre José de Anchieta, jesuíta canonizado santo pela Igreja Católica.

A oração representa a língua do indígena sendo usada para catequizá-lo numa religião alienígena à sua experiência. A escolha tampouco é um detalhe. Sem a cultura, que confere carne à língua e conteúdo às palavras, a língua nada é. Apenas casca, como casca era o indígena do romantismo do século 19.

O escritor José de Alencar é o principal expoente da prosa do que se chama "indianismo" na literatura brasileira. Em três livros — *O Guarani* (1857), *Iracema* (1865) e *Ubirajara* (1874) —, ele busca construir uma identidade nacional fiel aos princípios do romantismo. Como o romantismo europeu é marcado por uma ideia heroica do cavaleiro medieval, Alencar torna o indígena um cavaleiro medieval ambientado na exuberante paisagem tropical do Brasil.

O indígena, habitante nativo que vivia na terra antes do domínio europeu, seria o herói genuinamente brasileiro da nação que se declara independente da colônia. Mas com todas as qualidades atribuídas à cavalaria, na Idade Média, transplantadas para seu corpo e sua alma. A coragem, a lealdade, a generosidade, a partir de um ponto de vista que servia à manutenção do sistema feudal, e o amor cortês. Para escritores da época de José de Alencar e de Gonçalves Dias, que viviam o período pós-independência do Brasil, escrever era um ato de patriotismo. Eles teriam de dizer com sua obra o que é "ser brasileiro". É também essa referência que o ideólogo do governo procura resgatar e enaltecer.

Os negros, corpos escravizados que moviam a economia do Brasil e serviam às suas elites, não estavam presentes como formadores de uma identidade nacional nesses romances de fundação. Se os escritores buscavam uma identidade nacional, ela era forjada dentro da matriz europeia. Como seria possível escrever em língua portuguesa, a do colonizador, sem ser colonizado na linguagem, foi uma questão crucial para a qual Alencar e outros também tentaram dar uma resposta no século 19. Mas este é um tema longo para outra conversa.

"Crede-me, Álvaro, é um cavalheiro português no corpo de um selvagem!". A frase é de D. Antônio de Mariz, fidalgo português e um dos fundadores da cidade do Rio de Janeiro, na obra de José de Alencar. Assim o personagem é descrito em *O Guarani*, primeiro romance indianista do escritor, publicado na época como folhetim, com grande sucesso: "Homem de valor, experimentado na guerra, ativo, afeito a combater os índios, prestou grandes serviços nas descobertas e explorações do interior de Minas e Espírito Santo. Em recompensa do seu merecimento, o governador Mem de Sá lhe havia dado uma sesmaria de uma légua com fundo sobre o sertão, a qual depois de haver explorado, deixou por muito tempo devoluta".

O "cavalheiro português no corpo de um selvagem" é Peri, um indígena do povo Goytacá, que desde que salvou da morte Cecília, a filha do fidalgo, um "anjo louro de olhos azuis", é adotado pelo clã dos Mariz. Peri passa a viver numa cabana perto da casa da família, uma espécie de castelo onde o escritor reproduz as relações de vassalagem do feudalismo que o Brasil nunca teve, mas parte da Europa sim.

Peri faz todas as vontades da moça, a quem serve como um cão de estimação. Diz Isabel, outra personagem: "Pedirás a meu tio para caçar-te outro que farás domesticar, e ficará mais manso do que o teu Peri".

Peri era "manso", "domesticado". Mas "valente". Quando D. Diogo, filho do fidalgo, mata por acidente uma Aymoré, este povo indígena tenta vingar-se matando Ceci, mas é impedido por Peri. A tensão cresce entre a família portuguesa e o povo indígena. Peri arma, então, a estratégia de envenenar-se para combater os Aymoré. Como essa etnia mantém o ritual de canibalismo, devorando os valentes vencidos, ele será comido depois de morto e assim exterminará também o inimigo.

A pedido de Ceci, porém, Peri suspende seu sacrifício heroico. Ao final do romance, Dom Antônio entrega Ceci a Peri para que ela seja salva. Mas só entrega a filha se Peri converter-se ao cristianismo: "O índio caiu aos pés do velho cavalheiro, que impôs-lhe as mãos sobre a cabeça. — Sê cristão! Dou-te o meu nome. Peri beijou a cruz da espada que o fidalgo lhe apresentou, e ergueu-se altivo e sobranceiro, pronto a afrontar todos os perigos para salvar sua senhora".

Peri e Ceci fogem então numa canoa e são surpreendidos por uma tempestade. Depois, os dois somem no horizonte. José de Alencar termina sua obra com a ideia de que o casal formará a identidade do novo Brasil. "Horizonte", a última palavra do romance, é ao mesmo tempo futuro e o país que se descobre.

Este é o indígena enaltecido pelo chanceler, ao escolher citar José de Alencar. Uma identidade nacional forjada por um "cavalheiro português no corpo de um selvagem", que luta contra um povo indígena diferente do seu para salvar sua adorada senhora branca, filha do colonizador, e que também se converte ao cristianismo para fundar com ela o futuro nos trópicos. Peri, o indígena, é o "bom selvagem" que oferta seu corpo para ser assimilado pela civilização.

Ao criar esse herói romântico no século 19, supostamente indígena, Alencar sofreu críticas por desprezar a realidade. Mas o escritor deve ser compreendido no seu contexto. Que Araújo o faça no século 21, usando José de Alencar e desprezando todos os debates culturais daquela e de outras épocas, poderia ser apenas (mais) um ataque contra a memória — e contra a inteligência. Mas o chanceler do bolsonarismo também precisa ser entendido no contexto do governo que ele tenta justificar não apenas como um governo, mas como uma "nova era". Havia intenção ali. E muita.

A autoverdade a serviço da destruição da Amazônia e dos povos da Amazônia

O bolsonarismo é um projeto de poder com diferentes forças internas e possivelmente antagônicas, em alguns temas, como o futuro próximo deve mostrar. Como todo projeto de poder, está em disputa. Há um tema, porém, em que os diversos grupos que formam o capitalismo messiânico que governa o país parecem coincidir. Este tema é o futuro dos indígenas. Ou, mais especificamente, o futuro das terras indígenas. Os povos indígenas só são importantes porque estão entre estes grupos e a floresta amazônica. Sua existência — ou *rexistência* — é o que, desde a Constituição de 1988, impede a exploração predatória da floresta, objetivo principal do bolsonarismo.

A escolha deste indígena com atributos morais europeus, representado pela alusão a José de Alencar, não é um acaso. Este indígena, que na obra do escritor manteve apenas as características do corpo e a cor, vai ser branqueado pela matriz europeia da loira Ceci dos olhos azuis para fundar o Brasil pós-independência. É amor cortês, mas também é assimilação brutal. Sobre Peri, a quem não conhecemos porque Alencar também não conhecia, nada sabemos.

Vale a pena lembrar a declaração do vice-presidente, Hamilton Mourão, eleito com Bolsonaro. Ao justificar ter dito durante a campanha que o país herdou a "indolência" dos indígenas e a "malandragem" dos negros, o general reformado resgatou sua mestiçagem e a colocou a serviço do apagamento do racismo estrutural do Brasil: "Em nenhum momento eu quis estigmatizar qualquer um dos grupos, até porque nós somos um amálgama de raças. É só olharem para mim. Eu sou filho de amazonense, minha vó é cabocla".

O que o bolsonarismo anuncia entender por "mestiçagem" é assimilação. É o que Bolsonaro afirmou de várias formas na campanha, com a truculência habitual: "O índio é ser humano como nós". Quem será que pensava que o índio não era humano antes de Bolsonaro nos "informar" sobre o tópico?

É importante seguir perguntando. O que é, neste contexto, "ser humano como nós"? O populista explica que o índio "quer ter o direito de "empreender" e "evoluir", o índio quer poder vender e arrendar a sua terra. Mas avisa: "Os índios não querem ser latifundiários". No entender de Bolsonaro, ser humano latifundiário o índio não quer ser, só humano arrendatário e humano que vende a terra para ir morar na periferia da cidade.

Antes do bolsonarismo, a tática da direita era dizer que os índios não eram mais índios. Era duvidar da "autenticidade". Como se um indígena usar celular o tornasse menos indígena. Ao deixarem de ser considerados indígenas, os diferentes povos perderiam o direito à terra. Essa tática ainda persiste. Mas a extrema-direita representada por Bolsonaro é mais esperta. Ela não nega o indígena explicitamente, e sim afirma uma suposta igualdade do indígena ao branco. Não para que os indígenas mantenham seus direitos constitucionais, mas exatamente para que os percam, ao ganharem o "direito" de comercializar suas terras com os brancos, porque é isso que, segundo Bolsonaro, todos os "humanos" querem.

Mais tarde, logo após a eleição, Bolsonaro ainda afirmaria: "E por que no Brasil temos que mantê-los reclusos em reservas como se fossem animais em zoológico? O índio é um ser humano igualzinho a nós, e quer o que nós queremos, e não pode se usar a situação do índio para demarcar essas enormidades de terras que, no meu entender, poderão ser sim, de acordo com a própria ONU, novos países no futuro". Para constar: a ONU nunca disse que as terras indígenas serão países do futuro.

O que o discurso do "ser humano como nós" encobre? Pela Constituição de 1988, as terras dos indígenas são de domínio da União. Aos indígenas cabe o usufruto exclusivo de suas terras ancestrais. Elas seguem, porém, sendo públicas. Uma das principais missões de Bolsonaro é justamente abrir essas terras públicas para a exploração e os lucros privados.

Uma parcela significativa das terras indígenas está na floresta amazônica. Fazem limite com grandes lavouras de soja e pastos para criação de boi. Têm sido pressionadas — e invadidas — para o cumprimento do ciclo: desmatamento da floresta para comércio ilegal de madeira, colocação de meia dúzia de cabeças de boi para garantir a posse da terra, venda da terra para plantação de soja. Em algum momento do processo, legalização do "grilo" pelo governo do momento, com anistia aos ladrões de terras públicas — ou aos que compram as terras públicas roubadas pelos ladrões. O lucro maior não está nem mesmo na produção, como alertado anteriormente, mas na especulação com uma terra que não custa nada aos seus futuros "donos", já que é pública, a não ser o pagamento dos pistoleiros e dos demais trabalhadores que vão desmatá-la e abrir picadas. Depois ela será comercializada. Pode ter melhor negócio?

Ao tornar o indígena um ser humano que quer converter a terra em mercadoria, o discurso ideológico tem como objetivo fazer com que soja, boi e mineração possam avançar sobre a parcela da floresta ainda hoje protegida. A quem isso beneficiaria? Não aos indígenas — e não à maioria da população não indígena.

A mudança que os bolsonaristas — o que inclui o agronegócio mais atrasado e predatório do país — querem na Constituição permitiria também a mineração. Não por cooperativas de garimpeiros, contingente sempre criminalizado da população, mas sim por companhias transnacionais, estas apresentadas como empreendedores. A quem isso beneficiaria? Aos grandes grupos e a todos que gravitam ao redor deles, como muitos parlamentares.

É fácil perceber que o melhor para o conjunto dos brasileiros é manter a terra ocupada pelos indígenas como terra pública — e a floresta em pé. Pesquisa realizada pelo Datafolha em dezembro de 2018 e divulgada no mês seguinte mostrou que a maioria já entendeu isso: seis em cada dez brasileiros discordam da redução das terras indígenas.

O objetivo do bolsonarismo com relação às terras quilombolas é o mesmo: abri-las para a exploração por grupos privados. Era essa a ideia por trás das ofensas do então candidato durante a campanha, que chegou a dizer que os quilombolas não serviam "nem para procriar". Descendentes de escravos rebelados, uma parcela dos quilombolas tem o título das terras ocupadas pelos antepassados, mas seu uso é coletivo.

Quando o indígena não tem nome próprio no discurso do chanceler Ernesto Araújo é este o propósito. Ao aparecer assimilado no nome de José de Alencar, o indígena já não é. Virou "ser humano igualzinho a nós". E suas terras ancestrais são mercadorias como as "nossas".

Quando a "velha" direita questionava a autenticidade de parte dos indígenas, para fazê-lo ela precisava reconhecer que pelo menos alguns povos eram "autênticos". A "nova" direita que Bolsonaro representa vai mais longe: ela busca esvaziar a identidade indígena ao encobri-la pela suposta igualdade em que todos seriam igualmente "humanos". Mas, atenção. A primeira premissa só é lançada, como se alguém dela pudesse duvidar no século 21, para poder afirmar a segunda: a de que todos os humanos compartilham do mesmo desejo, o de arrendar ou vender a sua terra.

O chanceler de Bolsonaro sabe muito bem a quem serve quando tenta forjar uma identidade nacional para um Brasil que afirma ter renascido pelas mãos de seu chefe. Ele não cita os indígenas, mas afirma enfaticamente em seu discurso que trabalhará pelo agronegócio.

A floresta amazônica é estratégica para evitar que o aquecimento global supere 1,5 grau Celsius nos próximos anos. Isso não é opinião, é conclusão dos melhores cientistas do mundo, que pesquisam há décadas para compreender a crise climática. Para que o aquecimento global não avance, a floresta precisa ficar em pé. Como manter a floresta em pé se o bolsonarismo se comprometeu a abrir as terras indígenas para exploração?

É preciso criar uma ideologia, a de que todo indígena quer ser capitalista. É necessário também afirmar que mudança climática é um "complô marxista", como o chanceler de Bolsonaro costuma afirmar, para não encontrar resistência ao entregar a Amazônia em nome do nacionalismo.

No Brasil governado por Bolsonaro, as relações interpessoais estão envenenadas, e as redes sociais contaminadas. As pessoas sentem ódio como sintoma de uma doença persistente. A violência da eleição, seguida pelo governo que mantém o clima de guerra civil como estratégia de ocupação de poder, causa danos profundos na saúde física e mental das pessoas. Como tudo se literaliza, porém, a toxidade não é apenas metáfora. O bolsonarismo está literalmente envenenando a população. Já nos primeiros meses, o governo Bolsonaro imprimiu uma velocidade inédita na aprovação de agrotóxicos: média de mais de um por dia. Com o ministério da Agricultura comandado pela ruralista Tereza Cristina, mais conhecida como "musa do veneno", em nenhum outro mandato os pesticidas foram liberados com tanta rapidez e volume, o que mais uma vez aponta a quem o governo serve.

Antes de tomar posse, Bolsonaro jogou a casca de banana de que, no desenho do seu ministério, a pasta do Meio Ambiente poderia ser deletada. Escrevi em 7 de novembro de 2018, em minha coluna de opinião no *El País*, intitulada "Bolsonaro quer entregar a Amazônia":

"Ninguém se iluda com o vaivém da fusão ou não do Ministério do Meio Ambiente com o da Agricultura. É jogo de cena. Bolsonaro pode fingir que é democrata e ouviu a população, especialistas e o suposto agronegócio moderno, fingir que recuou porque escuta, mas o fato é que já está tudo decidido. Não é necessário fundir os ministérios para fazer o serviço sujo de abrir ainda mais a Amazônia para a exploração. Se concluir que é mais conveniente manter o ministério, basta escolher um ministro identificado com o projeto de comercializar a floresta. Quando o populista de extrema-direita diz que botará alguém 'sem o caráter xiita' à frente da gestão ambiental, é isso o que está dizendo. Bolsonaro pode apregoar que não tem compromisso com nenhum partido, mas esta é apenas mais uma bravata. Os fatos mostram que ele deve bastante do sucesso de sua candidatura a dois grandes 'partidos' não formais e poderosos, com atuação fora e dentro do Congresso: os ruralistas e os evangélicos. Essa conta ele vai ter que pagar. E, dado o seu perfil, vai pagar com gosto. A conta dos ruralistas é a Amazônia. E o que ainda resta do Cerrado."

Como previsto, Bolsonaro fingiu ouvir a população e a comunidade internacional e manteve o Ministério do Meio Ambiente. Para comandá-lo botou Ricardo Salles, ruralista condenado em primeira instância por improbidade administrativa. Quando era secretário de Meio Ambiente do Estado de São Paulo, na gestão de Geraldo Alckmin, Salles fraudou documentos e mapas, além de ameaçar servidores públicos, para beneficiar, entre outros interesses, o de mineradoras. Salles tinha o currículo perfeito para o que o bolsonarismo pretendia inaugurar, como parte de sua "nova era" para o Brasil: a posse do primeiro ministro *contra* o meio ambiente.

Logo Salles demonstrou sua competência para a função. Mal entrou e já foi extinguindo a Secretaria de Mudanças do Clima e Florestas e explicou que "a discussão sobre aquecimento global é secundária". Com velocidade espantosa começou a desmontar o sistema de proteção ambiental construído em décadas pelos governos anteriores, derrubou técnicos de carreira de cargos de comando e, junto com Bolsonaro, desautorizou fiscais do Ibama que autuavam desmatadores, colocando-os em risco de morte. Também denunciou organizações não governamentais com trabalho sólido e reconhecido, com acusações sem fundamento, para tirá-las da floresta. Em seguida, começou a minar o Fundo Amazônia, financiado pelos governos da Noruega e da Alemanha, fundamental para a proteção da floresta.

Antes mesmo de o governo completar cem dias, Ricardo Salles já prestou um serviço pessoal a Bolsonaro: exonerou de um cargo de chefia José Augusto Morelli, o fiscal do Ibama que, em 2012, autuou o então deputado por pesca ilegal. Uma foto mostra Bolsonaro faceiro, enfiado numa sunga branca, pescando numa estação ecológica. Ele, porém, jura que estava no aeroporto naquele momento.

Ricardo Salles tornou-se o grande vilão, mas ele é apenas o office-boy do agronegócio que é governo. Se há um grupo que sabe o que faz e o que quer, e não perde um segundo, é o do agronegócio predatório, aliado às corporações transnacionais. Não há ninguém insubstituível neste tabuleiro. Até mesmo Bolsonaro pode vir a ser descartável em algum momento.

A perversão da linguagem não é (apenas) ignorância. Está, sim, a serviço de grupos no poder. O planeta não vai parar de aquecer por causa das mentiras de Bolsonaro, de seu chanceler messiânico e de seu ministro contra o meio ambiente. Mas até isso ficar claro para os crentes de todas as religiões e de nenhuma que os seguem, a destruição já estará consumada e os grupos que compõem o bolsonarismo já terão multiplicado seus lucros. Se os lucros são de poucos, o prejuízo sobrará para todos. Para os mais pobres e os mais frágeis, o sofrimento será maior e chegará primeiro. Já chegou.

O ideólogo do governo afirma ser preciso ler menos *The New York Times* e mais José de Alencar também porque a imprensa internacional tem apontado duramente o perigo que Bolsonaro representa para o planeta. A importância do Brasil no cenário global é dada principalmente pela floresta amazônica. Não o pulmão do planeta, mas o seu coração, na função estratégica de reguladora do clima. Se a Amazônia chegar ao ponto de não retorno, o que pode acontecer em alguns anos, caso o bolsonarismo siga destruindo o bioma e seus povos, a floresta será convertida em savana e a nossa espécie terá que aprender a viver num planeta hostil.

A conversão da Amazônia em matérias-primas para exportação pode beneficiar a economia brasileira a curto prazo. Isso interessa aos neoliberais do atual governo, como interessou aos governos do PT, que foram um desastre para a floresta, especialmente a partir do segundo mandato de Lula. Mas é claramente o pior negócio da história para todos.

Se o chanceler do Brasil acredita que o aquecimento global é uma "ideologia de esquerda", o planeta não vai deixar de aquecer por conta da sua crença. Só crianças muito pequenas acreditam que algo vai deixar de existir se elas fingirem que não existe ou que a ameaça vai desaparecer se cobrirem os olhos. Ao tratar fatos como crença ou como "ideologia", Bolsonaro iniciou seu governo impedindo que o Brasil faça o que precisa para reduzir as emissões de CO_2, as principais responsáveis pelo aquecimento global, e impedindo também que o Brasil tome as medidas de adaptação ao que está por vir.

Bolsonaro se elegeu no ano em que cientistas do Painel Intergovernamental sobre Mudanças Climáticas (IPCC) afirmaram restar apenas 12 anos para impedir que o planeta aqueça acima de 1,5 grau Celsius. Passando deste limite, espécies como os corais desaparecerão da Terra e centenas de milhões de pessoas enfrentarão secas, inundações, calor extremo, fome e miséria. Se as emissões não forem reduzidas em 45% até 2030 e, em seguida, 100% em 2050, será quase impossível barrar esse processo. Quando Bolsonaro assumiu, um ano já havia se passado com piora significativa da estrutura e das ações de enfrentamento da emergência climática. Com a sua posse, o que era

O BOLSONARISMO OCUPA TODOS OS PAPÉIS, INCLUSIVE O DE SIMULAR OPOSIÇÃO E CRÍTICA, DESTRUINDO A POLÍTICA E INTERDITANDO A DEMOCRACIA. AO DITAR O RITMO E O CONTEÚDO DOS DIAS, CONVERTEU UM PAÍS INTEIRO EM REFÉM.

ruim ficou (muito) pior. É alarmante que, nesta dramática contagem regressiva, em pelo menos quatro anos, o Brasil terá no poder pessoas que confundem fatos com crenças. Ou, para seu próprio interesse, afirmam que aquilo que é fato é a "ideologia" dos outros.

Há outro trecho do discurso do ideólogo do bolsonarismo que merece especial atenção: "É só o amor que explica o Brasil. O amor, o amor e a coragem que do amor decorre conduziram os nossos ancestrais a formarem esta nação imensa e complexa. Nós passamos anos na escola, quase todos nós, eu acho, escutando que foi a ganância ou o anseio de riqueza, ou pior ainda, o acaso, que formou o Brasil, mas não foi. Foram o amor, a coragem e a fé que trouxeram até aqui, através do oceano, através das florestas, pessoas que nos fundaram".

Ernesto Araújo torna então explícito que o "renascimento" proposto pelo bolsonarismo é criminoso. Seu projeto de poder não busca apenas moldar o presente a partir de premissas falsas como "ideologia de gênero" e "climatismo", mas sim inventar um passado apagando o passado que efetivamente existiu. Antes será preciso explicar como "o amor" matou milhões de indígenas, extinguiu povos inteiros, e colocou à força no Brasil quase cinco milhões de escravos africanos, cujos descendentes seguiram escravos por quatro séculos e, depois de "libertados", ainda hoje vivem pior e morrem mais cedo.

José de Alencar sonhava construir uma identidade nacional no século 19, em um país que acabara de se tornar independente da colônia e precisava de um rosto para se legitimar como nação. Em seu discurso inaugural, Ernesto Araújo violenta dois séculos de debates culturais e ofende até mesmo a memória de Alencar. O chanceler quer, no início do século 21, apagar todo o passado. Como se o Brasil fosse uma página em branco que o bolsonarismo vai passar a escrever a partir do ponto zero da independência.

Nenhuma novidade. A "nova era" do bolsonarismo apenas copia os piores exemplos dos totalitarismos do século 20, que também quiseram forjar seu próprio mito e sua própria mitologia para justificar as atrocidades que cometeriam logo adiante. Como os dias mostraram, os corpos daqueles que assassinaram teimam em viver como memória.

Este livro também se soma ao esforço de todos aqueles que dizem, em qualquer época, em qualquer governo: não esqueceremos nem deixaremos esquecer.

A autoverdade e a destruição do comum

No final da segunda década do século, a pergunta crucial do Brasil é: como restabelecer a linguagem, de forma que possamos ter uma base mínima comum a partir da qual possamos voltar a conversar? Ou como voltar a encarnar as palavras?

Volto ao exemplo da laranja. Eu e você precisamos concordar que uma laranja é uma laranja. Se eu disser que uma laranja é uma cadeira, como vamos conversar? Podemos discutir, eventualmente discordar, sobre qual qualidade de laranja é melhor, como aprimorar a produção de laranjas, de que forma ampliar o acesso de todos ao consumo de laranjas, etc., mas não podemos discutir se a laranja é cadeira ou laranja. Ou não avançaremos em nenhuma das questões importantes sobre a laranja. Tudo o que é relevante, como seu valor nutricional e a evidência de que os mais pobres não têm possibilidade de comprar ou plantar laranjas, ficará bloqueado pelo impasse de o interlocutor insistir que laranja é cadeira.

Não é uma questão de opinião a laranja ser laranja — e não cadeira. Não é liberdade de expressão defender que laranja é cadeira. Também não há fatos alternativos sobre laranja ser laranja, e não cadeira. Há fatos. No Brasil dominado pelo bolsonarismo, porém, o truque de tratar laranjas como cadeiras para interditar o debate é amplamente utilizado.

Se as palavras são esvaziadas de significado comum, não há possibilidade de diálogo. É o que acontece com a palavra "comunismo", entre muitas outras. Destruiu-se o consenso mínimo sobre o que é comunismo. Então, tudo o que os seguidores de Bolsonaro não gostam ou são estimulados a atacar é chamado de "comunismo", assim como todos aqueles que eles consideram seus inimigos são chamados de "comunistas".

O significado de comunismo, porém, foi quase totalmente perdido. E assim o diálogo está barrado, porque o que é laranja virou cadeira para parte da sociedade brasileira. Enquanto metade da sociedade brasileira é chamada de "comunista" sem nunca ter sido ou querer ser, os temas que afetam diretamente a vida das pessoas foram — e seguem sendo — decididos sem debate nem participação popular.

A maioria dos crentes do bolsonarismo não acredita que crise climática é "climatismo" ou uma "ideologia de esquerda". Boa parte deles sabe que afirmar isso é quase tão estúpido quanto dizer que a Terra é plana. A destruição da linguagem, porém, faz parte do roteiro.

Basta acompanhar as declarações de Bolsonaro ainda nos primeiros meses de governo, assim como de outros do seu entorno, para constatar que a estratégia usada para manter os seguidores alinhados é a de reavivar a falsa acusação de que os indígenas e as ONGs internacionais querem tomar a Amazônia do Brasil. A mentira da ameaça à soberania nacional nunca deixou de se manter ativa na disputa da Amazônia. Mas, em tempos de WhatsApp, pode atingir muito mais gente disposta a acreditar. Enquanto forjam a "verdade" da invasão estrangeira, a floresta vai sendo tomada por dentro, a bala, motosserra e fogo.

A autoverdade desloca o poder para a verdade do um, destruindo a essência da política como mediadora do desejo de muitos. Se o valor está no ato de dizer e não no conteúdo do que é dito, não há como perceber que não há nenhuma verdade no que é dito. Bolsonaro não está dizendo a verdade quando estimula o ódio aos gays, mas sendo homofóbico. Não está dizendo a verdade quando agride negros, mas sendo racista. Não está dizendo a verdade quando diz que não vai estuprar uma mulher porque ela é feia, mas incitando a violência contra as mulheres e sendo misógino. Há nome na língua para tudo isso e também artigos no Código Penal.

Jair Bolsonaro é a encarnação de um fenômeno muito maior do que ele, do qual ele sabe tirar o máximo proveito. É o homem certo no momento certo. Tanto quanto Donald Trump, em nível global. A tragédia é que eles possivelmente sejam só os primeiros.

O desafio imposto tanto pela pós-verdade quanto pela autoverdade é como devolver a verdade à verdade. Não faremos isso sem voltar a tecer tanto o comum quanto o sentido de comunidade. A luta do presente pode ser resumida entre aqueles que estão tecendo um comum e aqueles que rasgam a possibilidade do comum, como o governo de ódio de Jair Bolsonaro no Brasil, o governo de muros de Donald Trump nos Estados Unidos, e todas as crias monstruosas dos novos fascistas. Não é por mero acaso que os populistas de extrema-direita negam a emergência climática. Eles sabem que é na luta contra o superaquecimento global que a humanidade pode se unir para tecer um comum. Não é por acaso que os bolsonaristas atacam a Amazônia. Cada vez mais a floresta se impõe como o comum possível no Brasil partido em todo o resto.

Em maio de 2019, Bolsonaro usou a operação da autoverdade para afirmar que o Brasil seria "ingovernável". Mais uma vez ele buscou contornar os fatos que revelavam uma série de incompetências, despreparos, recuos e ilegalidades, já nos primeiros meses de governo, para se legitimar pela performance, demandando de seus fiéis adesão à política pela fé. Ele, o perseguido, é impedido de governar. Ele, o bem, é impedido de governar pelo mal. A operação da autoverdade mostrou que ele ainda detém a fé de pelo menos um terço dos brasileiros, cuja crença parece irredutível aos fatos.

Não há nada, porém, mais irredutível do que a realidade. Em algum momento, mesmo o seguidor mais extremado descobrirá que não é possível sentar na laranja — nem comer a cadeira.

A esquerda que não sabe quem é

Nesta altura, parece legítimo perguntar. Cadê a esquerda? Ou cadê a oposição? A pergunta é necessária. A resposta é urgente. Para respondê-la, vou pedir desculpa aos leitores, mas será necessário retomar alguns pontos já abordados antes.

A violência dos últimos anos, que culminou nas eleições de 2018, tampou os ouvidos para o que poderia ser considerado o outro lado. Os gritos acusavam a impossibilidade de votar em Jair Bolsonaro depois de escutar o discurso de ódio que ele pregava. Gritou-se até quase acabar a voz. O fato é que a maioria dos eleitores que escolheu um dos candidatos escolheu Bolsonaro, e ele já começou a governar desde o dia seguinte ao segundo turno. Desde então, ou mesmo muito antes disso, os grupos que se opõem a Bolsonaro se limitaram a reagir. A cada declaração, a cada anúncio de ministro, a cada indício de corrupção amontoavam-se mais gritos. Era necessário reagir. Mas só reagir é exaustivo. Como o espaço público estava saturado de gritos, a reação se esgotava em si mesma. Numa época em que se vive de espasmo em espasmo, cada vez mais rápidos, o que parece movimento com frequência é paralisia. A paralisia do tempo da velocidade cria a ilusão de movimento exatamente porque é feita de espasmos.

A esquerda foi demonizada pela turma do Bolsonaro, do MBL, do Olavo de Carvalho. Para uma parte da população, virou tudo o que não presta, seja lá o que for. Esquerda e comunismo e marxismo tornaram-se uma coisa só no discurso repetitivo e feito para a repetição. E essa coisa que viraram pode ser qualquer coisa que alguém diz que é ruim. A reação daqueles que se identificam com a esquerda é acusar os que estimulam esse desentendimento (aqui no sentido de desentender os conceitos, e não de discordar deles) de manipuladores e de desonestos. E com frequência é isso mesmo que são. Mas se fosse só isso seria mais fácil.

O problema é que o Brasil chegou ao final da segunda década deste século com muita dificuldade de saber o que a esquerda é. E o que a esquerda propõe que seja claramente diferente da direita. O PT se corrompeu no poder. É um fato. Pode se discutir bastante se o PT é um partido de esquerda. Eu, pessoalmente, acho que foi de esquerda só até a Carta ao Povo Brasileiro, durante a campanha de 2002. Outros encontram marcos anteriores de rompimento com um ideário de esquerda.

Para o senso comum, porém, o PT é um partido de esquerda. Não só é como foi a principal experiência de um partido de esquerda no poder da história da democracia brasileira. Logo, não se corromper no poder, fazer diferente da velha política conservadora, já não é uma diferença da esquerda para a população. Negar que o PT se corrompeu no poder é quase tão delirante — ou mau caráter — quanto negar o aquecimento global provocado por ação humana.

Garantir o emprego e os direitos trabalhistas poderia ser uma outra diferença visível, mas o desemprego voltou a crescer e os direitos do trabalhador começaram a ser cortados já no governo de Dilma Rousseff, a última experiência que a população teve de um governo de esquerda. A reforma agrária poderia ser outra diferença, mas ela não avançou de forma significativa no governo de esquerda. O MST, que hoje está sendo criminalizado pelo governo de extrema-direita, domesticou-se quando o PT estava no poder. O mesmo aconteceu com grande parte dos movimentos sociais, que viraram governo em vez de continuarem sendo movimentos sociais, o que teria sido importante para garantir a vocação de esquerda do partido no poder.

Também nos governos do PT foram fortalecidos os laços com a bancada ruralista, que foi ganhando cada vez mais influência no cotidiano do poder, e se iniciou um claro projeto de desmantelamento da Funai. Não é permitido esquecer nenhuma palavra da petista Gleisi Hoffmann atacando a Funai, quando era ministra da Casa Civil de Dilma Rousseff, assim como não é permitido esquecer nenhuma palavra da ruralista Kátia Abreu, ministra da Agricultura de Dilma, sobre as terras indígenas.

Lula chegou a afirmar, em 2006, que os ambientalistas, os indígenas, os quilombolas e o Ministério Público eram entraves para o crescimento do país. Quando foi afastada, Dilma era a presidente que menos havia demarcado terras indígenas. A Lei Antiterrorismo, que pode ser usada para criminalizar ativistas e movimentos sociais no governo de Bolsonaro, foi sancionada por ela. Nenhuma dessas ações e omissões pode ser relacionada com um ideário de esquerda, pelo menos de uma esquerda que mereça esse nome.

Os governos de Lula e de Dilma reeditaram na Amazônia uma versão das grandes obras da ditadura militar, com hidrelétricas como Jirau e Santo Antônio, no rio Madeira; Teles Pires, no rio Teles Pires; e Belo Monte, no rio Xingu. E só não houve (ainda) as grandes hidrelétricas no rio Tapajós por conta da resistência do povo indígena Munduruku e dos ribeirinhos de Montanha-Mangabal. O complexo hidrelétrico no Tapajós foi temporariamente suspenso também pelo enfraquecimento do governo no processo do impeachment, pela desestabilização das empreiteiras pela Operação Lava Jato e pela desaceleração das exportações de matérias-primas para a China.

Nos governos do PT, comunidades urbanas pobres foram expulsas de suas casas para as obras superfaturadas da Copa e das Olimpíadas, assim como povos da floresta foram arrancados de suas ilhas e beiradões para a construção de hidrelétricas. Foi também nos governos do PT que a Força Nacional foi usada para reprimir greve de trabalhadores na construção de Belo Monte e também reprimir protestos da população atingida contra a hidrelétrica.

No enfrentamento da questão das drogas, o governo Lula agravou ainda mais os problemas. A chamada Lei de Drogas, sancionada em 2006, é apontada como uma das causas do aumento do encarceramento de jovens e negros, assim como de mulheres, por pequenas quantidades de substâncias proibidas. Além de acentuar o horror do sistema prisional brasileiro, ainda fortaleceu a desastrosa política de "guerra às drogas", comprovadamente falida. O Brasil perdeu uma oportunidade histórica de alinhar-se com as políticas públicas mais eficientes já testadas em outros países do mundo.

No segundo mandato de Dilma Rousseff, até mesmo os melhores projetos construídos nos governos do PT, os claramente de esquerda, como na área da saúde mental, começaram a ser desmantelados para tentar salvar a presidenta ameaçada de impeachment. Não é possível esquecer que as salas da Coordenação de Saúde Mental, Álcool e outras Drogas do Ministério da Saúde foram ocupadas por pacientes e trabalhadores da rede pública em protesto contra a nomeação de um diretor de manicômio para a área. A luta antimanicomial é claramente uma bandeira ligada à esquerda.

A lista pode continuar. Mas acredito que já está de bom tamanho para expor aquilo que acho importante afirmar se quisermos compreender esse momento tão delicado. De forma nenhuma entendo que o governo do PT foi igual aos anteriores, muito menos que seja parecido com o governo de extrema-direita que ocupou o poder a partir de 2019. O que afirmo é que a última — e em certa medida única — experiência de esquerda que marca a memória da população foi construída pelos governos do PT. E que as diferenças não são suficientes para que a população possa compreender um projeto de esquerda.

Como o cérebro humano em geral recorda e torna totalizante o que vem por último, a diferença de um governo de esquerda para qualquer outro fica ainda mais nebulosa. É possível que, no futuro próximo, os anos de Lula ganhem os tons da nostalgia.

Logo na sequência, porém, os anos de melhoria de vida vão sendo apagados pelas dificuldades imediatas num país formado em sua maioria por sobreviventes com medo de perder o que ainda têm. A vitória de Fernando Haddad sobre Bolsonaro no Nordeste mostra justamente que, nos estados mais pobres do país, a maioria entendia muito claramente qual era a diferença. Mas essa diferença, marcada por políticas públicas como o Bolsa Família e o aumento real do salário-mínimo, não teve o mesmo impacto nas demais regiões de um país gigante, desigual e culturalmente diverso.

Uma das chaves para compreender por que Lula ocupava um primeiro lugar folgado nas pesquisas pré-eleitorais para a presidência, em 2018, como já foi dito, aponta para o fato de que o Brasil cheio de potência da primeira década do século está intimamente ligado à figura de Lula. E não está ligado ao PT e à esquerda, ou está muito menos ligado ao PT e à esquerda. Também nisso não se fez diferente da extrema-direita populista.

A relação de Lula com os eleitores, em especial a partir do segundo mandato, foi populista e paternalista. Os eleitores não eram tratados como cidadãos autônomos, que conferiam ao governante um mandato de poder temporário, que seria rigorosamente fiscalizado por eles, mas sim filhos a quem um pai afetuoso concedia agrados. Foi também como "mãe do PAC" ou "mãe dos pobres" que Dilma foi apresentada na primeira eleição, embora não tenha funcionado graças ao desconforto louvável que ela sentia com o figurino.

O tratamento de eleitores como adultos infantilizados — e não como cidadãos emancipados — é uma conta alta que o PT e toda a esquerda estão pagando agora. O PT tem grande responsabilidade em converter direitos em concessões ou favores no imaginário popular, o que marca o pior da política. Essa mancha que se espalha desde a formação do Brasil parece nunca se desfazer. Ela apenas se atualiza.

A demonização da esquerda não se deve apenas à manipulação articulada pela extrema-direita nem é resultado apenas da ignorância de grande parte da população sobre conceitos básicos. Em parte, sim. Mas há algo concreto, factual e legítimo, embora nem sempre claro, na reação de parte da população contra a esquerda. Se você não consegue ver a diferença entre os projetos e a sua vida está ruim, o culpado é quem estava no governo. E o PT esteve no governo por mais de 13 anos. Se você não consegue ver diferença, esquerda é o nome de tudo o que você odeia.

É óbvio que esse sentimento é manipulado pelos grupos que disputam o poder, mas isso não significa que não exista lastro, experiência e racionalidade nessa interpretação. Todos têm direito a querer uma vida melhor e todos sabem qual é a vida que estão vivendo.

A eleição de Bolsonaro mostrou que a esquerda não convenceu a maioria dos eleitores de que pode mudar sua vida para melhor. Então muita gente preferiu tentar algo extremo, porque o desamparo era grande. É também catártico poder culpar alguém por todas as humilhações que acontecem no seu dia, assim como pela imensa sensação de fracasso e de insegurança. A esquerda — ou o comunismo ou o marxismo — virou esse nome para tudo o que não presta, já que não dá para saber o que ela é e o que propõe de fato.

Quando se exige uma autocrítica do PT é exatamente porque sem ela não é só o PT que não avança, mas todo o campo da esquerda que foi identificado com o PT, com ou sem razão. Como o PT usa inúmeras justificativas para não fazer autocrítica, o que me parece não só desrespeito aos eleitores, mas também um tremendo equívoco político, nada avança. Se você não pode falar sobre o que errou, e que todo mundo viu que errou, como alguém vai acreditar em seus acertos?

A credibilidade se dá também pela coragem de assumir os erros cometidos e de ter respeito suficiente pelo voto de quem o elegeu para debater seus equívocos publicamente. Sempre que insisti na autocrítica do PT, não estava preocupada com o futuro do partido, mas sim com a necessidade de a esquerda ser capaz de criar um projeto que mostrasse a sua diferença. O PT é a experiência de esquerda que a população viveu, e a autocrítica é fundamental para que a esquerda possa construir um outro projeto. Autocrítica não como expiação cristã, e sim dever democrático, compromisso público com o público.

Em dezembro de 2018, durante uma palestra na Universidade de Londres, a ativista Bianca Jagger afirmou que o movimento que confrontava a ditadura de Daniel Ortega, na Nicarágua, não era de esquerda ou de direita. Os manifestantes, muitos deles estudantes, *walk for life*. Esta é possivelmente a interpretação acurada da ativista sobre movimentos que se caracterizam por não serem marcados por uma coesão ideológica. Mas é também uma resposta à estratégia dos apoiadores do regime de opressão.

Daniel Ortega e Rosario Murillo, sua mulher e vice-presidente, assim como seus partidários e parte da esquerda mundial, tentam vender à opinião pública internacional a ideia de que Ortega estaria sendo atacado por um complô de direita. O problema da teoria conspiratória é que Ortega não tem mais qualquer resquício de identificação com um projeto de esquerda há vários anos. Mas essa parcela da esquerda, corroída e ultrapassada, finge não saber disso e insiste em contornar os fatos porque eles mancham seus heróis e suas revoluções.

A ditadura de Daniel Ortega e Rosario Murillo, na Nicarágua, e o governo de Nicolás Maduro, na Venezuela, colaboram bastante para que as diferenças entre esquerda e direita sejam apagadas. Há muitos anos Ortega traiu a revolução sandinista e qualquer ideário de esquerda e está fortemente conectado ao que há de pior na direita. Por algumas razões semelhantes e outras diferentes, o governo de Maduro tampouco pode ser considerado uma democracia.

Parte da esquerda mundial, dos partidos que se dizem de esquerda e dos intelectuais que se dizem de esquerda, porém, simplesmente ignora os fatos ou torce as evidências para defender o indefensável. Como afirmar, então, que a população é ignorante e não consegue compreender a diferença entre esquerda e direita? Se a esquerda não se dá o respeito, a esquerda não merece respeito. Essa esquerda apodrecida, que morre abraçada com ditadores e não consegue admitir que se corrompeu, precisa ser superada. Essa esquerda que já não é está atrapalhando a esquerda que quer ser.

Há muita gente, de diferentes matizes ideológicos, defendendo que "essa coisa de esquerda e direita acabou". Não é minha posição. Pelo contrário. Acho mais urgente do que nunca a criação de um projeto de esquerda para o Brasil, uma visão de esquerda para um dos países mais culturalmente diversos do mundo. Um projeto criado junto com os vários povos brasileiros, porque uma das diferenças da esquerda é criar junto, como num dia longínquo o PT fez com o orçamento participativo de cidades como Porto Alegre.

Em artigo no *The Intercept*, a cientista social e antropóloga Rosana Pinheiro-Machado escreveu sobre o que tem chamado de "revoltas ambíguas". Aquelas que não se definiriam por estar alinhadas com a esquerda ou com a direita, como aconteceu no Brasil durante as manifestações de junho de 2013 e também na greve dos caminhoneiros, em 2018, e como aconteceu na França, nos protestos dos "coletes amarelos", a partir do final de 2018. Tentar enquadrá-las como de esquerda ou de direita é um equívoco:

"Fruto da crise econômica de 2007 e 2008, as revoltas ambíguas são um fenômeno que veio para ficar. Elas são uma resposta imediata do acirramento de austeridade do neoliberalismo do século 21, marcado pela crescente captura dos estados e das democracias pelas grandes corporações. Se o neoliberalismo flexibiliza as relações de trabalho e, consequentemente, as formas de fazer política sindical, atuando como uma máquina de moer coletividades, desdemocratizar, desagregar e individualizar, os protestos do precariado tendem a ser desorganizados, uma vez que a esfera de politização deixa de ser o trabalho, mas ocorre de forma descentralizada nas redes sociais. Os protestos ocorrem mais como *riots* (motins) para chamar atenção. Eles nascem, muitas vezes, de forma espontânea e contagiosa, sem grande planejamento centralizado e estratégico, expressando um grande sentimento de revolta contra algo concreto vivenciado em um cotidiano marcado por dificuldades. São um grito de 'basta'."

Ao voltar a entrevistar os jovens que participaram dos "rolezinhos", em 2016, Rosana e a antropóloga Lúcia Scalco constataram que parte deles virou "bolsominion", nome pejorativo dado aos seguidores de Bolsonaro. Outra parte aderiu a lutas mais identificadas com a esquerda, como contra o machismo, contra o racismo e contra a homofobia. Mas os rolezinhos não eram um movimento de esquerda ou de direita quando aconteceram, embora tivessem uma expressão política. "Direita e esquerda são os polos para onde as rebeliões ambíguas podem pender. São, portanto, uma disputa, um fim. [...] Isso significa que a ambiguidade não é um lugar no qual conseguimos nos manter por muito tempo", escreveu Rosana.

Se a ambiguidade é uma marca das revoltas recentes no Brasil e no mundo, me parece que o desafio não está em superar os conceitos de esquerda ou de direita, e sim de atualizar os conceitos de esquerda e de direita, exatamente para que as pessoas consigam estabelecer as diferenças. Não são os conceitos que estão ultrapassados, mas muitos dos pensadores de esquerda é que decidiram parar de pensar, com medo de enfrentar as contradições. Blocaram-se, então, em significados de um mundo que já não é. O pensador só é vivo enquanto continuar pensando — e se pensando. O que estanca, paralisa, é dogma.

Há um enorme risco quando tudo se confunde. Se os limites entre esquerda e direita são borrados, como fazer escolhas consistentes? Como criar um projeto se você não consegue dizer claramente nem mesmo aquilo que *não é*?

No caso dos "coletes amarelos", na França, há um ponto que vale a pena prestar especial atenção. O presidente francês, Emmanuel Macron, colocou um "imposto ecológico" sobre os combustíveis, causando revolta naqueles que dependem deles para trabalhar. A taxação de combustíveis fósseis é uma das medidas importantes para enfrentar a crise climática. No caso da França, seria um dos vários passos em direção ao compromisso de reduzir as emissões de carbono em 40% até 2030 e proibir a venda de veículos a gasolina e a diesel até 2040. Aumentar o preço do carbono tem sido apontado por alguns economistas como uma ferramenta essencial para manter o aquecimento global abaixo do nível perigoso de 1,5 grau Celsius.

O problema foi a escolha feita por Macron: o ônus não estava sendo compartilhado de forma justa. A maioria dos manifestantes estava nas ruas porque gasta uma parte desproporcional de seus ganhos em combustível e transporte. Em contrapartida, o imposto seria usado principalmente para reduzir o déficit orçamentário da França, pagando credores ricos. Na prática, o "imposto ecológico" de Macron agravaria a desigualdade.

Embora alinhada com a necessidade de tomar medidas urgentes diante do aquecimento global, a escolha de Macron não foi orientada por princípios de esquerda, mas sim por princípios de direita. Visto como um político de centro, quando foi eleito, o presidente francês é da nova safra de políticos que se elegeu repetindo não ser "nem de direita nem de esquerda". No Brasil, a principal expoente dessa linha nem cá nem lá é Marina Silva.

Ao final da segunda década do século 21, o colapso socioambiental é mais do que evidente. Mesmo assim, uma grande parcela do que se chama esquerda ainda se mostra incapaz de colocar a emergência climática como uma questão central que deve ser enfrentada a partir de princípios de esquerda. O aquecimento global foi causado por ação humana, mas não de todos os humanos. Alguns humanos, os mais ricos, assim como os países mais ricos, Estados Unidos na liderança, são os grandes responsáveis pela destruição em curso do planeta. Mas as consequências atingirão primeiro os mais pobres e muito mais os mais pobres. Não há nenhuma grande questão atual que não seja atravessada e determinada pela crise do clima.

Outro exemplo dramático: a caravana de milhares de pessoas de Honduras, El Salvador e Guatemala que marchou rumo à fronteira do México com os Estados Unidos no final de 2018 pode apontar a primeira migração em massa da América Latina provocada pelo colapso climático. Eles mencionam fome e violência, mas porque isso é o que aparece como causa imediata. Ao serem entrevistados por jornalistas que sabem perguntar, porém, uma parcela significativa conta que o clima começou a mudar e as colheitas diminuíram, causando uma série de consequências que os levou a essa marcha desesperada.

Qual é a resposta da esquerda brasileira para a emergência climática? Qual é o projeto para enfrentar e se adaptar ao que virá? Não há. Fora iniciativas pontuais, parte dos partidos e políticos de esquerda sequer compreende o que está em jogo.

Quando Ernesto Araújo, o chanceler de Bolsonaro, afirmou que a mudança climática é uma "ideologia de esquerda", ele não estava apenas sendo irresponsável e falando uma tremenda bobagem. Ele estava também superestimando a esquerda. E especialmente o PT. Alguns, inclusive, devem ter acordado naquele instante e corrido para a Wikipédia para saber do que se tratava.

Lula e Dilma Rousseff, que governaram o Brasil em nome do PT, nunca chegaram sequer perto de compreender que a crise climática era assunto deles. Ao contrário. Deixavam claro seu entusiasmo por ruas cheias de carros particulares, movidos a combustíveis fósseis, por grandes hidrelétricas na Amazônia e pela floresta convertida em soja e boi. Os dois estavam concretados no século 20, às vezes no 19. Como afirmou o antropólogo Eduardo Viveiros de Castro, a esquerda que estava no poder no Brasil era uma "esquerda velha", que não alcançou sequer 1968, referindo-se às mudanças profundas provocadas pelos movimentos de maio daquele ano, na França.

Há vários pensadores no mundo elaborando respostas de esquerda para o desafio da emergência climática. Ou enfrentando a necessidade de refletir sobre o que pode ser uma resposta de esquerda para um fenômeno que é, ao mesmo tempo, causado pela desigualdade e causador de desigualdades.

Uma resposta de esquerda, por exemplo, seria taxar os grandes produtores de combustíveis fósseis ou taxar todos aqueles que causam danos ao que é comum a todos, ao que é patrimônio coletivo, inclusive de outras espécies. Se há bastante sendo pensado no mundo, essa reflexão não parece estar acontecendo no Brasil, para além de nichos especializados. Acredito não cometer injustiça ao dizer que a maior parte dos intelectuais brasileiros não tem ideia das implicações e efeitos da emergência climática, o que compromete qualquer análise do momento atual.

A partir do segundo semestre de 2018, adolescentes da Europa e de países como a Austrália passaram a chamar os atuais líderes e também seus pais de "uns merdas" que seguiam destruindo o planeta em que eles terão que viver. Esses jovens vão virar adultos num mundo em que a esquerda não mostrou a sua diferença. Mesmo que tenham sido beneficiados por políticas públicas de esquerda no passado, eles não saberão. Se a esquerda não tem resposta consistente nem mesmo para o maior desafio da trajetória humana na Terra, para que serve a esquerda?

Qualquer projeto de esquerda para o Brasil precisa ter uma resposta de esquerda para o enfrentamento do colapso climático e do desmatamento da Amazônia e do Cerrado. Sem isso não há nenhuma possibilidade de começar qualquer conversa que possa interessar a quem vive no século 21 e que sabe que suas crianças viverão num planeta pior, o que já é uma certeza, ou num planeta hostil, o que acontecerá caso as medidas necessárias sigam sendo adiadas. Sem isso não há nenhuma possibilidade de começar qualquer conversa que possa interessar a quem vive no país que tem a maior porção da maior floresta tropical do planeta no seu território e no país mais biodiverso do mundo.

Defendo que esse enfrentamento precisa ser travado a partir de princípios de esquerda. Não estamos todos no mesmo barco. Não estamos mesmo. A maioria só tem barquinhos de papel.

O governo Bolsonaro começou, e a esquerda seguiu sem saber quem é. O que parecia impossível aconteceu. O extremismo de Bolsonaro tornou os generais no governo mais palatáveis do que foram em qualquer outro momento desde o fim da ditadura.

Mourão, o "moderado", e a volta dos militares ao poder

Em agosto de 2018, Eduardo Bolsonaro disse à repórter Josette Goulart, da *Folha de S.Paulo*: "Sempre aconselhei o meu pai: tem que botar um cara faca na caveira pra ser vice. Tem que ser alguém que não compense correr atrás de um impeachment". Depois de várias tentativas fracassadas, Jair Bolsonaro acabou escolhendo o general da reserva Hamilton Mourão para ser seu vice na chapa que acabou vitoriosa. Ele atendia ao requisito exposto pelo filho zero três*, o de proteger o presidente, a partir da sombra das Forças Armadas.

---

* Bolsonaro diz que chama os filhos como no quartel: zero um, zero dois, zero três...

Por um lado, um país que viveu 21 anos de ditadura militar, na qual centenas foram sequestrados, torturados e mortos, deveria ter resistência à volta de um general no comando da nação. Até então, os defensores do retorno da ditadura militar formavam um grupo minoritário, meio amalucado e sempre apontado nos movimentos da "nova direita", na Avenida Paulista, epicentro das manifestações de rua no Brasil. Por outro lado, o vice estaria sintonizado com os quartéis para garantir a presidência, muito mais do que um capitão que chegou a ser preso por indisciplina e julgado por planejar explodir bombas, um homem que, nas últimas três décadas, tornou-se político profissional. O vice "faca na bota" seria um seguro anti-impeachment para Bolsonaro. É curioso como, mesmo antes do início da campanha eleitoral, o filho já antecipa que o pai poderia se colocar em risco de impeachment.

Ao final de um primeiro mês de governo com mais crises do que qualquer um dos anteriores, Bolsonaro começava a perder o apoio de eleitores que votaram nele ou por antipetismo agudo ou porque não havia outro candidato de direita. Nos primeiros seis meses, Bolsonaro somou as piores avaliações de um presidente desde a redemocratização do país.

Completados os primeiros trinta dias, Bolsonaro já recebia críticas pesadas dentro do seu partido e descontentamentos no núcleo duro do governo. Mourão, que até então era conhecido como uma língua solta e truculenta acima das quatro estrelas do peito, tornou-se, por comparação, um exemplo de sensatez, diplomacia e bons modos. Com o bode na sala, outros espécimes tornavam-se subitamente aceitáveis.

O "faca na caveira" era elogiado por diplomatas estrangeiros e se esforçava para manter boas relações com a imprensa renegada por Bolsonaro. Mourão, o *gentleman*, tuitou em 23 de janeiro de 2019: "Quero agradecer a atenção e cumprimentar pela dedicação, entusiasmo e espírito profissional a todos os jornalistas que me recebem na minha chegada e de mim se despedem quando deixo o anexo da vice-presidência. Boas matérias a todos!".

Tudo é uma questão de referência. E, quando a referência é Bolsonaro, um Mourão soa moderado. Em caso de naufrágio, qualquer tábua de pinho vira navio.

Mourão melhorou? Não. Bolsonaro piorou? Não. O que aconteceu foi a presidência. O extremismo calculado de Bolsonaro fez com que todo o espectro ideológico fosse empurrado para o centro. Assim, o PT e os partidos de esquerda soavam mais ao centro, e os partidos de direita, como o DEM, também. Ao final dos primeiros meses do governo de extrema-direita, Rodrigo Maia e Davi Alcolumbre, respectivamente presidentes da Câmara e do Senado, ambos do DEM, despontavam como exemplos de moderação, responsabilidade pública e decoro. Esta era a situação do Brasil no início de 2019.

A série de tuítes que Bolsonaro publicou após a divulgação de que o deputado federal eleito Jean Wyllys deixaria o país por ter medo de ser morto é a expressão de que Bolsonaro manteria na presidência a estratégia da campanha. Wyllys iniciaria em fevereiro de 2019 o terceiro mandato. Recebendo ameaças de morte semanais, andava com escolta policial desde março de 2018, quando sua colega de partido, Marielle Franco, teve a cabeça arrebentada a tiros.

Entre as ameaças que o parlamentar recebeu, estavam as seguintes: "Vou te matar com explosivos", "já pensou em ver seus familiares estuprados e sem cabeça?", "vou quebrar seu pescoço", "aquelas câmeras de segurança que você colocou não fazem diferença". E esta: "Vamos sequestrar a sua mãe, estuprá-la, e vamos desmembrá-la em vários pedaços que vamos te enviar pelo Correio pelos próximos meses. Matar você seria um presente, pois aliviaria a sua existência tão medíocre. Por isso vamos pegar sua mãe, aí você vai sofrer".

Duas horas depois da notícia de que deixava o Brasil, uma mensagem foi enviada a Jean Wyllys: "Nossa dívida está paga. Não vamos mais atrás de você e sua família, como prometido. Mesmo após quase dois anos, estamos aqui atrás de você e a polícia não pôde fazer nada para nos parar".

O que deveria fazer o presidente de um país em que um parlamentar é obrigado a abdicar do mandato para salvar a vida? Certamente não mandar uma série de tuítes, começando por "Grande dia!", seguido por um sinal de positivo. Depois, como de hábito, Bolsonaro disse que não se referia ao exílio do parlamentar, mas sim ao cumprimento de sua "missão" no Fórum Econômico Mundial de Davos, na Suíça.

Davos foi a primeira grande aparição internacional de Bolsonaro como presidente do Brasil. Ele tinha 45 minutos disponíveis para falar sobre seu projeto para o país a uma plateia internacional qualificada e influente. Só ocupou seis minutos e meio. Não tinha o que dizer. Diante do público de Davos, sua apresentação foi um *big fail* (grande fracasso), como definiu o jornal americano *Washington Post*. No púlpito, o presidente do Brasil soava como um estudante medíocre de colégio, apresentando um trabalho copiado de um colega, porque nem convicção havia. As frases não se conectavam umas com as outras.

"Fiasco" foi a palavra usada por uma colunista do jornal francês *Le Monde*, no Twitter, para definir a participação do presidente do Brasil. Para ampliar o vexame, Bolsonaro, o então superministro da Economia, Paulo Guedes, o então superministro da Justiça, Sergio Moro, e o superdelirante chanceler, Ernesto Araújo, não apareceram para a entrevista coletiva à imprensa. Foram três explicações diferentes, nenhuma convenceu sobre o porquê do desrespeito que chocou jornalistas e organizadores do fórum. Bolsonaro possivelmente temia perguntas difíceis sobre o escândalo que atende pelo nome de Queiroz. Os jornalistas que cobriam Davos não eram repórteres de estimação.

Ao assumir a presidência do Brasil, Bolsonaro seguiu sendo o que sempre foi, aquele tio que constrange as pessoas na festa, porque tosco e sem noção. De esconder sua natureza, ninguém pode acusá-lo. Os olhos de parte do mundo olhavam e se horrorizavam. "Ele me dá medo", disse Robert Shiller, prêmio Nobel de Economia e professor na Universidade de Yale, depois de ouvi-lo. "O Brasil é um grande país. Merece alguém melhor."

Brasileiros que votaram em Bolsonaro pelas mais diversas razões, mas que não perderam a capacidade de fazer sinapses, começaram a enxergar Bolsonaro com olhos de fora do gueto. O deslocamento de lugar, do palanque para o palácio, tornou a bolha ocular permeável. A divulgação da imagem de Bolsonaro almoçando no bandejão de Davos foi uma tentativa de candidato em campanha, de forjar a identificação, mas foi ofuscada pelo desempenho real do presidente eleito. O mundo não estava gritando "mito! mito!". O mundo estava perplexo com o vazio de Bolsonaro, o medíocre, liderando um país com o tamanho do Brasil e a maior porção da floresta amazônica em seu território.

No mundo em que Bolsonaro tornou-se presidente do Brasil há garotas de escola como a sueca Greta Thunberg. Em agosto de 2018, aos 15 anos, ela iniciou uma greve pelo clima. Deixou de ir às aulas e postou-se diante do parlamento, em Estocolmo, para protestar dia após dia contra a incompetência e a omissão dos políticos no enfrentamento da emergência climática. Desde então, Greta passou a inspirar adolescentes e manifestações estudantis em diversas partes do planeta.

Convidada a discursar na Cúpula Mundial do Clima, na Polônia, Greta, uma trança de cada lado do rosto de boneca de souvenir, fez uma fala que se tornou viral pela inteligência. Terminou com o seguinte recado à plateia sênior e ilustre: "Viemos até aqui para informar [aos líderes mundiais] que a mudança está a caminho, queiram eles ou não. As pessoas se unirão a este desafio. E já que nossos líderes se comportam como crianças, teremos que assumir a responsabilidade que eles deveriam ter assumido há muito tempo".

Bolsonaro se comportou como um garoto de escola burrão num evento em que garotos de escola têm o nível de Greta Thunberg. Aliados estratégicos tanto no impeachment de Dilma Rousseff quanto no apoio a Bolsonaro, especialmente no segundo turno, começaram a afastar o corpinho para o lado, a exemplo do MBL, que só tem compromisso com seu próprio projeto de poder. E como a deputada estadual Janaína Paschoal (PSL), uma das autoras do pedido de impeachment que acabou afastando Dilma Rousseff, eleita por São Paulo com dois milhões de votos. Ao final do primeiro mês de governo, até mesmo o proclamado guru do governo Bolsonaro, Olavo de Carvalho, irritou-se por ser chamado de guru do governo Bolsonaro. Quando um grupo de parlamentares do PSL foi para a China fazer uma visita, ele gravou um vídeo dizendo: "E eu sou guru dessa porcaria? Não sou guru de merda nenhuma".

Um escândalo de corrupção no primeiro mês de qualquer governo seria um problema para qualquer governo. Um escândalo de corrupção no primeiro mês de um governo que disfarçou sua inconsistência com o discurso fácil da anticorrupção era um pesadelo. As suspeitas, porém, naquele momento, já avançavam muito além da corrupção. Elas alcançavam o crime contra a vida. E não qualquer crime contra a vida, mas o assassinato de Marielle Franco, um acontecimento de repercussão internacional. O envolvimento de Queiroz e do clã Bolsonaro com milicianos que podem tê-la executado assombrou a presidência.

O presidente que, desde que assumiu, faz de tudo para ampliar a posse de armas de fogo num país com mais de 65 mil assassinatos por ano teve que lidar com as notícias do possível envolvimento do filho zero um, o senador Flávio Bolsonaro, com milícias que produzem crimes. Nos meses seguintes, o apoio do próprio Bolsonaro aos milicianos foi lembrado. Queiroz tornou-se uma bomba-relógio que pode explodir a qualquer momento — ou quando for conveniente por Bolsonaro se tornar demasiado inconveniente.

O que virá nos próximos meses e anos de governo? A pergunta passou a assombrar o sono dos aliados.

Setores do Exército sabiam que ele era um capitão que não respeitava hierarquia, um subordinado que já tinha se mostrado fora de qualquer controle, o que determinou tanto sua saída das Forças Armadas quanto o início de uma carreira de quase três décadas como deputado falastrão. Mesmo assim, decidiram arriscar.

Estavam errados? Depende do ponto de vista e dos objetivos. A operação que levou ao poder um capitão reformado notável pelo despreparo, mas que se mostrou altamente popular, é brilhante. Bolsonaro não representava as Forças Armadas. O que ele podia representar, com quase trinta anos no baixo clero do Congresso, é o baixo clero do Congresso. Mas Bolsonaro usou o Exército e foi usado por ele.

O filho zero três, Eduardo Bolsonaro, não estava totalmente errado ao dizer que o pai se colocaria além do risco de impeachment se tivesse como vice um general. Ele estava, ao mesmo tempo, reconhecendo o trauma deixado pela ditadura e usando o trauma deixado pela ditadura a favor da família. Aparentemente, seria muito difícil um general se eleger presidente pelo voto num país que amargou 21 anos de um regime de exceção comandado por uma sequência de generais. Aparentemente, seria difícil que os brasileiros desejassem que um vice que também é general passasse a ocupar o posto máximo da República. Aparentemente, Mourão usaria sua proximidade com as Forças Armadas para proteger o mandato de ambos.

Ao apoiar a eleição de Bolsonaro, os generais da ativa e da reserva conseguiram uma façanha como estrategistas políticos. A composição do governo Bolsonaro é complexa. Mas, de tudo o que é, o governo Bolsonaro iniciou como um governo militarizado: o vice-presidente era general da reserva, o porta-voz era um general da ativa, e sete ministros eram militares, o equivalente a um terço do ministério.

Em outros escalões, já em janeiro o número de militares ocupando postos estratégicos chegava à casa das dezenas. Como apontou o jornalista Rubens Valente, havia militares ocupando "da assessoria da presidência da Caixa Econômica ao gabinete do Ministério da Educação; da diretoria-geral da hidrelétrica Itaipu à presidência do conselho de administração da Petrobras". A presença dos militares representava grande poder não apenas de influência, mas de ação, com "uma força econômica que ultrapassa as centenas de bilhões de reais". A militarização não se limitava às Forças Armadas, mas também contemplava a Polícia Militar. Nos meses seguintes, policiais militares passaram a ocupar cargos de confiança no Ibama e no ICMBio. O sistema de proteção ambiental foi sendo ao mesmo tempo desmontado e militarizado.

Ao longo dos primeiros meses, sempre que Bolsonaro se estranhava com um militar, trocava-o por outro mais do seu gosto. O recado era claro: a militarização estava mantida, mas os generais deveriam prestar continência a Bolsonaro. Qual é a diferença entre um governo militar e um governo militarizado? Essa é uma pergunta que não tem resposta fácil, mas cuja resposta estava em disputa já no início de 2019.

As Forças Armadas realizaram a proeza de voltar ao poder na democracia. Devem isso a Bolsonaro. O então deputado, com sua estridência e histrionismo, prestou vários serviços às fardas. Sempre é preciso um fanfarrão sem escrúpulos para que os "moderados" possam continuar polindo as suas armas.

A eleição de Bolsonaro significou a chance de mudar a história. E uma parcela dos militares de alta patente quer muito mudar a história. Ou evitar que ela seja finalmente passada a limpo.

Em 2017, o general Hamilton Mourão, então na ativa, defendeu um golpe militar caso o Judiciário não punisse os corruptos: ou o Judiciário punia os corruptos do país "ou então nós (do Exército) teremos que impor isso". Antes, em 2015, já havia perdido o prestigioso Comando Militar do Sul ao afirmar numa palestra que a substituição da presidenta Dilma Rousseff teria como vantagem "o descarte da incompetência, má gestão e corrupção".

No início de 2018, Mourão foi para a reserva. Alguns meses depois, tornou-se candidato a vice na chapa de Bolsonaro. Quando o então candidato a presidente sofreu um atentado a faca, em 6 de setembro, Mourão mais uma vez revelou sua personalidade. Num momento de alto risco, dada a gravidade do crime e o clima de ódio que atravessava o país, o general jogou gasolina no incêndio. "Se querem usar a violência, os profissionais da violência somos nós", afirmou à revista *Crusoé* logo após o ataque, ocorrido durante um comício em Juiz de Fora, em Minas Gerais.

Adélio Bispo, autor do ato criminoso, agiu sozinho, segundo a Polícia Federal, e foi considerado inimputável, pela justiça, devido a transtornos mentais. Mourão, porém, não esperou julgamento. Acusou de imediato: "Eu não acho, eu tenho certeza: o autor do atentado é do PT". No mesmo dia, o então presidente do PSL, Gustavo Bebianno, afirmou: "A guerra está declarada". Bebianno se tornou ministro e, em seguida, tornou-se a primeira baixa promovida pela família. Ao se chocar com o filho zero dois, Carlos, que controlava as redes sociais de Bolsonaro, foi defenestrado. Era o primeiro sinal de que Bolsonaro governa em nome do clã — e não da nação.

Os vices com frequência têm chegado à presidência no Brasil. Abalado pela brutalidade do episódio, Mourão poderia ter escolhido pelo menos duas variações que mudariam a intenção: "os profissionais da segurança" ou "os profissionais da proteção". Palavras como segurança e proteção levariam à ideia de amparo e de defesa — e não à ideia de ataque, de retaliação e de confronto. Mas não. Mourão usou um "nós" — e usou "profissionais da violência". Ao ser perguntado quem era o "nós", o general disse que se referia "aos militares e ao uso da força pelo Estado".

Era bastante revelador que um general da reserva, naquele momento candidato, se considerasse no direito de falar em nome do Estado, em plena campanha eleitoral para se tornar governo. A declaração de Mourão mostrou que ele acreditava falar em nome dos militares, como se os representasse e os comandasse. E como se os militares fossem uma força autônoma, uma espécie de milícia de Bolsonaro e de Mourão. E não o que a Constituição determina: uma instituição do Estado, paga com recursos públicos, subordinada ao presidente da República eleito.

Ao fazer essa declaração, Mourão tratou as Forças Armadas como se fossem a sua gangue e o país como se fosse a sua caserna. Alguém machucou o meu amigo? Vou ali chamar a minha turma para descer o cacete. E fez isso na condição de político e de candidato, como se o processo democrático fosse apenas uma burocracia incômoda pela qual era preciso passar, mas que poderia ser atropelada caso se tornasse demasiado inconveniente.

Mais tarde, Mourão baixaria o tom, segundo ele a pedido do próprio Jair Bolsonaro. Uma orientação curiosa para um candidato que divulgou uma foto sua na cama do hospital fazendo com as mãos o sinal de atirar. No dia seguinte à agressão, durante entrevista à GloboNews, Mourão afirmou que, em caso hipotético de "anarquia", poderia haver um "autogolpe" do presidente, com o apoio das Forças Armadas.

Desde janeiro de 2019, o general reformado Hamilton Mourão está no único cargo em que não pode ser demitido por Bolsonaro. Justamente Mourão, aquele que durante a campanha defendeu o indefensável. Propôs uma constituinte sem participação popular, feita por uma "comissão de notáveis". Chamou os africanos de "malandros" e os indígenas de "indolentes". Afirmou que as famílias chefiadas por mães e avós nas comunidades pobres eram "uma fábrica de desajustados". Definiu o décimo-terceiro salário dos trabalhadores como "jabuticaba nacional". Como Bolsonaro, o vice também admira o torturador Ustra, cujos atos criminosos justificou com a seguinte frase: "Heróis matam".

Esse mesmo Mourão despontou no primeiro mês de governo Bolsonaro como Mourão, o moderado. Ou Mourão, o sensato. Ou ainda Mourão, o gentil. Não apenas porque Bolsonaro foi se tornando rapidamente um perigo até mesmo para seus aliados, mas também porque Mourão tem se esforçado bastante para poder convencer o Brasil da autenticidade do seu novo papel.

Mesmo o escândalo da promoção do filho de Mourão, que numa canetada teve o salário elevado de 14 mil para 36.500 reais, desidratou diante das suspeitas que pesam sobre o filho de Bolsonaro. Nessa disputa inglória, o que é a promoção de um funcionário de carreira do Banco do Brasil comparada à suspeita de corrupção e envolvimento com milícias? Esse é o tipo de escolha que o Brasil precisou fazer no primeiro mês do governo Bolsonaro.

Desde a campanha Mourão desautoriza Bolsonaro, tratando-o como o garoto que ele se esforça para ser. Como quando disse à jornalista Mônica Bergamo, na *Folha de S.Paulo*: "Não podemos nos descuidar do relacionamento com a China [...] Aquilo [a declaração de Bolsonaro de que a China está tentando comprar o Brasil] é mais uma retórica de campanha, né? Com as redes sociais, muita coisa flui e não é a realidade. Uma briga com a China não é uma boa briga, certo?". Ou: "Não resta dúvida de que existe aquecimento global, não acho que seja uma trama marxista".

Em 28 de janeiro, encontrou-se com o embaixador da Palestina e botou em dúvida a várias vezes anunciada transferência da embaixada brasileira em Israel de Tel Aviv para Jerusalém, uma promessa que Bolsonaro tinha feito aos evangélicos neopentecostais que veem a cidade como o futuro palco do Armageddon. "O Estado brasileiro, por enquanto, não está pensando em nenhuma mudança da embaixada", afirmou no dia em que Bolsonaro fez sua terceira cirurgia devido aos ferimentos provocados pelo ataque que sofreu.

Quem prestar atenção às respostas de Mourão nas entrevistas à imprensa verá que a primeira resposta é moderada, a segunda é o seu contrário. Por exemplo, nesta entrevista de novembro de 2018, a Mônica Bergamo. A jornalista pergunta: "O novo chanceler já disse que o debate das mudanças climáticas faz parte de uma trama marxista para sufocar as economias ocidentais. O senhor concorda?". E Mourão responde: (1) "Não resta dúvida de que existe um aquecimento global. Não acho que seja uma trama marxista". (2) "Mas vamos falar do outro lado da moeda: o ambientalismo é utilizado como instrumento de dominação indireta pelas grandes economias. Quando você coloca amarras no nosso país por meio de um ambientalismo xiita, de ONGs, você tolhe um pouco o potencial que o país tem".

Outro exemplo, da mesma entrevista. A jornalista pergunta: "Em 2017, o senhor disse que ou o Judiciário retirava da vida política elementos envolvidos em ilícitos ou os militares teriam que impor isso. Na véspera do julgamento do *habeas corpus* de Lula no STF, em abril, o comandante do Exército, Eduardo Villas Bôas, divulgou mensagens contra a impunidade e hoje diz que a situação poderia fugir do controle. Isso não é tentativa de tutela? O que aconteceria se o STF concedesse um *habeas corpus*? Os militares não deixariam ele sair da prisão?". Mourão responde: (1) "Não, não [é isso]. O que o general Villas Bôas falou foi para mostrar que [a concessão de *habeas corpus*] desataria um mar de paixões que a gente não saberia aonde ia terminar". Mônica Bergamo pergunta se o "mar de paixões" seria nas Forças Armadas. E Mourão segue para a segunda base: (2) "Não, não nas Forças. Agora, qual é a nossa missão? Defesa da pátria, garantia dos poderes constitucionais, garantia da lei e da ordem. Então tudo aquilo que poderá perturbar o desempenho de qualquer um dos poderes constitucionais ou a lei e a ordem é algo que nos preocupa". A jornalista, uma das melhores do país, insiste: "Vamos imaginar que os dois lados começassem a se digladiar na rua. Qual é a única hipótese que poderia haver de as Forças Armadas terem que intervir?". E Mourão não resiste a correr para a terceira base: "Se houvesse o caos".

Como Mourão com frequência dá pelo menos duas opções de resposta, os jornais valorizam no título ou na manchete a mensagem que preferem, o que vai consolidando a imagem de um Mourão mais equilibrado quando comparado a Bolsonaro. Diante do anúncio de Jean Wyllys de que não assumiria o mandato para o qual fora eleito e deixaria o país para não ser morto, Mourão soou mais comedido.

A declaração mais reproduzida do vice foi: "Quem ameaça parlamentar está cometendo um crime contra a democracia. Uma das coisas mais importantes é você ter sua opinião e ter liberdade para expressar sua opinião. Os parlamentares estão ali, eleitos pelo voto, representam cidadãos que votaram neles. Quer você goste, quer você não goste das ideias do cara, você ouve. Se gostou bate palma, se não gostou, paciência".

A declaração que mais deveria ter demandado atenção, porém, foi a segunda resposta: "Temos que aguardar quais são essas ameaças, porque ele falou de forma genérica. Se ele está ameaçado tem de dizer por quem e como. Não estou na chuteira do Jean Wyllys. Ele que sabe qual é o grau de confusão que ele está metido".

Primeiro: quem tem a obrigação institucional de investigar e descobrir os culpados é a Polícia Federal. Segundo: não havia nada de "genérico" nas denúncias que foram feitas por Jean Wyllys e que geraram uma medida cautelar da Comissão Interamericana de Direitos Humanos da Organização dos Estados Americanos, determinando que o Estado brasileiro garantisse a proteção do deputado e de sua família. Terceiro: a frase sobre "o grau de confusão que ele está metido" claramente busca culpar a vítima. Ameaça de morte não é "grau de confusão". É ameaça de morte, é crime. Se é contra um parlamentar eleito, é também ameaça à democracia.

Mourão se moderou, mas ainda sofre de incontinência verbal, afinal não se muda de uma hora para outra a natureza de uma vida inteira. O vice que assumiu duas vezes a presidência no primeiro mês de governo parece se assemelhar ao escorpião da fábula: quase chega à outra margem do rio, mas não consegue deixar de picar o sapo que o transporta.

Quando, nos meses seguintes, foi fortemente atacado por Olavo de Carvalho e seus discípulos, Mourão fez uma retirada estratégica. Parou por um período de dar entrevistas, mas seguiu se movendo militarmente. Mourão mostrou-se excelente estrategista. Convenceu mesmo pessoas resistentes a generais em qualquer posto do governo de que ele é uma alternativa mais palatável que Bolsonaro. A operação mental que caracteriza o desespero fez com que mesmo os mais céticos se agarrassem a qualquer promessa de equilíbrio.

Um dos erros do clã Bolsonaro e de seu entorno foi o de acreditar que a imprensa está morta. Não é tão fácil assim. As redes sociais têm poder, especialmente quando são fraudadas as regras eleitorais usando o WhatsApp, mas a TV ainda é o principal veículo de informação da população no Brasil. Parte da imprensa brasileira fez jornalismo no início do mandato de Bolsonaro como há tempos não se via.

Todos ganham com a imprensa fazendo bem o seu trabalho. Exatamente por isso é fundamental seguir prestando atenção no jogo pesado que se faz por cima, no andar dos donos do poder. Bolsonaro se tornou impossível de engolir, porque entrou em confronto direto com parte das famílias proprietárias dos grandes meios de comunicação. Mas isso sempre pode ser alterado — e reacordado, como tantas vezes aconteceu. Pesa contra ele, porém, sua imprevisibilidade, já que ele costuma mudar de ideia e descumprir os combinados. Por outro lado, esses mesmos proprietários cultivam boas relações jamais perdidas com a cúpula militar. Os próximos anos mostrarão quem faz bom jornalismo sempre, e não só conforme a ocasião.

Quando fez o vaticínio de que o pai precisava de um vice "faca na caveira", Eduardo Bolsonaro, o zero três, não poderia saber que efeito Bolsonaro teria no poder. Feito à imagem e semelhança do pai, o filho se olha no espelho e também se acha incrível. Circula apenas pelas bolhas, e todos dizem que sua família é o máximo. A realidade vem mostrando que, diante de um Bolsonaro no governo, o general pode assustar menos que o capitão. Muito menos. O vice "faca na caveira" conseguiu tornar-se, já no primeiro mês de governo, uma referência de autoridade, confiança e equilíbrio, objetivo claro de todos os movimentos de Mourão num jogo que o clã Bolsonaro tem a ilusão de dominar, mas só conhece meia dúzia de estratégias.

O Bolsonaro fanfarrão pode ser tolerado. Alguns dos grupos que sustentam seu governo acreditaram, em minha opinião com excesso de otimismo, que poderiam manipular e controlar o cabeça de chapa. O Bolsonaro que pode estar envolvido com corrupção e tem um filho próximo às milícias assassinas do Rio de Janeiro, porém, representa um problema muito mais complicado. Conforme o desenrolar dos fatos, o barulho do ralo pode ameaçar o projeto de poder. Já não há como voltar atrás: os militares foram fundo, já se tornaram fiadores do atual governo.

O que fazer então com Bolsonaro? O que era o plano de alguns, mantê-lo com a faixa e como fachada, mas sob controle, parece uma alternativa distante, a depender da quantidade de esqueletos escondidos no armário do clã e da vontade de revelá-los. Quando as suspeitas emergiram com o caso Queiroz e começaram a chegar mais perto, a palavra "impeachment" começou a pipocar. Logo parte dos políticos e daquilo que se chama "mercados" se apressaram a afirmar que seria "traumático demais" um terceiro impeachment. *Off the record*, alguns empresários admitiam que não se moveriam enquanto a reforma da Previdência não fosse aprovada, por mais perto que o escândalo pudesse chegar do clã Bolsonaro. As elites econômicas do país nunca nos decepcionam em sua pusilanimidade, esta que chamam de pragmatismo ou de responsabilidade.

Bolsonaro sentiu na nuca o bafo de Mourão. Afinal, em pouco mais de três décadas o Brasil já teve três vices assumindo o poder — um por morte do titular, os outros dois por impeachment. O futuro do governo depende em grande parte do desempenho da economia. Os brasileiros já comprovaram que podem conviver com qualquer coisa — e "coiso" — se a vida cotidiana melhorar ou se sentirem que têm alguma vantagem. No passado não tão distante, as várias vitórias de Paulo Maluf, nome que pode definir o verbete de corrupção no dicionário, estão aí para não deixar ninguém esquecer.

O que os militares querem? Muito. Talvez o que mais queiram seja mudar o passado na marra e reescrever seu papel na história do Brasil. Penso que também queiram escrever um futuro que redima a imagem que desejam de todo jeito apagar. Já começam a aparecer como heróis, como repositório de confiança num governo povoado por delirantes e oportunistas.

Quando o governo completou o marco de cem dias, tornou-se claro que Bolsonaro estava interessado em se livrar dos militares menos afinados ideologicamente ao seu clã. O general de estrela forte com Bolsonaro é Augusto Heleno, um militar linha-dura que defende que as organizações não governamentais que atuam na Amazônia estão a serviço de "interesses estrangeiros" e que a floresta é assunto de soberania nacional. Na opinião do general Heleno, nem o Papa deveria dar palpite sobre a floresta da qual depende a sobrevivência do planeta e cuja velocidade de destruição já aumentou enormemente no governo no qual desempenha papel estratégico.

Na reserva desde 2011, Augusto Heleno já foi comandante militar da Amazônia. Seu DNA autoritário assinalou a floresta. É possível adivinhá-lo também em várias decisões e arrotos xenófobos de Bolsonaro. Há um fato, porém, que é inescapável enquanto ainda prevalecer qualquer arremedo de democracia no Brasil: o único general do qual Bolsonaro não pode se livrar se chama Hamilton Mourão. Comparado a Heleno, ele é de fato "moderado".

Cem dias sob o domínio dos perversos

Os primeiros cem dias do governo Bolsonaro fizeram do Brasil o principal laboratório de uma experiência cujas consequências podem ser mais destruidoras do que mesmo os mais críticos previam. Não há precedentes históricos para a operação de poder de Jair Bolsonaro. Ao inventar a antipresidência, Bolsonaro forjou também um governo que simula a sua própria oposição. Ao fazer a sua própria oposição, neutraliza a oposição de fato. Ao lançar declarações polêmicas para o público, o governo também domina a pauta do debate nacional, bloqueando qualquer possibilidade de debate real. O bolsonarismo ocupa todos os papéis, inclusive o de simular oposição e crítica, destruindo a política e interditando a democracia. Ao ditar o ritmo e o conteúdo dos dias, converteu um país inteiro em refém.

Dividi essa análise em três partes: perversão, barbárie e resistência. E a faço usando o tempo presente como recurso narrativo. Aos cem dias já era possível enxergar alguns traços do bolsonarismo como governo. O rumo que essas primeiras características tomariam, como elas se desenvolveriam ou como se adaptariam, se necessário fosse, só os anos vão mostrar. Já era possível, porém, enxergar uma estratégia.

Nos primeiros cem dias, "os tempos são assim":

1) A perversão

Tanto a oposição quanto a imprensa, a sociedade civil organizada e até mesmo grande parte da população viveram os primeiros cem dias no ritmo dos espasmos calculados que o bolsonarismo injeta nas horas. É por essa razão que escolho nomear como "perversão" o cotidiano do Brasil nesse momento. É palavra exata, não eufemismo. Os perversos corromperam o poder que receberam pelo voto para impedir o exercício da democracia.

Como têm a máquina do Estado nas mãos, eles podem controlar a pauta. Não só a do país, mas também o tema das conversas cotidianas dos brasileiros, no horário do almoço ou junto à máquina do café da firma ou mesmo na mesa do bar. O que Bolsonaro aprontará hoje? O que os Bolsojuniores dirão nas redes sociais? Qual será o novo delírio do bolsochanceler? Quem o bolsoguru vai detonar dessa vez? Qual será a bolsopolêmica do dia? Assim é determinada a agenda do Brasil. Bolsonaro fez uma espécie de sequestro da mente dos brasileiros e tornou-se onipresente no cotidiano do país.

Esta, porém, é apenas uma parte da operação. Para ela, Bolsonaro teve como mentor seu ídolo Donald Trump. O bolsonarismo vai muito mais longe. Ele simula também a oposição. A sociedade compra a falsa premissa de que há uma disputa. E assim qualquer disputa real é barrada ou mesmo neutralizada. Quando chamo Bolsonaro de "antipresidente", não estou fazendo graça. Ser antipresidente é conceito.

Quem é o principal opositor da reforma da Previdência do neoliberal Paulo Guedes, ministro da Economia, aos cem dias de governo? Não é o PT, ou o PSOL, ou a CUT, ou as associações de aposentados. O principal crítico da reforma do "superministro" é aquele que nomeou o superministro, exatamente para fazer a reforma da previdência. O principal crítico é Bolsonaro, o antipresidente.

Como ao dizer que, "no fundo, eu não gostaria de fazer a reforma da Previdência". Ou quando declara que a proposta de capitalização da Previdência "não é essencial" nesse momento. Ou quando afirma que poderia diminuir a idade mínima para as mulheres se aposentarem. É Bolsonaro o maior boicotador da reforma do seu próprio governo.

Enquanto ele é ao mesmo tempo situação e oposição, não sabemos qual é a reforma que a oposição real propõe para o lugar desta que foi levada ao Congresso. Se ela existe, e há setores da esquerda que afirmam que ela existe, não consegue se fazer conhecer junto à população. Não há crítica genuína nem projeto alternativo com ressonância no debate público. E, se não há, é preciso reconhecer que então não há oposição de fato. Quem ouve falar da oposição? Alguém conhece as ideias da oposição? Quais são os debates do país para além dos lançados pelo próprio Bolsonaro e pelo seu clã em doses diárias calculadas?

É pelo mesmo mecanismo que o bolsonarismo controla as oposições internas do governo. Os exemplos são constantes e numerosos. Mas o uso mais impressionante foi a recente ofensiva contra a memória da ditadura militar. Bolsonaro mandou seu porta-voz, justamente um general, dizer que ele havia ordenado que o golpe de 1964, que completou 55 anos em 31 de março de 2019, recebesse as "comemorações devidas" pelas Forças Armadas. Era ordem de Bolsonaro, mas quem estava dizendo era um general da ativa, o que potencializa a imagem que interessa a Bolsonaro infiltrar na cabeça dos brasileiros.

Aparentemente, Bolsonaro estava, mais uma vez, enaltecendo os militares e dando seguimento ao seu compromisso de fraudar a história, apagando os crimes do regime de exceção. Na prática, porém, Bolsonaro deu também um golpe na ala militar do seu próprio governo. Como é notório, os militares estão assumindo — e se esforçando para assumir — a posição de adultos da sala ou administradores do caos criado por Bolsonaro e sua corte barulhenta. Estão assumindo a imagem de equilíbrio num governo de supostos desequilibrados.

Esse papel é bem calculado. A desenvoltura do vice general Hamilton Mourão, porém, tem incomodado a bolsomonarquia. O que pode então ser mais efetivo do que, num momento em que mesmo pessoas da esquerda têm se deixado seduzir pelo "equilíbrio" e "carisma" de Mourão, lembrar ao país que a ditadura dos generais sequestrou, torturou e assassinou civis?

Bolsonaro promoveu a memória dos crimes da ditadura pelo avesso, negando-os e elogiando-os. Poucas vezes a violência do regime autoritário foi tão lembrada e descrita quanto no primeiro ano do governo de Bolsonaro. Foi o antipresidente quem menos deixou esquecer os 434 opositores mortos e desaparecidos e os mais de oito mil indígenas assassinados, assim como as dezenas de milhares de civis torturados. Para manter os generais no cabresto, Bolsonaro os jogou na fogueira da opinião pública fingindo que os defendia.

Ao mesmo tempo, Bolsonaro lembrou aos generais que ele e sua corte aparentemente tresloucada são os que fazem o serviço sujo de enaltecer torturadores e impedir que pleitos como o da revisão da Lei da Anistia vão adiante. Como esgoelou o guru do bolsonarismo, o escritor Olavo de Carvalho, em um de seus ataques contra o general da reserva Carlos Alberto dos Santos Cruz, naquele momento ainda ministro-chefe da Secretaria de Governo da presidência: "Sem mim, Santos Cruz, você estaria levando cusparadas na porta do Clube Militar e baixando a cabeça como tantos de seus colegas de farda".

A ditadura deixou marcas tão fundas na sociedade brasileira que mesmo perseguidos pelo regime se referem a generais com um respeito temeroso. Nenhum "esquerdista" ousou dizer publicamente o que Olavo de Carvalho disse, ao chamar os generais de "bando de cagões". O ataque, a réplica e a tréplica se passaram dentro do próprio governo, enquanto a sociedade se mobilizava para impedir "as comemorações devidas".

A exaltação do golpe militar de 1964 serviu também como balão de ensaio para testar a capacidade das instituições de fazer a lei valer. Mais uma vez, Bolsonaro pôde constatar o quanto as instituições brasileiras são fracas. E alguns de seus personagens, particularmente no Judiciário, constrangedoramente covardes. Com exceção da Defensoria Pública da União, que entrou com uma ação na justiça para impedir as comemorações de crimes contra a humanidade, nada além de "recomendações" para que o governo abandonasse a celebração do sequestro, da tortura e do assassinato de brasileiros.

Outro exemplo é a demissão do ministro da Educação Ricardo Vélez Rodríguez. Bolsonaro fritou o ministro que ele mesmo nomeou e o demitiu pelo Twitter. Ao fazê-lo, agiu como se outra pessoa o tivesse nomeado — e não ele mesmo. Chamou-o de "pessoa simpática, amável e competente", mas sem capacidade de "gestão" e sem "expertise". Mas quem foi o gestor que nomeou alguém sem capacidade de gestão e expertise para um ministério estratégico para o país? E como classificar um gestor que faz isso? Mais uma vez, Bolsonaro age como se estivesse fora e dentro ao mesmo tempo. Como se fosse, simultaneamente, governo e opositor do governo.

Mesmo as minorias que promoveram alguns dos melhores exemplos de ativismo dos últimos anos passaram a assistir à disputa do governo contra o governo como espectadores passivos. Quem lutou pela ampliação dos instrumentos da democracia parece estar se iludindo que berrar nas redes sociais, também dominadas pelo bolsonarismo, é algum tipo de ação. A participação democrática nunca esteve tão nula.

A estratégia bem-sucedida, neste caso, é a falsa disputa da "nova política" contra a "velha política". O bate-boca entre Jair Bolsonaro e o presidente da Câmara, Rodrigo Maia, é só rebaixamento da política, de qualquer política. Se a oposição ao governo é Maia, parlamentar de um partido fisiológico de direita, qual é a oposição? Bolsonaro e Maia estão no mesmo campo ideológico. Não há nenhuma disputa de fundo estrutural entre os dois, seja sobre a Previdência ou sobre qualquer outro assunto de interesse do país.

O mecanismo se reproduz também na imprensa. Aparentemente, parte da mídia é crítica ao governo Bolsonaro. E, sob certo aspecto, é comprovadamente crítica. Mas a qual governo Bolsonaro? Se Bolsonaro é mostrado como o irresponsável que é, o contraponto de responsabilidade, especialmente na economia, seriam outros núcleos de seu próprio governo, conforme apresentado por parte da imprensa. Quando o insensato Bolsonaro atrapalha Guedes, o projeto neoliberal ganha um verniz de sensatez que jamais teria de outro modo.

Diante do populismo de extrema-direita de Bolsonaro e de seus colegas de outros países, o neoliberalismo é apresentado como a melhor saída para a crise que o próprio neoliberalismo criou. Mas Bolsonaro e seus semelhantes são apenas os produtos mais recentes deste mesmo neoliberalismo — e não algo fora dele. Onde então está o contraditório de fato? Qual é o espaço para um outro projeto de Brasil? Cadê as alternativas reais? Quais são as ideias? Onde elas estão sendo discutidas com ressonância, já que sem ressonância não adianta?

A imprensa ao mesmo tempo reflete e alimenta a paralisia da sociedade. Os cem dias mostraram que o governo Bolsonaro é ainda pior do que o fenômeno Bolsonaro. Bolsonaro não se tornará presidente, "não vestirá a liturgia do cargo", como esperam alguns. Não porque é incapaz, mas porque não quer. Bolsonaro sabe que só consegue se manter no poder como antipresidente. Só pode manter o poder mantendo a guerra ativa.

As pesquisas de opinião têm mostrado que ele é o presidente pior avaliado num início de governo desde a redemocratização do país. Mas Bolsonaro aposta que é suficiente manter a popularidade entre suas milícias digitais e age para elas. Bolsonaro governa a partir de seu clã, com sua corte e seus súditos. Governa contra o governo. Essa é a única estratégia disponível para Bolsonaro continuar sendo Bolsonaro.

A oposição, assim como a maioria da população, foi condenada à reação, o que bloqueia qualquer possibilidade de ação. Se alguém sempre jogar a bola na sua direção, você sempre terá que rebater a bola. Assim, você vai estar sempre de mãos ocupadas, tentando não ser atingido. Todo o tempo e energia são gastos neste movimento de defesa passiva. Deste modo, torna-se impossível tomar qualquer decisão ou fazer um gesto ativo. Também é impraticável planejar a vida ou construir um projeto. A comparação é tosca, mas fácil de entender. É assim que o governo Bolsonaro tem usado o poder para controlar o conteúdo dos dias e impedir a legítima disputa das ideias.

2) A barbárie

Mesmo a parcela mais organizada das minorias que tanto Bolsonaro atacou na eleição parece estar em transe, sem saber como agir diante da operação perversa do poder. Ao reagir, tem adotado o mesmo discurso daqueles que as oprimem, o que amplia a vitória do bolsonarismo.

Um exemplo. O vídeo divulgado por Bolsonaro no Carnaval, mostrando uma cena de *golden shower*, foi definido como "pornográfico" por muitos dos que se opõem a Bolsonaro. Mas este é o conceito de pornografia da turma do antipresidente. Adotá-lo é comungar de uma visão preconceituosa e moralista da sexualidade. É questionável que dois homens façam sexo no espaço público e este é um ponto importante. Não deveriam e não poderiam. Mas não é questionável o ato de duas pessoas adultas fazerem sexo consentido da forma que bem entenderem, inclusive um urinando no outro. O ato pornográfico é o de Bolsonaro, oficialmente presidente da República, divulgar o vídeo nas redes sociais. É dele a obscenidade. A pornografia não está na cena, mas no ato de divulgar a cena pelas redes sociais. Diferenciar uma coisa da outra é fundamental.

Outro exemplo. Quando a oposição tenta desqualificar o deputado federal Alexandre Frota, naquele momento do mesmo partido que Bolsonaro, porque ele foi ator pornô, está apenas se igualando ao adversário. Qual é o problema de ser ator pornô? Só os moralistas do pseudoevangelismo desqualificam pessoas por terem trabalhos ligados à indústria do sexo. Alexandre Frota deve ser criticado pelas suas ideias e projetos para o país, não porque fazia sexo em filmes para ganhar a vida. Criticá-lo por isso é jogar no campo do bolsonarismo e é também ser intelectualmente desonesto. Cada vez mais parte da esquerda tem se deixado contaminar, como se fosse possível denunciar o adversário usando o mesmo discurso de ódio.

Nesta mesma linha, o problema do ministro da Justiça, Sergio Moro, não é o fato de ele falar "conge" em vez de "cônjuge", como fez por duas vezes durante audiência pública no Senado. Ridicularizar os equívocos das pessoas na forma de falar é prática das piores elites, aquelas que se mantêm como elite também porque detêm o monopólio da linguagem. Poderia se esperar que Moro falasse a chamada "norma culta da língua portuguesa" de forma correta, já que teve educação formal tradicional. Mas a disputa política deve se manter no campo das ideias e dos projetos.

O problema de Moro é, como juiz, ter interferido no resultado da eleição. E, em seguida, ter se tornado ministro daquele que suas ações como funcionário público ajudaram a eleger. O problema de Moro é criar um pacote anticrime que, na prática, pode autorizar os policiais a cometerem crimes. Pela proposta do ministro da Justiça, os policiais podem invocar "legítima defesa" ao matar um suspeito, alegando "escusável medo, surpresa ou violenta emoção". Nesse caso, a pena pode ser reduzida pela metade ou mesmo anulada.

O problema de Moro que interessa ao país não é, definitivamente, usar "conge" em vez de "cônjuge".

Compreender como o discurso de ódio vai se infiltrando na mente de quem acredita estar se contrapondo ao ódio é eticamente obrigatório. Se o governo de Bolsonaro é também oposição e crítica ao próprio governo, isso não significa que ele não tenha um projeto e que este projeto não esteja se impondo rapidamente ao país. Tem e está. Somos hoje um país muito pior do que fomos. E somos hoje um povo muito pior do que fomos. Parte do objetivo dos violentos e dos odiadores é normalizar a violência e o ódio pela repetição. O bolsonarismo tem conseguido realizar esse projeto com velocidade.

Apenas até a primeira quinzena de abril de 2019, pelo menos oito — OITO — moradores de rua foram queimados vivos no Brasil. Este é apenas um levantamento feito com base no noticiário, possivelmente o número de vítimas seja ainda maior.* Se fôssemos gente decente de um país decente, pararíamos exigindo o fim da barbárie.

Em 4 de abril de 2019, policiais militares mataram 11 de 25 suspeitos de assalto a bancos no município de Guararema, na Grande São Paulo. O governador do estado, João Doria, afirmou que iria condecorá-los. Até bem pouco tempo atrás, um governador não ousaria dar medalhas a policiais que assassinaram suspeitos. Em nenhum país democrático do mundo matar suspeitos é considerado um bom desempenho policial. Pelo contrário.

No Brasil, país onde oficialmente não há pena de morte, o governador do estado mais rico do país elogia e premia a execução de suspeitos por agentes da lei. Autorizada pelas autoridades, a polícia

---

* Em 1º de janeiro, um morador de rua de 27 anos foi incendiado quando dormia em Ponta Grossa (PR). Alguém passou, jogou álcool e colocou fogo no seu corpo. Teve mais de 40% do corpo queimado. Em 21 de janeiro, um morador de rua foi encontrado incendiado e morto numa praça de Curitiba. Três dias depois, em 24 de janeiro, José Alves de Mello, 56 anos, também morador de rua, foi agredido e queimado num imóvel abandonado da Grande Curitiba. Em 27 de fevereiro, uma moradora de rua foi queimada quando dormia embaixo de um viaduto, no Recife. Ela sobreviveu. Em 17 de março, José Augusto Cordeiro da Silva, 27 anos, acordou já em chamas embaixo de uma marquise na cidade de Arapiraca (AL). Morreu no hospital. Em 1º de abril, um homem aparentando 30 e poucos anos morreu carbonizado próximo à escada rolante de uma estação de trem em Santo André, no ABC Paulista. O caso foi registrado como "morte suspeita". Em 3 de abril, Roberto Pedro da Silva, 46 anos, foi incendiado quando dormia numa obra abandonada em Três Lagoas (MS). Um homem teria jogado combustível e ateado fogo em seu corpo. Em 7 de abril, um morador de rua aparentando 30 anos foi agredido a pedradas e incendiado no interior de um ginásio de esportes em Águas Lindas de Goiás, no entorno do Distrito Federal.

brasileira, conhecida por ser uma das que mais mata no mundo, passou a matar mais no primeiro ano de governo Bolsonaro.

Se fôssemos um país decente de gente decente, pararíamos diante da barbárie cometida por agentes da lei com autorização e estímulo de autoridades que não foram eleitas para promover a quebra do Estado de Direito.

Em 7 de abril de 2019, militares dispararam 80 tiros — OITENTA — contra o carro de Evaldo dos Santos Rosa, 51 anos, um músico negro que levava a sua família a um chá de bebê em Guadalupe, na zona norte do Rio de Janeiro. Ele morreu fuzilado. Seu filho de sete anos viu o pai sangrar e soldados do Exército de seu país rirem do desespero da mãe. Luciano Macedo, catador de material reciclável que correu a ajudá-lo, também virou alvo das balas e morreu no hospital. Graças a uma lei sancionada por Michel Temer, em 2017, os militares que atacaram uma família civil e a pessoa que prestou socorro a ela são julgados não pela justiça comum, mas pela militar, que comprovadamente é corporativa e conivente com os crimes.

Se fôssemos um país decente de gente decente, pararíamos diante da barbárie e exigiríamos justiça.

3) A resistência

O Brasil se espanta muito menos do que há bem pouco tempo atrás com o cotidiano de exceção. É justamente assim que o totalitarismo se instala. Pelas frestas do que se chama normalidade. Depois, é só oficializar. O Brasil já vive sob o horror da exceção. A falsificação da realidade, a corrupção das palavras e a perversão dos conceitos são parte da violência que se instalou no Brasil. São parte do método. Essa violência subjetiva tem resultados bem objetivos — e multiplica, como os números já começam a apontar, a violência contra os corpos. Não quaisquer corpos, mas os corpos dos mais frágeis.

O desafio — urgente, porque já não há mais tempo — é resgatar o que resta de democracia no Brasil. É pela pressão popular que as instituições podem se fortalecer ao serem lembradas de que não servem aos donos do poder nem aos interesses corporativos de seus membros, mas à sociedade e à Constituição. É pela pressão por outros diálogos e outras ideias e outras realidades que ainda respiram no país que a imprensa pode abrir espaço para o pluralismo real. É pela pressão por justiça e pelo levante contra a barbárie que podemos salvar nossa própria alma adoecida pelos dias.

O resgate da democracia pelo que ainda resta dela, aqui e ali, não será tarefa de outros. Só há nós mesmos. Nós, os que resistimos a entregar o Brasil para os perversos que hoje o governam — e o governam também pelo controle dos espasmos diários que impõem aos brasileiros.

Eu gostaria de dizer: "Acordem!". Mas não é que os brasileiros estejam dormindo. Parece mais uma paralisia, a paralisia do refém, daquele que vive o horror de estar submetido ao controle do perverso. Não é mais desespero, é pavor. É imperativo encontrar caminhos para romper o controle, escapar do jugo dos perversos, arrancar a pauta dos dias de suas mãos.

Como?

Essa resposta ninguém vai construir sozinho. Parte da minha colaboração aponta para a urgência de criar o "comum". O que aqui chamo de comum é o que nos mantêm amalgamados, o que permite que, ao conversarmos, possamos partir do consenso de que cadeira é cadeira e laranja é laranja e que nenhum de nós dois vai tentar sentar na laranja e comer a cadeira.

Os perversos corromperam a palavra — e só por isso podem dizer que o Brasil está ameaçado pelo "comunismo" ou que o nazismo é de "esquerda" ou que o aquecimento global é um "complô marxista". Essas três afirmações equivalem a dizer que laranja é cadeira. Apenas que menos gente sabe o que foi o nazismo, e o que é o comunismo, e o que é o aquecimento global, tornando mais fácil embrulhar as coisas.

Eles repetem e repetem e repetem porque corromperam o voto que receberam ao usar a estrutura do Estado para produzir mentiras. É assim que os perversos enlouquecem uma população inteira — e a submetem: repetindo que laranja é cadeira dia após dia. As palavras deixam de significar, a linguagem é rompida e corrompida, e a conversa se torna impossível.

RESISTIR AO MEDO E SE JUNTAR PARA CRIAR FUTURO É O ATO PRIMEIRO DE RESISTÊNCIA.

Precisamos voltar a encarnar as palavras. Ou enlouqueceremos todos. A criação do comum começa pela linguagem. Precisamos também criar comunidade. Não comunidade de internautas que ficam gritando cada um atrás da sua tela. Mas comunidade real, que exige presença, exige corpo, exige debate, exige negociação, exige compartilhamento real. Não há nada que os regimes de exceção temam mais do que pessoas que se juntam para fazer coisas juntas. É por isso que Bolsonaro tanto critica o ativismo e os ativistas — e já deu vários passos na direção da criminalização do ativismo e dos ativistas.

O ativista é aquele que deixa o conforto do seu entorno protegido para exercer a solidariedade. Governos como o de Bolsonaro agem para que cada um veja o outro como inimigo, por isso tanto temem o ativismo. Os bolsonaristas se alimentam da guerra porque a guerra separa as pessoas e faz com que elas não tenham tempo para criar futuro. A solidariedade é um gesto temido pelos autoritários. Por que você não está em casa lustrando o seu umbigo, é o que gostariam de perguntar? Ao corromper as palavras, é também esse o objetivo. Condenar cada um à prisão do seu silêncio (ou do seu eco), incapaz de alcançar o outro pela falta de uma linguagem comum.

Os perversos tentam eliminar a solidariedade a bala. Ou exilá-la. Expulsá-la para fora do país que privatizaram para si. Bolsonaro afirmou que o Brasil é só da sua turma e que os outros serão banidos ou "vão para a ponta da praia".* É o que tem feito com os movimentos sociais e com as organizações não governamentais, em especial as que lutam pela floresta e pelos povos da floresta.

Por isso os bolsonaristas querem uma polícia com autorização para matar. A polícia, cada vez mais, se torna também ela uma milícia privada dos donos do poder. Deixa de exercer seu dever constitucional de proteger a população para exercer a guerra contra a população. Durante a intervenção federal no Rio, policiais civis e militares mataram 1.543 pessoas. Em 2018, um em cada quatro homicídios no Rio de Janeiro foi cometido por um policial — e isso

---

* "Ponta da praia" é uma referência a uma base da Marinha localizada na Restinga da Marambaia, no Rio de Janeiro, que serviu como centro de tortura e ponto de desova de cadáveres de opositores da ditadura militar.

segundo os registros das próprias polícias. Ninguém tem qualquer dúvida de que a maioria dos mortos é negra — e é pobre.

Quando vai para as ruas nos protestos, o que a polícia reprime não é o que chama de "baderneiros" ou "vândalos", mas a solidariedade. Ao espancar os corpos, sufocá-los com bombas de gás lacrimogêneo, cegá-los com spray de pimenta, o que querem é controlar os corpos, castigá-los porque, em vez de ficarem trancados em casa coçando a barriga, foram às ruas lutar pelo coletivo. Como assim você luta pelo outro e não apenas por si mesmo? Como você ousa ser solidário se a regra do neoliberalismo é cuidar apenas de si e dos seus?

Resistir ao medo e se juntar para criar futuro é o ato primeiro de resistência. Se nos encarcerarmos em casa, como o governo quer, armados também, como o governo quer, atirando uns nos outros, como o governo quer, a guerra continuará sendo ampliada, porque só assim os perversos nos mantêm sob controle e se mantêm no poder. Se contarmos apenas como um não podemos nada. Temos que ser um + um + um +. E então poderemos muito.

A arte é um movimento poderoso. Não foi por outro motivo que ela foi tachada de "pornográfica" e "pedófila" pelas milícias da internet nos últimos anos. Não é por outro motivo que o bolsonarismo investe contra a Lei Rouanet e desmonta os mecanismos de proteção e incentivo à cultura. A arte não é adereço. Ela tira as pessoas do lugar. Ela faz pensar. Ela questiona o poder. E ela junta os diferentes.

Precisamos fazer arte. E precisamos rir. Rir junto com o outro, e não rir do desespero do outro. É o perverso que gosta de rir sozinho, é o perverso que goza da dor do outro, como faz Bolsonaro, como riram os soldados que deram 80 tiros no carro da família que ia para um chá de bebê. O deles não é riso, é esgar. Já o riso junto com o outro tem enorme potência.

Vamos rir juntos dos perversos que nos governam. Vamos responder à tentativa de controle dos nossos corpos exercendo a autonomia com nossos corpos. Vamos libertar as palavras fazendo poesia. Como escrevi tantas vezes: vamos rir por desaforo. E amar livremente.

O ódio não é para nós, o ódio é para os fracos. Vamos afrontá-los denunciando o ridículo do que são. Vamos praticar a desobediência às regras que não criamos. Temos que desobedecer a esse antigoverno que governa. É assim que se quebra o jugo dos perversos. Levando-os suficientemente a sério para não levá-los a sério.

Chega de construir ruínas. Chega inclusive de construir, este verbo que se mostrou violento na história dos Brasis. Este verbo de verticalidades e de hierarquias.

Está na hora de conjugar o verbo das mulheres.

Precisamos tecer, esse verbo horizontal, colorido, que só se embeleza na diferença.

Temos que começar a imaginar um futuro onde possamos viver. O presente só pode ser tecido se o futuro for imaginado. Ninguém consegue viver num presente sem futuro. Mas é impossível controlar quem é capaz de imaginar depois que já começou a imaginar. A imaginação é a melhor companheira do riso.

Sim, ninguém solta a mão de ninguém. Mas não vamos ficar segurando as mãos uns dos outros paralisados e em pânico. Vamos rir e criar futuro. Juntos. Lembrem-se de que "a alegria é a prova dos nove". Nos primeiros cem dias sob o domínio oficial dos perversos, foi o Carnaval que desafiou o exercício autoritário do poder. Pela alegria, pela sátira, pelo riso, pela comunhão dos corpos nas ruas.

Não há lei que nos obrigue a obedecer a um governo de perversos. Desobedeçam aos senhores do ódio. Os dias precisam voltar a nos pertencer.

Agradecimentos

Agradeço pela confiança das pessoas que abriram a porta das suas casas e das suas vidas, nas periferias urbanas e na floresta, para me contar suas histórias e me ajudar a compreender os Brasis. Agradeço àqueles com quem mantive um diálogo constante sobre o país e o mundo e que também foram os primeiros leitores críticos da minha coluna de opinião, semana após semana, somando seu pensamento ao meu. Agradeço muito profundamente a João Luiz Guimarães, meu principal e mais generoso interlocutor durante 15 anos da minha vida, sem o qual pensar com amplitude poética não teria sido possível. Muitas de suas ideias estão neste livro. E agradeço especialmente a Ilana Katz, com quem mantive diálogos importantes, alargadores, durante o processo de escrita de meus artigos.

Agradeço a Mário Corso, um dos primeiros leitores deste livro, pelo entusiasmo e pelas sugestões. E muito especialmente a Viviane Zandonadi, que fez uma edição persistente e amorosa que foi preciosa para o texto final. Agradeço a Jon Watts, que foi o primeiro a sugerir a escrita deste livro e aprofundou minha consciência sobre a emergência climática. Agradeço a Clarinha Glock, que tantas vezes me ajudou nas transcrições de entrevistas e também nas pesquisas. E agradeço a Bia Lopes, amiga e por muitos anos também assistente, que cuidou da minha vida pública e protegeu a vida privada para que eu tivesse tranquilidade para escrever em tempos difíceis. Agradeço ainda a Miriam Chnaiderman, pela escuta.

Agradeço a Solange Azevedo, que fez a checagem deste livro com o rigor da excelente repórter que é. Agradeço a Carla Jimenez e a toda a equipe do *El País Brasil* pela melhor relação de trabalho que já experimentei, me assegurando a dignidade da confiança, do respeito e da liberdade. Agradeço ao fotógrafo Lilo Clareto, meu parceiro de reportagem há quase 20 anos, que fez a foto da capa deste livro. E também a Paola Manica, que concebeu a parte gráfica com tanto talento.

Agradeço a Emilia Rodrigues, que há quase 20 anos limpa a minha casa com dedicação e competência uma vez por semana, seu trabalho essencial para o meu. Agradeço a minha mãe, Vanyr, por me ler com lealdade e corrigir minha gramática. E ao meu pai, Argemiro, por seguir vivo no meu coração e memória. Agradeço a Lucia Riff, uma agente que compreende meu jeito e meu tempo. E, finalmente, agradeço a Tito Montenegro, um editor que sabe cuidar dos livros e dos autores, e que criou uma editora, a Arquipélago, que é casa.

Agradeço ainda a Altamira, que me acolheu a partir de 2017, e aos xinguanos, que me desviaram do caminho para me colocar no rumo e no prumo. E, principalmente, agradeço aos povos da floresta por me ensinarem a viver na catástrofe e a rir por desaforo.

Obrigada.

Leia o mundo
com outros olhos.

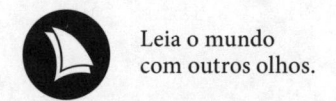

Este livro foi diagramado com os tipos Adobe Hebrew
e Barlow e impresso pela Gráfica Pallotti em
papel Pólen Soft 80 gramas em janeiro de 2023.